LA

GRAMMAIRE

SELON

L'ACADÉMIE.

EXTRAIT du registre des délibérations du Conseil royal de l'Instruction publique.

PROCÈS-VERBAL DE LA SÉANCE DU 11 DÉCEMBRE 1838.

Le Conseil royal de l'Instruction publique, sur le rapport de M. le Conseiller, vice-président,

Ouï le rapport sur un ouvrage ayant pour titre : *Grammaire selon l'Académie, revue par M. Michaud, membre de l'Académie française ;*

Décide que la nouvelle Grammaire selon l'Académie, par MM. Bonneau et Lucan, est autorisée pour l'usage des collèges.

Le conseiller, vice-président, *Signé*, VILLEMAIN.

Le conseiller, exerçant les fonctions de secrétaire, *Signé*, COUSIN.

Approuvé : le ministre de l'Instruction publique, grand-maître de l'université, *Signé*, SALVANDY.

LA

GRAMMAIRE

SELON

L'ACADÉMIE,

PAR BONNEAU ET LUCAN;

Revue par

M. MICHAUD,

MEMBRE DE L'ACADÉMIE FRANÇAISE.

OUVRAGE ADOPTÉ

Par le Conseil royal de l'Instruction publique.

TROISIÈME ÉDITION.

PRIX : 1 FR. 50 CENT. BR., ET 1 FR. 60 CENT. CART.

PARIS,

CHEZ LES AUTEURS, RUE VIVIENNE, 17;

ET CHEZ GOSSELIN, LIBRAIRE, AU PALAIS-ROYAL,

GALERIE D'ORLÉANS.

1839.

Ouvrages des mêmes auteurs :

EXERCICES FRANÇAIS calqués sur les principes de la Syntaxe de la *Grammaire selon l'Académie*, et dans lesquels ressortent plus distinctement les modifications que la langue a éprouvées. In-12. Prix. . . . . . . 1 fr. 50 c.

CORRIGÉ des *Exercices français*. . . . . 2 fr.

LA GRAMMAIRE réduite à sa plus simple expression, et MÉTHODE dédiée aux mémoires malheureuses. 2 vol. in-12. 10e édition. Prix des deux parties.. . 1 fr. 25 c.

EXERCICES ORTHOGRAPHIQUES appropriés à l'intelligence du premier âge, et où le développement des règles a servi de matière pour les devoirs. 7e édit. Prix. 1 fr. 25 c.

Dans cet ouvrage, il n'y a *pas une faute* qu'on ne puisse corriger au moyen de quelque règle : il n'a donc aucun rapport avec ces livres pernicieux connus sous le nom de *Cacographies*.

CORRIGÉ DES EXERCICES ORTHOGRAPHIQUES. In-12. Prix. . . . . 1 fr. 50 c.

LES PARTICIPES réduits à deux règles qui ne souffrent *pas une seule exception*. 5e édition. . . . . 1 fr. 25 c.

ANALYSE GRAMMATICALE RAISONNÉE, où sont développées toutes les règles de la Grammaire, et où l'élève est forcé de rendre compte non-seulement de l'espèce des mots, mais encore de leur orthographe particulière, de leurs rapports, etc., etc. 3e édition. Prix. . . . 1 fr. 25 c.

LA CONCORDANCE des temps du subjonctif. In-12. Prix. 60 c.

NOTA. Le prix de la *Grammaire selon l'Académie* et des *Exercices français* sera, *à la douzaine*, de 1 fr. 25 c. *br.* et de 1 fr. 55 c. *cart.*

Sur les autres ouvrages, il est fait une remise de *vingt* pour cent.

AVANT-PROPOS.

L'espace de soixante-treize ans, qui nous séparait de l'avant-dernière édition du Dictionnaire de l'Académie, ne s'est point écoulé sans que les grammairiens se soient crus dispensés du respect dû à une telle autorité. Ce laps de temps, auront-ils dit, a vu naître deux révolutions, et la littérature prendre un essor jusque-là sans exemple, et se régénérer : or, la langue, au milieu de cette rénovation, de cet ébranlement général, n'a pu demeurer stationnaire. Partant de ce principe, et peut-être plus empressés d'accueillir les nouveautés que d'en apprécier le mérite, ils nous ont donné des préceptes souvent peu fondés, et presque toujours trop circonscrits, trop exclusifs : conséquence inverse au motif qui les avait déterminés, au mouvement qui, autour d'eux, élargissait, agrandissait tout.

Mais aujourd'hui que l'Académie s'est prononcée, qu'elle a sanctionné telle locution et rejeté telle autre, qu'elle a brisé les entraves et le cercle étroit où l'on tenait une foule de mots comme étreints par les acceptions bornées auxquelles on les limitait ; aujourd'hui enfin qu'elle a fait justice du caprice des uns et de la logique des autres, en passant avec toute la force de sa prépondérance le niveau sur toutes les irrégularités, il nous a semblé que ce ne serait point un ouvrage sans intérêt que celui qui ferait connaître les modifications, les diverses acceptions qu'elle a signalées dans son édition de 1835, et souvent comme pour donner un démenti aux maximes qu'on nous enseigne.

En effet, si l'on compare ses doctrines avec celles qui sont consignées dans nos grammaires, on trouve ces dernières souvent discordantes, et quelquefois surannées.

Par exemple, il en est une très-suivie, et que l'on doit croire une des meilleures, si l'on en juge sur sa vogue, et dans laquelle, cependant (ayons, dans l'intérêt de la vérité, dans l'intérêt de la science, le courage de le dire), il ne serait pas difficile de trouver plus de *quatre-vingts règles incomplètes ou fausses* (et ici nous ne jugeons que d'après l'Académie); et près de *trente* tout à fait en contradiction avec l'opinion de ce tribunal suprême.

Pour nous, qui nous sommes fait une religion de n'avoir d'autres principes que les principes mêmes de l'Académie, nous avons dû lire complétement son Dictionnaire, pour en extraire les règles qui s'y trouvent éparses : ce travail a été fait consciencieusement, minutieusement.

Nous avons suivi l'ordre généralement adopté quant à la distribution de la matière : la première partie contient donc plus particulièrement les principes généraux de l'Orthographe, et la seconde la Syntaxe.

Toutefois, au commencement de la première partie, nous avons donné, sur l'origine de chaque espèce de mot, une dissertation qui jettera quelque attrait sur une étude pour laquelle souvent les élèves se sentent peu de goût.

Nous présentons les *participes* réduits à deux règles sans exception, et sur le plan suivi par l'un de nous dans un ouvrage qui compte déjà huit éditions. Nous avons traité de l'emploi des *temps du subjonctif*, point si important et néanmoins si négligé, avec plus d'étendue que dans aucune de nos grammaires.

LA

GRAMMAIRE

SELON

L'ACADEMIE.

PREMIÈRE PARTIE.

INTRODUCTION.

1. — La Grammaire est l'art de parler et d'écrire correctement (1).

2. — Le langage parlé et le langage écrit sont l'un et l'autre formés de *mots*, et les mots sont composés de *lettres* ou *caractères*.

3. — Il y a deux sortes de lettres : les *voyelles* et les *consonnes*.

4. — Les *voyelles* sont *a*, *e*, *i*, *o*, *u* et *y*. Elles sont ainsi nommées, parce que, seules, elles forment une *voix*, un *son*.

5. — Mais il est dans la langue française six autres sons, que notre alphabet ne permet pas de rendre par une seule lettre; tels sont *eu*, *ou*, *an*, *in*, *on*, *un*, qu'il faut considérer comme six voyelles.

6. — Les consonnes sont *b*, *c*, *d*, *f*, *g*, *h*, *j*, *k*, *l*, *m*, *n*, *p*, *q*, *r*, *s*, *t*, *v*, *x*, *z*. On les appelle ainsi, parce qu'elles ne produisent une voix, un son, qu'à l'aide des voyelles. En effet, dans *ba*, *bo*, *bu*, etc., le son appartient presque tout entier aux voyelles *a*, *o*, *u*.

7. — Les voyelles sont *longues* ou *brèves*. Les voyelles

(1) On dispute beaucoup si la Grammaire est une *science* ou un *art*. L'Académie la définit *un art*.

longues sont celles sur lesquelles la voix s'appuie quelque temps, et les *brèves* celles dont la prononciation est rapide. Ainsi,

a est long dans *plâtre*, et bref dans *chatte* ;
e est long dans *tête*, et bref dans *trompette* ;
i est long dans *abîme*, et bref dans *cime* ;
o est long dans *rôle*, et bref dans *code* ;
u est long dans *bûche*, et bref dans *cruche* ;
eu est long dans *jeûne*, et bref dans *seul* ;
ou est long dans *voûte*, et bref dans *goutte* ;
in est long dans *pinte*, et bref dans *chemin*, etc.

Il n'y a guère que l'usage qui puisse nous apprendre à distinguer les voyelles longues des voyelles brèves.

Remarques sur quelques voyelles.

8. — Il y a trois sortes d'*e* : l'*e muet*, l'*é fermé* et l'*è ouvert*.

L'*e muet* n'a qu'un son sourd et peu sensible, comme dans *plume*, *monde*, *que*, *ce*, *me*, ou ne sert qu'à rendre plus longue la voyelle qui le précède, comme dans *pluie*, *soie*, *joie*, il *jouera*, *enjouement*.

L'*é fermé* se prononce la bouche presque fermée, comme dans *été*, *sévérité*, *répéter*, *clocher*.

L'*è ouvert* se prononce la bouche un peu plus ouverte que pour l'*é* fermé, et comme dans *cyprès*, *excès*, *regret*, *elle-même* (1).

9. — Mais, comme on le voit, les différentes sortes d'*e* sont le plus souvent indiquées par des signes que l'on appelle *accents*.

10. — Il y a trois sortes d'*accents*, savoir : l'accent *aigu* (´), qui se met sur la plupart des *é* fermés : *révéré*, *pénétré* ; l'accent *grave* (`), qui se met sur la plupart des *è* ouverts : *après*, *exprès*, *père*, *mère* ; et l'accent *circonflexe* (^), qui se met sur la plupart des voyelles

(1) La prononciation de l'*è* ouvert serait très-vicieuse, si, comme le recommandent la plupart des grammairiens, on le prononçait la bouche *très-ouverte* ; il aurait alors un son qui tiendrait plus de l'*a* que de l'*è* ouvert.

longues : *pâle*, *blême*, *abîme*, *impôt*, *bûche*. Nous disons *la plupart*, attendu qu'il y a, 1° des *é* fermés sans accent aigu, comme dans *payer*, *chanter*, *papier*, vous *payez*, vous *chantez* ; 2° des *e* ouverts sans accent grave, comme dans *sujet*, *appel*, *net* ; 3° des voyelles longues sans accent circonflexe, comme dans *scie*, *bas*, *rue*, etc.

11. — L'*y* sert souvent pour deux *i*, comme dans *crayon*, *noyau*, *royaume*, *payer* ; et quelquefois pour un *i*, comme dans *physique*, *style*, *tyran*, *martyr*.

Remarque sur la consonne H.

12. — La lettre *h* est *muette* ou *aspirée* : elle est muette, quand elle est nulle dans la prononciation, comme dans *heureux*, *honneur*, *honnête*, *homme* ; elle est aspirée, quand elle fait prononcer avec aspiration la voyelle qui suit : le *héros*, la *hardiesse*, le *haut*, la *hanche*. Alors il ne saurait exister de liaison entre la consonne qui la précède et la voyelle qui la suit ; il faut donc prononcer *les haricots*, *les haines*, *les hameaux*, comme s'ils étaient ainsi écrits : *lé haricots*, *lé haines*, *lé hameaux*.

Des mots considérés sous le rapport de leur articulation.

13. — Les émissions de voix, c'est-à-dire les parties de voix nécessaires pour l'articulation d'un mot, sont ce qu'on appelle des *syllabes* : *jour*, *nuit*, *pain*, *vin*, sont des mots d'une seule syllabe ; il y en a deux dans *charmant*, *enfant*, savoir : *char-mant*, *en-fant* ; et trois dans *li-ber-té*, *ap-pli-qué*.

14. — On appelle *monosyllabe* un mot qui n'a qu'une syllabe ; tels sont *bon*, *pain*, *sur*, *lui* ; *dissyllabe*, celui qui en a deux : *enfant*, *poli* ; *trissyllabe*, celui qui en a trois : *apporté*, *satisfait*.

15. — On donne aussi le nom de *polysyllabe* à tout

mot formé de plus d'une syllabe : *voisin*, *complaisant*, *libéralité*.

16. — Une syllabe dans laquelle en entend distinctement deux sons, prend le nom de *diphthongue* ; telles sont les syllabes, *ia*, *ié*, *io*, *ieu*, *oi*, *oin*, *ué*, *ui*, etc. : *fruitier*, *loi*, *foin*, *vieux*.

17. — La langue française se compose de dix sortes de mots qu'on appelle *les parties du discours*. Ces espèces de mots sont le *nom*, l'*article*, l'*adjectif*, le *pronom*, le *verbe*, le *participe*, l'*adverbe*, la *préposition*, la *conjonction* et l'*interjection*.

Coup d'œil sur l'origine des différentes espèces de mots.

Cette division des mots en dix espèces n'est l'œuvre ni du hasard ni du caprice des hommes, mais la conséquence nécessaire de l'organisation des personnes et de l'existence des choses ; car toute langue a pour éléments primitifs les objets mêmes qui composent la nature.

C'est ce qui fait que, bien qu'elles diffèrent par les mots et par les sons, les langues ont toutes entre elles une certaine communauté, une certaine affinité sous le rapport des principes fondamentaux.

Or il nous a paru qu'un coup d'œil sur les causes premières de la création des parties du discours, ou, en d'autres termes, qu'en remontant aux choses mêmes pour expliquer les signes appelés à les représenter, ce serait jeter quelque attrait sur une matière aride, et laisser encore sur l'esprit des élèves une impression plus profonde et conséquemment plus profitable.

DU NOM

ET DE SON ORIGINE.

18. — Dès la création, la terre présentant comme aujourd'hui des êtres animés et des êtres inanimés d'une variété infinie, les hommes éprouvèrent le besoin de dis-

tinguer chaque objet par un terme spécial, de lui donner un nom particulier.

Or les grammairiens ont appelé *nom* le mot par lequel on *nomma* une personne ou une chose. Ainsi, lorsque nous disons *père*, *mère*, *frère*, *sœur*, *parent*, *ami*, *Pierre*, *Jean*, *César*, *Napoléon*, *ville*, *village*, *église*, *maison*, *table*, *plume*, nous *nommons*, soit des personnes, soit des choses : donc ces mots sont des *noms* (1).

DE L'ARTICLE

ET DE SON ORIGINE.

19. — L'*article* n'étant pas de toutes les langues, il faut en conclure que, par lui-même, il ne saurait rien exprimer ; c'est à l'invariabilité seule de la terminaison des noms qu'il doit son existence. Aussi renvoyons-nous, pour ce que nous avons à en dire, à cette espèce de mot même.

Nous n'avons d'articles que *le*, *la*, *les*, *du*, *des*, *au*, *aux*.

DE L'ADJECTIF

ET DE SON ORIGINE.

20. — Quoiqu'à l'aide du nom, chaque objet fût désigné par un terme particulier, bientôt se déclara la nécessité de dire de ces objets leurs couleurs ou leurs formes, leur force ou leur taille, enfin, remarquez bien ce mot, d'*ajouter* à l'idée de l'objet l'idée de ses qualités.

(1) Comme nos vues, quant à présent, sont uniquement de faire connaître chaque espèce de mot en remontant à la cause et à l'origine de sa formation, il ne sera rien dit ici des règles qui y ont trait, ces règles devant faire la matière des chapitres suivants.

En effet, voyons-nous un cheval, il est *jeune* ou *vieux*, *blanc* ou *noir*, *grand* ou *petit*, *lourd* ou *léger*, *vif* ou *pesant*. Or, ces mots *jeune*, *vieux*, *blanc*, *noir*, *grand*, *petit*, joints au nom *cheval*, sont, pour ainsi dire, autant d'attributs qui ajoutent à l'idée que nous donne le mot *cheval*, l'idée de ses qualités, de sa taille, de sa légèreté, etc. Remarquons-nous une femme, nous la trouvons *belle* ou *laide*, *petite* ou *grande*, *brune* ou *blonde*, etc.; ici encore chacun de ces mots, *belle*, *laide*, *petite*, *grande*, *brune*, *blonde*, ajoute à l'idée que nous donne le mot *femme*, l'idée de ses qualités.

Ces mots donc n'ayant d'autre fonction que d'*ajouter* des idées de formes, de couleurs ou de qualités, les grammairiens ont dû chercher un terme qui rappelât cette fonction; et, au lieu de se servir de l'expression *mot qui ajoute*, ils ont choisi le terme plus court *adjectif*, qui, seul, a toute cette signification.

DU PRONOM

ET DE SON ORIGINE.

21. — Si, comme on le voit, c'est à la nature même des choses que nous devons l'origine du nom et de l'adjectif, il n'en est pas de même du *pronom*, dont l'existence ne peut être attribuée qu'à une raison d'harmonie.

En effet, il est vraisemblable que, dans le principe, on s'occupa de l'indispensable avant de penser à ce qui n'était qu'agrément. On peut conséquemment présumer qu'au lieu de dire, comme nous le faisons aujourd'hui, *lorsque le général eut tout examiné, et qu'*IL *eut harangué ses soldats*, IL *donna le signal de l'attaque*, les premiers hommes s'exprimèrent ainsi : *lorsque le général eut tout examiné, et que le général eut harangué ses soldats, le général donna le signal de l'attaque.*

Mais après avoir accru leurs connaissances, et leur oreille étant devenue plus sensible à l'harmonie, ils durent, pour faire disparaître la monotonie et les langueurs de leur premier langage, chercher à éviter cette répétition fatigante du nom.

En conséquence, il leur fallut non-seulement inventer des mots pour remplacer les noms, mais encore leur donner une conformation particulière, c'est-à-dire les faire extrêmement courts, afin que, d'une part, ils pussent se répéter pour ainsi dire sans être aperçus, et que, de l'autre, il en résultât pour la diction une allure plus franche et plus rapide.

Considérée sous ce point de vue, la conformation des pronoms de la langue française est admirablement combinée; ce ne sont que des monosyllabes : *je*, *me*, *moi*, *tu*, *te*, *toi*, *il*, *elle*, *on*, *se*, *soi*, *le*, *la*, *les*, *lui*, *leur*, *qui*, *que*, *ce*, *dont*, *en*, *y*, sont des pronoms dont la répétition, grâce à leur brièveté, ne cause ni fatigue ni lenteur (1). Un seul exemple suffira pour en convaincre.

*J'aperçus l'empereur et m'*EN *approchai pour mieux* LE *voir et* LE *contempler*. La personne exprimée par le mot *empereur* figure quatre fois dans cette courte phrase, savoir, dans les mots *empereur*, *en*, *le* et *le*. Et, sans le secours du pronom, il eût fallu dire, *j'aperçus l'empereur, et m'approchai de l'empereur pour mieux voir l'empereur, et contempler l'empereur*.

Ces mots donc n'ayant d'autre fonction que de remplacer les noms, les grammairiens, désireux d'exprimer cette fonction par un seul terme, ont fait le mot moitié latin, moitié français, *pronom*, qui signifie *pour le nom*, *à la place du nom* (2).

---

(1) S'il en est quelques-uns d'une conformation plus développée, ils sont d'un usage infiniment plus restreint, comme *chacun*, *quiconque*, ou l'œuvre du temps, qui en a fait des contractions. (Par *contraction*, on entend la réunion, la fusion de plusieurs mots en un seul; tels sont les pronoms *celui-ci*, *celle-là*, qui sont formés des mots *celui qui est ici*, *celle qui est là*).

(2) *Pronom* est formé de *pro*, préposition latine qui signifie *pour* ou *à la place de*, et du mot français *nom*, ce qui, réuni, signifie *pour le nom*, *à la place du nom*.

DU VERBE

ET DE SON ORIGINE.

22.—Une langue déjà pourvue du nom et de l'adjectif permettait bien de désigner chaque objet et d'en peindre les qualités, les formes, les couleurs, etc. Mais de leur nature, ces objets étant animés ou inanimés, il fallut encore créer une espèce de mot pour exprimer les circonstances relatives à leur être : les objets inanimés, c'est-à-dire sans vie, ne peuvent guère qu'être en repos; mais quant aux êtres animés, c'est-à-dire ayant vie, il y a par rapport à eux trois circonstances différentes, qui dépendent de leur état même d'existence : *se mouvoir, sentir, être en repos,* ou *en tel ou tel état*, ce qui peut s'exprimer par les trois mots *marcher, aimer, dormir*; il n'y a pas une quatrième alternative.

Or, toutes les actions, tous les mouvements des hommes, tels que *marcher, courir, voyager, venir, parler, écrire, boire, manger*, etc.; toutes leurs passions, tous leurs sentiments, tels que *chérir, aimer, détester, haïr*, etc.; toutes les situations, tous les états dans lesquels ils peuvent se trouver, comme *languir, dormir, se reposer, être, exister*, etc.; toutes ces circonstances, disons-nous, étant exprimées par une même espèce de mot, on comprend que cette espèce, par son importance, tient le premier rang dans les langues, qu'elle en est pour ainsi dire l'âme.

Aussi, les grammairiens, pour exprimer toute cette importance, l'ont-ils appelée *verbe*, expression qui signifie *parole*. En effet, le verbe est la parole même : avec lui, on dit tout; sans lui, on ne peut rien exprimer qui ait un sens.

DU PARTICIPE

ET DE SON ORIGINE.

23. — Dans les langues, il existe une espèce de mot qui, étant née du verbe, tient encore de la nature de l'adjectif : tels sont *frappé*, *frappée ; chéri*, *chérie ; venu*, *venue ; soumis*, *soumise*, etc., qui viennent des verbes *frapper*, *chérir*, *venir*, *soumettre*.

C'est de cette double fonction, c'est de ce qu'elle participe de ces deux natures, que cette espèce de mot tire son nom de *participe*.

DE L'ADVERBE

ET DE SON ORIGINE.

24. — De même que les objets ne sauraient exister sans avoir telle ou telle forme, telle ou telle couleur, telle ou telle qualité, comme dans ces exemples, *table ronde*, *chapeau blanc*, *bon pain*, etc.; de même une action ne saurait avoir lieu sans se faire de telle ou telle manière, à telle ou telle époque, dans tel ou tel ordre, etc. Et ces expressions qui marquent la manière, le temps, l'ordre, sont appelées *adverbes*.

EXEMPLES : — *Il chante* AGRÉABLEMENT, c'est-à-dire *d'une manière agréable ; il se conduit* EXEMPLAIREMENT, c'est-à-dire *d'une manière exemplaire. Il arrivera* BIENTÔT, *partirez-vous* DEMAIN? *Bientôt* et *demain* marquent le temps. D'ABORD *il nous écrivit*, PUIS *il vint nous voir. D'abord* et *puis* marquent l'ordre.

Ainsi qu'on le voit, les adverbes, c'est-à-dire les mots qui servent à marquer la manière dont les actions se font, l'époque à laquelle elles ont lieu, l'ordre dans lequel elles s'exécutent, etc., sont en général pour les verbes ce que sont les adjectifs pour les noms.

Et comme cette sorte de mot ne saurait être ailleurs que *près du verbe*, les grammairiens lui ont donné, pour cela, le nom *adverbe*, expression formée du mot latin *ad*, qui signifie *vers* ou *près de*, et du nom français *verbe*, lesquels, réunis, font *vers le verbe*, c'est-à-dire *mot qui se place vers le verbe*, *près du verbe*.

DE LA PRÉPOSITION

ET DE SON ORIGINE.

25. — A l'aide des espèces de mots dont nous avons parlé jusqu'ici, il était déjà possible d'exprimer des idées complètes, il est vrai, mais des idées très-circonscrites, et sans plus de rapports ni de liaisons que celles qui suivent :

Ces jeunes personnes étudient leurs leçons.
Mon cheval a brisé ma voiture.
Le général a attaqué l'ennemi.
J'ai acheté des livres instructifs.

La première de ces phrases, par exemple, dit bien que les jeunes personnes étudient leurs leçons ; mais si l'on voulait indiquer le lieu où elles étudient, le but de cette étude, depuis quel temps elle dure, etc., on ne le pourrait qu'à l'aide d'une préposition.

Exemples : — *Ces jeunes personnes étudient leurs leçons* DANS *le jardin*, SUR *le gazon*, SOUS *un arbre*. (*Dans*, *sur*, *sous*, servent à désigner le lieu.) *Elles étudient* POUR *avoir la première place*, AFIN D'*être les premières*. (*Pour* et *afin de* expriment le but de leur étude.) *Elles s'appliquent ainsi* DEPUIS *une heure*. (*Depuis* sert à marquer le temps.)

C'est parce que cette sorte de mot se met toujours *avant* le lieu, le but, le temps, en un mot, avant les rapports qu'elle sert à exprimer, qu'on l'appelle *préposition*, expression formée du nom français *position*, et du mot latin *præ* qui signifie *avant*, ce qui fait *position avant*, c'est-à-dire mot qui occupe *une position*, *une place avant* son rapport.

DE LA CONJONCTION

ET DE SON ORIGINE.

26.—Bien que les hommes eussent dans les espèces de mots dont nous avons parlé jusqu'ici presque tous les éléments nécessaires à la représentation des idées, il leur manquait encore les moyens de lier, d'attacher, d'enchaîner ces idées les unes aux autres pour en faire un tout coordonné; ils se trouvaient dans la position d'un constructeur qui a tous les matériaux nécessaires pour édifier, mais qui manque encore de liens et de ciment.

Outre que la diction fût jusque-là décousue et sans grâce, les pensées manquant de liaisons, la communication en était plus laborieuse, et très-souvent le sens plus difficile à saisir.

En effet, cette phrase, PUISQUE *votre ami ne me croit point*, ET QU'*il pense* QUE *je le trompe*, *je cesserai de le voir*, ne pourrait guère, sans conjonction, se rendre autrement que par, *votre ami ne me croit point*, *il pense être trompé par moi*, *je dois cesser de le voir*. Cette dernière façon de s'exprimer n'a ni l'ensemble, ni le coulant, ni la précision que donnent à la première les conjonctions *puisque*, *que*, *et*, *que*.

Les grammairiens donc, pour donner à cette espèce de mot un nom qui peignît sa fonction dans le discours, l'ont appelée *conjonction*, expression qui signifie *liaison*, *union*, c'est-à-dire *qui lie* les idées les unes aux autres, les phrases entre elles.

DE L'INTERJECTION

ET DE SON ORIGINE.

27. — Il est dans notre nature, lorsque nous sommes vivement affectés d'un sentiment, soit de joie, soit de

douleur, de surprise, de crainte, de colère ou d'admiration, etc., de pousser, de jeter un cri.

Un fils, par exemple, aperçoit-il sa mère, dont il a été séparé quelque temps, il s'écriera probablement de surprise : HA ! *voilà maman !*

Sommes-nous étonnés de voir encore quelqu'un que nous croyions absent, il pourra nous arriver de dire, EH BIEN ! *vous êtes encore ici* ! HÉ QUOI ! *vous n'êtes pas encore parti !*

Avons-nous à peindre les regrets, la douleur que nous cause la perte de quelqu'un, nous pourrons nous exprimer ainsi : HÉLAS ! *il n'est plus !*

Ces mots *ha ! eh bien ! hé quoi ! hélas !* que l'on peut considérer pour la plupart comme des cris brusquement jetés, ont reçu, pour ce motif, le nom *interjection*, expression qui a quelque analogie avec les mots *jet*, *jeter*.

RÉSUMÉ

DE CE QUI VIENT D'ÊTRE DIT DES DIX ESPÈCES DE MOTS.

28. — *Le* **NOM** est un mot par lequel on *nomme* une personne ou une chose : *un homme*, *un livre*. *Nom* vient de *nommer*.

*L'***ARTICLE** n'a par lui-même aucune signification : *le*, *la*, *les*, *du*, *des*, *au*, *aux*, sont tous nos articles. Ils s'emploient ainsi avant les noms : LE *père*, LA *mère*, LES *enfants*.

*L'***ADJECTIF** est un mot qui *ajoute* au nom des idées de forme, de couleur, de qualité, etc. : *un maître instruit*, *des cheveux blonds*, *un tapis carré*. *Adjectif* signifie *qui ajoute*.

Le **PRONOM** est un mot inventé pour éviter la répétition du nom : *un enfant est aimé lorsqu'*IL *travaille*. *Il* représentant *l'enfant* est un pronom. *Pronom* veut dire *mot qui se met à la place du nom*.

Le **VERBE** sert à marquer les actions, les sentiments.

la situation ou l'état dans lequel on est : *ce cheval* GALOPE, *votre mère vous* CHÉRIT, *cet enfant* SOUFFRE. *Verbe* veut dire *parole* ; en effet, le verbe est la parole même.

Le **PARTICIPE** est un mot qui est tout à la fois verbe et adjectif ; tels sont *aimé*, *aimée* ; *soumis*, *soumise*. C'est parce qu'il *participe*, parce qu'il est de la nature de ces deux espèces de mots, qu'on l'appelle *participe*.

*L'***ADVERBE** est un mot qui se met près du verbe pour marquer la manière dont les actions se font, le temps, l'ordre dans lequel elle s'exécutent, etc. *Votre ami peint* ADMIRABLEMENT ; *je viendrai* DEMAIN. *Adverbe* signifie *près du verbe*, *vers le verbe*.

La **PRÉPOSITION** est un mot qui se met avant le lieu, le temps, le but d'une action, etc. *Placez ces livres* DANS *la bibliothèque ; il y a* ENVIRON *deux heures qu'il est parti ; je ferai tout* POUR *vous être agréable*. *Préposition* signifie *mot qui occupe une position avant*.

La **CONJONCTION** sert à lier, à attacher les idées les unes aux autres : *le temps est doux*, MAIS *humide* ET *malsain* ; SI *je ne vous ai point écrit*, *c'est* PARCE QUE *j'ai été malade*. *Conjonction* veut dire *liaison*, *union*.

*L'***INTERJECTION** est le cri que nous fait jeter la joie, la douleur, la surprise, l'admiration, etc. : AH ! *mon ami, quel plaisir de te revoir !* EH BIEN ! *avez-vous réussi ?* FI DONC, *monsieur ! votre conduite est scandaleuse*. *Interjection* signifie *mot jeté*.

Maintenant que nous connaissons l'origine des dix espèces de mots et leur fonction dans le discours, nous allons passer aux règles de chacune de ces espèces.

CHAPITRE PREMIER.

DU NOM.

29. — Comme nous l'avons déjà dit, le *nom* est le mot par lequel on nomme, par lequel on représente une

personne ou une chose ; tels sont *père*, *mère*, *jardin*, *maison*. On l'appelle aussi *substantif*, de ce que souvent l'objet nommé représente une *substance* (1).

30. — On distingue deux sortes de noms : le nom *commun* et le nom *propre*.

31. — On appelle nom *commun* celui qui peut se donner à toutes les personnes ou à toutes les choses de la même espèce. Or, *ville*, *maison*, *homme*, *femme*, etc., sont des noms communs, car ils peuvent se dire de toutes les villes, de toutes les maisons, de tous les hommes et de toutes les femmes.

32. — Le nom *propre* est le mot par lequel on désigne particulièrement une personne ou une chose, comme *Napoléon, l'Italie*. Or, si je dis, *Paris est la capitale de la France*, je me sers de deux noms propres, savoir, *Paris* et *France*. En effet, *Paris* est le nom particulier d'une ville, et *France*, le nom particulier d'un pays. Mais les grammairiens, au lieu de se servir de l'expression *nom particulier*, ont employé cette autre, *nom propre*, qui a la même signification.

Du genre des noms.

33. — Comme chez les hommes et les animaux on distingue deux espèces, c'est-à-dire le mâle et la femelle, la Grammaire a dû tenir compte de cette distinction. Mais au lieu d'employer les mots *espèce mâle*, *espèce femelle*, on a dit *genre masculin, genre féminin*, expressions qui ont la même valeur.

34. — Ainsi, l'on dit qu'un nom est du genre masculin, s'il représente un homme ou un animal de l'espèce mâle, comme *père*, *frère*, *bœuf*, *cheval*; on dit qu'un nom est du genre féminin, s'il représente une femme ou

---

(1) Nous donnerons la préférence au mot *nom*, parce qu'il peut, sans exception, se dire de tous les noms. L'appellation *substantif* ne peut recevoir une application aussi générale, attendu qu'un nombre infini de noms n'existent que dans notre esprit, et ne représentent aucune substance ; tels sont *désir*, *pensée*, *loisir*, *agilité*, *paresse*, etc., etc.

un animal de l'espèce femelle, comme *mère, sœur, lionne*, *jument*.

35. — Mais on a encore donné le genre masculin et le genre féminin à des noms de choses inanimées. Par exemple, on a fait *habit* et *chapeau* du masculin, et *redingote* et *robe* du féminin, sans que la Grammaire puisse en rendre compte : l'usage seul nous apprendra donc à connaître le genre de ces sortes de noms ; faut-il *un* avant un nom, ce nom est du masculin ; faut-il *une*, il est du féminin. Ainsi, *jardin*, *tapis*, sont du masculin, parce qu'on dit *un* jardin, *un* tapis ; *plume chandelle*, sont du féminin, parce qu'on dit *une* plume, *une* chandelle.

Du nombre des noms.

36. — On appelle *nombre* une quantité quelconque ; *un*, *deux*, *trois*, *quatre*, etc., sont des nombres.

37. — Quoique les nombres soient illimités, la Grammaire n'en reconnaît que deux, savoir, *un* et *plusieurs*. Mais à la place de nombre *un*, on a dit nombre *singulier* ; à la place de nombre *de plusieurs*, on a dit nombre *pluriel*.

Ainsi, *la sœur* est du nombre singulier, *les sœurs*, du nombre pluriel.

De la formation du pluriel dans les noms.

38. — On forme *le pluriel* d'un nom en ajoutant *s* à son singulier : *le père*, *les pères*, *la mère*, *les mères* ; *le jour*, *les jours*.

39. — Mais cette règle n'est pas générale, car

1° Les noms qui finissent au singulier par *s*, *x* ou *z*, s'écrivent au pluriel comme au singulier : *un fils*, *un bras* ; *des fils*, *des bras* ; *un nez*, *une croix* ; *des nez*, *des croix*. (Pas d'exception.)

2° Les noms terminés par *au* ou par *eu* prennent *x* au pluriel : *un tonneau*, *des tonneaux* ; *un neveu*, *des neveux*.

Il n'y a qu'une seule exception ; *landau*, dont le pluriel se forme par *s* : *des landaus*. (ACAD.)

3° Les noms terminés par *ou* prennent *s* au pluriel: *un sou*, *un clou*; *des sous*, *des clous*.

Il n'y a que sept exceptions : *bijou*, *caillou*, *chou*, *genou*, *hibou*, *joujou* et *pou*, qui prennent *x* : *des bijoux*, *des cailloux*, *des choux*, *des genoux*, etc.

4° Les noms terminés en *al* ont leur pluriel en *aux* : *général*, *tribunal*, *journal*, *cheval*, *maréchal*, *bocal*, *local*, etc., font donc, *généraux*, *tribunaux*, *journaux*, *chevaux*, *maréchaux*, *bocaux*, *locaux* (1).

Il n'y a que trois exceptions : *bal*, *carnaval* et *régal*, dont le pluriel est *bals*, *carnavals* et *régals*.

40. — *Remarque*. Les pluriels en *aux* venant d'un singulier en *al*, comme *généraux*, qui vient de *général*, ne prennent pas la lettre *e* dans cette syllabe *aux*. (Pas d'exception.) Mais les pluriels en *aux* venant d'un singulier en *au* prennent un *e* : *un chapeau*, *des chapeaux*.

41. — De cette dernière catégorie, cependant, il faut excepter *affutiau*, *aloyau*, *boyau*, *étau*, *gluau*, *gruau*, *hoyau*, *joyau*, *noyau*, *pilau*, *sarrau*, *senau*, *tuyau* et *unau*, dont la syllabe *au* s'écrit sans *e*.

42. — 5° Les noms qui finissent en *ail* se forment au pluriel par un *s* : *un éventail*, *des éventails*; *un gouvernail*, *des gouvernails*; *un portail*, *des portails*.

43. — Il n'y a d'exceptions que les cinq suivantes : *bail*, *corail*, *émail*, *soupirail* et *travail*, qui font *baux*, *coraux*, *émaux*, *soupiraux* et *travaux*. Ce dernier a aussi le pluriel *travails*, et dans deux cas : 1° lorsqu'il signifie les rapports d'un ministre au roi, ou d'un commis au ministre; 2° lorsqu'il se dit d'une machine par laquelle on contient les chevaux vicieux quand on les ferre, ou quand on les panse.

44. — Ail, espèce d'oignon, a aussi deux pluriels : *ails* et *aulx* (Acad.) *Des ails* plaît plus à l'oreille que *des aulx*.

6° Les trois noms *aïeul*, *ciel*, *œil*, ont aussi un double pluriel : *aïeul* fait au pluriel *aïeuls*, lorsqu'il signifie *grand-père* : *mes* AÏEULS *paternels*, *mes* AÏEULS *maternels*.

Aïeul fait *aïeux* dans deux cas : 1° lorsqu'il se dit de ceux qui

(1) 59. — On trouve dans quelques dictionnaires, *des bocals*, *des locals*; mais l'Académie dit *des bocaux*, *des locaux* : on doit la féliciter de diminuer ainsi le nombre des exceptions.

ont vécu dans les siècles passés : *C'était la mode chez nos* AÏEUX ; *nos* AÏEUX *étaient plus simples que nous* ; 2° pour désigner ceux de qui l'on descend : *Ce droit lui vient de ses* AÏEUX. (Acad.)

CIEL ne fait *ciels* que dans *ciels de lit*, et lorsqu'il se dit de l'imitation du ciel, soit en peinture, soit en tapisserie : *les* CIELS *réussissent mal en tapisserie ; ce peintre fait bien les* CIELS. Dans tous les autres cas, il faut *cieux* : *l'immensité des* CIEUX, *le royaume des* CIEUX, etc.

ŒIL fait au pluriel *yeux* : *des* YEUX *noirs*, *des* YEUX *bleus*.

L'Académie n'admet le pluriel *œils* que dans le nom *œil-de-bœuf* : *des œils-de-bœuf*.

YEUX, ajoute-t-elle, se dit de certains vides, de certains trous qui se trouvent dans la mie du pain, et dans plusieurs espèces de fromage : *un pain qui a des* YEUX, *du fromage qui n'a point d'*YEUX. Il se dit encore des boutons qui paraissent sur une tige d'arbre : *tailler à deux* YEUX, *à trois* YEUX.

45. — REMARQUE. — L'Académie conserve le *t* au pluriel des noms en *ant* ou en *ent* ; elle écrit donc, *les enfants*, *les parents*, *les instants*, *les talents*, etc.

46. — Nous ferons remarquer que l'usage autorise aussi à écrire, en supprimant le *t* au pluriel, les mêmes noms, lorsqu'ils sont formés de plus d'une syllabe : *les enfans*, *les parens*, *les instans*. *les talens*. Et s'ils n'ont qu'une syllabe, le *t* se conserve : *les vents*, *les gants*, *les dents*. La première de ces façons d'orthographier est toute logique, la seconde n'a pour elle que le caprice de l'usage.

CHAPITRE II.

DE L'ARTICLE.

47. — L'*article* est un mot qui a pour principale propriété d'indiquer le genre et le nombre des noms avant lesquels il est employé.

48. — Voici tous nos articles : *le*, *la*, *les*, qu'on appelle articles *simples* ; et *du*, *des*, *au*, *aux*, qu'on appelle articles *composés*.

49. — ***Le*** se met avant un nom masculin singulier : ***le pain***, ***le vin*** ; ***la***, avant un nom féminin singulier : ***la mère***, ***la fille*** ; ***les***, avant les noms pluriels des deux genres : ***les frères***, ***les sœurs***.

50. — ***Du***, ***des***, ***au***, ***aux***, sont appelés articles *composés*, de ce qu'ils renferment en eux l'un des mots *de*, à ; nous disons donc, *le talent* DU *maître*, pour *de le* maître ; *la légèreté* DES *enfants*, pour *de les* enfants ; *j'ai parlé* AU *général*, pour *à le* général ; *obéir* AUX *lois*, pour *à les* lois.

51. — Mais pour l'agrément de la langue on supprime la lettre *e* de l'article *le*, et la lettre *a* de l'article *la*, quand ils se trouvent devant un mot qui commence par une voyelle ou un *h* muet ; et alors on remplace la lettre supprimée par cette figure ('), qu'on appelle *apostrophe*. Ainsi, pour éviter tout ce qu'il y aurait de choquant pour l'oreille dans *le oiseau*, *le ami*, *la oreille*, *le homme*, on a retranché les lettres *e*, *a*, des articles *le*, *la*, et l'on a dit, *l'oiseau*, *l'ami*, *l'oreille*, *l'homme*, etc.

CHAPITRE III.

DE L'ADJECTIF.

52. — Nous l'avons déjà dit, l'*adjectif* a pour fonction d'exprimer les qualités, les formes, les couleurs, en un mot, toutes les manières d'être du nom. Voyons-nous un fruit, il nous paraît *petit* ou *gros*, *mûr* ou *vert* ; il est *bon* ou *mauvais*, *tendre* ou *dur*, etc. Or, ces mots *petit*, *gros*, *mûr*, *vert*, *bon*, *mauvais*, *tendre*, *dur*, exprimant les qualités ou les manières d'être du fruit, sont autant d'adjectifs. Avons-nous à parler d'un chapeau, nous aurons à dire qu'il est *blanc* ou *noir*, *léger* ou *pesant*, *rond* ou *ovale*, *grand* ou *étroit*. Ces mots *blanc*, *noir*, *léger*, *pesant*, *rond*, *ovale*, *grand*, *étroit*, sont encore des adjectifs.

53. — Mais les qualités, les formes, etc., qu'on aperçoit dans un être masculin, pouvant tout aussi bien exister chez un être féminin, un même adjectif se rapportera donc tantôt à un nom masculin, tantôt à un nom féminin. Cela posé, il reste à examiner les modifications que fait éprouver à un adjectif la différence du genre.

De la formation du féminin dans les adjectifs.

54. — PREMIÈRE RÈGLE. — Tout adjectif terminé au masculin par un *e* muet, comme *sage*, *utile*, *agréable*. reste tel au féminin : *le frère* SAGE, *la sœur* SAGE.

55. — DEUXIÈME RÈGLE. — Tout adjectif qui ne finit pas par un *e* muet au masculin, en prend un au féminin : *petit*, *grand*, *poli*, *vrai*, *zélé*, *exquis*, font donc au féminin, *petite*, *grande*, *polie*, *vraie*, *zélée*, *exquise*.

56. — Mais cette règle souffre des exceptions de deux classes : 1° les adjectifs dont le féminin exige la réduplication de la dernière lettre et un *e* muet; 2° et les adjectifs dont la formation féminine est irrégulière.

57. — Les adjectifs qui exigent au féminin la réduplication de leur dernière lettre sont,

1° Ceux qui sont terminés en *el* ou en *eil*, comme *actuel*, *habituel*, *vermeil*, *pareil*, dont le féminin est *actuelle*, *habituelle*, *vermeille*, *pareille*. (Point d'exception.)

58. — Remarquez 1° que *fidèle* et *infidèle* ne font point partie de cette catégorie; ils appartiennent à la première règle, c'est-à-dire que, prenant un *e* muet au masculin, le féminin ne change pas : *un serviteur fidèle*, *une mémoire fidèle*; 2° que *rebelle* prend toujours deux *l* : *un chef rebelle*, *une armée rebelle*.

2° Les adjectifs terminés par *ien*, qui, sans exception, font au féminin *ienne* : *chrétien*, *païen*, *ancien*; *chrétienne*, *païnene*, *ancienne*.

3° Les adjectifs terminés par *on*, comme *bon*, *bouffon*, *mignon*, qui font au féminin, *bonne*, *bouffonne*, *mignonne*. (Pas d'exception.)

4° Les adjectifs terminés par *et*, comme *net*, *sujet*, *muet*, *fluet*, qui font au féminin, *ette* : *nette*, *sujette*, *muette*, *fluette*. Il faut en excepter *complète*, *concrète*, *discrète*, *inquiète*, *replète*, *secrète*.

5° Les adjectifs *bas*, *épais*, *exprès*, *gras*, *gros*, *las*, *profès*, qui font au féminin, *basse*, *épaisse*, *expresse*, *grasse*, *grosse*, *lasse*, *professe*. — *Nul*, *gentil*, *paysan*, *sot*, *vieillot*, dont le féminin est *nulle*, *gentille*, *paysanne*, *sotte*, *vieillotte*.

6° Et enfin les adjectifs *fou*, *mou*, *vieux*, *beau* et

nouveau, dont le féminin est *folle*, *molle*, *vieille*, *belle*, *nouvelle*, de ce qu'au masculin on dit aussi *fol*, *mol*, *vieil*, *bel*, *nouvel*, lorsqu'ils se trouvent avant un nom commençant par un voyelle ou un *h* muet : *fol espoir*, *mol abandon*, *bel enfant*, *nouvel ouvrage*, *vieil homme*. (On dit aussi *vieux homme*.)

59. — Les adjectifs dont la formation féminine est irrégulière sont,

1° Ceux qui sont terminés par *f*, tels que *veuf*, *actif*, *bref*, *vif*, qui perdent au féminin la lettre *f* pour prendre *ve* : *veuve*, *active*, *brève*, *vive*.

Il n'y a qu'un seul mot qui fasse exception, encore est-il peu usité ; c'est l'adjectif *pouf*, qui se dit du grès, des pierres ou du marbre, qui, lorsqu'on les travaille, tombent en poussière : *ce grès est* POUF, *cette pierre est pouf.* (Acad.)

2° Les adjectifs terminés par *x*, qui perdent cette lettre pour prendre *se* : *heureux*, *boiteux*, *honteux* ; *heureuse*, *boiteuse*, *honteuse*. Il n'y a que cinq exceptions : *doux*, *faux*, *préfix*, *roux* et *vieux*, dont le féminin est *douce*, *fausse*, *préfixe*, *rousse*, *vieille*.

3° Les adjectifs *blanc*, *sec*, *frais*, *franc*, qui font *blanche*, *sèche*, *fraîche*, *franche* (1). — *Public*, *caduc*, *turc*, *grec*, *franc*, dont le féminin est *publique*, *caduque*, *turque*, *grecque* (2), *franque* (3). — *Long*, *oblong*, *tiers*, *malin*, *bénin*, qui font *longue*, *oblongue*, *tierce*, *maligne*, *bénigne*. — *Favori*, *coi*, qui font *favorite*, *coite*.

4° (*Châtain*, *dispos* et *fat*, ne se disent pas au féminin.)

5° Les adjectifs terminés par *eur*, dont le féminin se forme de différentes manières, savoir :

Premièrement. — Les adjectifs en *eur* formés d'un

---

(1) *Franc*, *franche*, qui a de la franchise, ou qui est libre.

(2) Remarquez que *grec* est de ces mots le seul qui conserve la lettre *c* au féminin : *une Grecque*.

(3) *Franc*, *franque*, *langue franque*, sorte de jargon mêlé de français, d'italien, d'espagnol, etc., que parlent les Francs de la basse classe, établis dans le Levant ou en Barbarie.

participe présent par le changement de *ant* en *eur*, et qui font *euse* au féminin, comme *parleur*, *menteur*, *voleur*, *trompeur*, dont le féminin est *parleuse*, *menteuse*, *voleuse*, *trompeuse*, de ce qu'ils viennent des participes présents *parlant*, *mentant*, *volant*, *trompant*. Il faut cependant en excepter *débiteur* (qui doit), *exécuteur*, *inventeur*, *persécuteur*, *enchanteur*, qui font au féminin *débitrice*, *exécutrice*, *persécutrice*, *enchanteresse*.

Secondement.—Les adjectifs en *teur* non formés d'un participe présent, et qui font au féminin *trice* : *admirateur*, *adulateur*, *approbateur*, *conciliateur*, *conservateur*, *délateur*, *dénonciateur*, *directeur*, *investigateur*, *lecteur*, *donateur*, *testateur*, etc., etc.; *admiratrice*, *adulatrice*, *approbatrice*, *conciliatrice*, *conservatrice*, *délatrice*, *dénonciatrice*, *directrice*, *investigatrice*, *lectrice*, *donatrice*, *testatrice*, etc.

60.—*Remarque*.—*Amateur* se dit des deux genres : *un homme*, *une femme amateur*.

61.—Il est aussi des adjectifs en *eur* qui ont une double formation féminine; tels sont,

62.—CHANTEUR, dont le féminin est *chanteuse* et *cantatrice*. CHANTEUSE se dit de toute femme qui chante, soit qu'elle en fasse ou non sa profession : *les chanteuses de l'Opéra*. Cependant, lorsque la personne dont on parle a acquis quelque célébrité dans l'art du chant, au lieu de *chanteuse*, on dit CANTATRICE. (ACAD.)

63.—CHASSEUR, dont le féminin est *chasseuse* et *chasseresse*. CHASSEUSE se dit d'une femme qui chasse, ou qui aime à chasser : *j'aperçois une* CHASSEUSE *dans la plaine*, *ces dames sont d'habiles* CHASSEUSES. — CHASSERESSE ne se dit qu'en poésie : *Diane la* CHASSERESSE, *les nymphes* CHASSERESSES. (ACAD.)

64.—DÉBITEUR, qui, comme on l'a déjà vu, fait *débitrice*, lorsqu'il signifie *qui doit* : *elle est ma* DÉBITRICE *de cinq cents francs*; et DÉBITEUSE (qui débite) : *c'est une* DÉBITEUSE *de nouvelles*, *une grande* DÉBITEUSE *de mensonges*. (ACAD.)

65.—DEMANDEUR, dont le féminin est *demandeuse* et *demanderesse*. DEMANDEUSE se dit de celle dans le caractère de qui il entre de demander, ou qui en fait profession : *c'est une* DEMANDEUSE *perpétuelle.* — DEMANDERESSE est un terme de procédure, qui signifie celle qui intente un procès, qui fait une demande en justice : *telle est la somme réclamée par la* DEMANDERESSE. — *Défendeur*, autre terme de procédure, fait *défenderesse*.

66. — DEVINEUR, dont le féminin fait *devineuse*. Il se dit de ceux qui, sans se donner pour prédire les événements, sans en faire profession, aiment à juger par voie de conjecture : *c'est un bon* DEVINEUR, *une adroite* DEVINEUSE. — DEVINERESSE n'est pas, comme on l'a imprimé, le féminin de *devineur*, mais de *devin*. Ils se disent de ceux qui se donnent pour prédire les événements, et qui en font profession : *les* DEVINS *et les* DEVINERESSES *sont des imposteurs.* (ACAD.)

67. — VENDEUR, dont le féminin est *vendeuse* et *venderesse*. VENDEUSE se dit de celle qui fait profession de vendre : *une* VENDEUSE *de fruits*, *des* VENDEUSES *à la halle.* — VENDERESSE ne se dit qu'en pratique, et d'une femme qui, sans faire profession de vendre, a cédé, a vendu telle chose : *la* VENDERESSE *est garante.* (ACAD.)

68. — BAILLEUR (qui donne à ferme, à loyer), dont le féminin est *bailleresse* ; mais ce féminin, dit l'Académie, est maintenant presque inusité. — VENGEUR, dont le féminin est *vengeresse* ; mais ce féminin n'est que du style soutenu : *Jeanne d'Arc fut la* VENGERESSE *de la France; la main* VENGERESSE *de ce héros brisa les fers de sa patrie.* — PÉCHEUR (qui commet des péchés), dont le féminin est *pécheresse.* — GOUVERNEUR, dont le féminin est *gouvernante.* — Et SERVITEUR, qui fait *servante*.

PREMIÈRE REMARQUE. — Les adjectifs en *érieur* se forment au féminin par l'addition d'un *e* muet : *antérieur*, *inférieur*, *supérieur* ; *antérieure*, *inférieure*, *supérieure*. Il faut y ajouter *majeur*, *mineur* et *meilleur*, qui font *majeure*, *mineure*, *meilleure*.

DEUXIÈME REMARQUE. — Les adjectifs en *eur*, qui expriment des professions, des états plus particulièrement exercés par des hommes, ne changent pas au féminin ; tels sont *auteur*, *traducteur*, *docteur*, *professeur*, etc.

Formation du pluriel dans les adjectifs.

69. — Le pluriel des adjectifs se forme, comme celui des noms, par l'addition d'un *s* : *petit*, *petite*, *petits*, *petites*. Cependant il faut remarquer,

1° Que, comme dans les noms encore, les adjectifs terminés au singulier par *s* ou *x*, comme *gros*, *heureux*, restent tels au pluriel : *un gros cheval*, *de gros chevaux* ; *un homme heureux*, *des hommes heureux* ;

2° Que les trois adjectifs en *au*, *beau*, *jumeau*, *nouveau*, les seuls de notre langue qui aient cette terminaison, prennent un *x* au pluriel : *de beaux enfants*, *deux frères jumeaux*, *de nouveaux ouvrages* ;

3° Que la plupart des adjectifs en *al* ont leur pluriel en *aux* : *libéral*, *libéraux* ; *original*, *originaux* ; *principal*, *principaux* ; *égal*, *égaux* ; *spécial*, *spéciaux*, etc.

70. — Mais nous insisterons sur les adjectifs en *al*, attendu que les grammaires les plus suivies même sont sur ce point incomplètes et en désaccord tout à la fois avec cette autorité imposante de l'Académie.

Adjectifs en AL *sur le pluriel masculin desquels l'Académie ne s'était pas prononcée jusqu'à son édition de 1835, où on lit :*

71. — *Biennal* : des emplois biennaux ;
Brutal : des appétits brutaux ;
Doctrinal : des avis doctrinaux ;
Electoral : colléges électoraux ;
Equinoxial : des points équinoxiaux :
Fatal : au pluriel *fatals* (peu usité, dit l'Acad.) ;
Grammatical : des principes grammaticaux ;
Illégal : actes illégaux ;
Impérial : ornements impériaux ;
Loyal : de loyaux services ;
Machinal : mouvements machinaux (peu usité) ;
Matrimonial : droits matrimoniaux ;
Musical : des caractères musicaux ;
Numéral : des adjectifs numéraux ;
Original : des tableaux, des manuscrits originaux :
Radical : termes radicaux ;

Social : des rapports sociaux ;
Trivial : des détails triviaux (peu usité. Acad.) ;
Verbal : adjectifs verbaux, procès-verbaux.

Martial, *pectoral*, *nasal*, n'ont de pluriel masculin que lorsqu'ils sont employés comme termes d'anatomie ou de médecine : *remèdes martiaux*, *muscles pectoraux*, *os nasaux* (c'est-à-dire qui ont rapport au nez).

Adjectifs en AL *dont l'Académie dit positivement qu'ils n'ont pas de pluriel masculin.*

72. — *Amical*, *colossal*, *glacial*, *natal*, *automnal*, *frugal*, *jovial*, *naval* (1).

Adjectifs en AL *sur le pluriel masculin desquels l'Académie ne se prononce pas, et dont on ne trouve dans son dictionnaire aucun exemple qui autorise à les y employer.*

73. — *Annal*, *Archiépiscopal* (2), *Austral* (3), *Bénéficial*, *Boréal* (4), *canonial*, *collégial*, *crucial*, *crural* (5), *décemviral*, *décimal* (6), *déloyal* (7), *diagonal*, *diamétral*, *doctoral*, *équilatéral*, *expérimental*, *final*, *filial*, *horizontal*,

---

(1) Cependant nous ferons remarquer que l'usage commence à introduire parmi nous, et que notre oreille aussi commence à supporter *des conseils*, *des rapports amicals*, *des édifices colossals*, *des repas frugals*, *des vents glacials*, *des caractères*, *des hommes jovials*, *des combats navals*. Toutefois, nous le répétons, l'Académie ne donne aucun exemple de ces adjectifs employés au pluriel masculin.

(2) Prononcez *arkiépiscopal*.

(3) L'Académie n'a point admis cet exemple, *signes austraux*, qui se trouve dans l'édition de son dictionnaire, faite en 1798 ; ce silence semble indiquer qu'elle ne reconnaît pas de pluriel masculin à cet adjectif.

(4) *Boréal* doit nécessairement suivre la même loi que *austral*.

(5) Toutefois les chirurgiens donnent, sans exception, la terminaison *aux* aux adjectifs en *al* qui entrent dans les termes de leur art : ils disent donc *des nerfs cruraux*.

(6) L'usage est favorable au pluriel *décimaux* : les arithméticiens disent *des nombres décimaux*.

(7) Il n'y a dans l'Académie aucun exemple de cet adjectif employé au pluriel ; mais puisqu'elle dit *de loyaux services*, il doit être permis de dire *des moyens*, *des procédés déloyaux*.

Idéal,	*littéral*,	*partial*,	*théâtral*,
Immoral (1),	*lustral*,	*pascal*,	*transversal*,
Impartial (2),	*mental*,	*pastoral*,	*virginal*,
Initial,	*médical*,	*patriarcal*,	*vocal*,
Instrumental,	*médicinal*,	*patronal*,	*zodiacal*.
Labial,	*paradoxal*,	*primordial*,	
Lingual,	*paroissial*,	*proverbial*,	

74. — Le silence de l'Académie sur l'emploi de ces adjectifs au masculin pluriel est motivé par deux raisons : la principale, c'est qu'ils sont la plupart d'un usage si limité, qu'ils ne s'emploient souvent qu'avec quelques noms féminins, et quelquefois même avec un seul ; tels sont *collégial*, *crucial*, *diagonal*, *paroissial*, *patronal*, *transversal*, *diagonal*, *médicinal*, etc., qui ne se disent que dans ces expressions : *église collégiale ; incision cruciale* (en croix), *fête patronale ; ligne transversale, diagonale ; plante, herbe médicinale*. Le besoin du pluriel masculin ne se manifestant pas, ce pluriel devient donc inutile. La seconde raison tient à des motifs d'euphonie, c'est-à-dire que le pluriel masculin soit en *als*, soit en *aux*, serait également désagréable à l'oreille.

75. — *Remarque*. — Conformément encore à ce qui a été dit des noms en *ant* ou *ent*, l'Académie conserve le *t* dans les adjectifs qui ont l'une ou l'autre de ces terminaisons. Elle écrit donc, *des enfants diligents* et *obéissants*, *des monuments intéressants*. Comme nous l'avons déjà dit, cette façon d'orthographier est toute rationnelle, toute logique ; la suppression du *t*, au contraire, manque de fondement. Toutefois, l'usage autorise cette suppression, excepté dans l'adjectif *lent*, le seul de cette terminaison qui n'ait qu'une syllabe.

76. — Les adjectifs expriment les qualités ou simplement, ou avec comparaison, ou les élèvent à un très-haut degré ; de là trois degrés de signification ; savoir : le *positif*, le *comparatif* et le *superlatif*.

77. — Le *positif* n'est rien autre chose que l'adjectif même. *Dieu est* BON, *la journée est* BELLE.

78. — Le *comparatif* exprime la comparaison ; et

(1) Point d'exemple de l'emploi de cet adjectif au pluriel masculin ; mais l'Académie disant *des contes, des préceptes moraux*, il doit être régulier de dire *des contes, des préceptes immoraux, des êtres immoraux*.

(2) L'usage est favorable à *impartiaux* : *des arbitres, des juges impartiaux*.

toute comparaison a pour résultat l'*égalité*, la *supériorité* ou l'*infériorité*.

Le comparatif d'*égalité* se forme à l'aide des mots *autant*, *aussi* : *le fils est* AUSSI *vertueux que le père ; il est modeste* AUTANT *qu'habile.*

Le comparatif de *supériorité* se forme avec *plus* : *la science est* PLUS *précieuse que l'or.*

Le comparatif d'*infériorité* se forme avec *moins* : *cet hiver a été* MOINS *rigoureux et* MOINS *long que le précédent.*

Il y a trois adjectifs qui expriment seuls une comparaison : *meilleur* au lieu de *plus bon*, qui ne se dit pas : *pire* au lieu de *plus mauvais*, et *moindre* au lieu de *plus petit.*

79. — Le superlatif exprime la qualité portée à un très-haut degré.

Il y a deux sortes de superlatifs : le superlatif *absolu*, qui marque la qualité portée à un très-haut degré *absolument*, c'est-à-dire sans rapport à aucun objet : *ce serviteur est* TRÈS-FIDÈLE; et le superlatif *relatif*, qui exprime un très-haut degré *relativement*, c'est-à-dire avec comparaison : *cet enfant est* LE PLUS INSTRUIT *de sa division, et sa sœur* LA MOINS AVANCÉE *de la sienne.* On forme le superlatif *absolu* en mettant avant l'adjectif l'un des mots *très*, *fort*, *bien*, *extrêmement* : *quoiqu'il soit* FORT INSTRUIT, *il lui est* TRÈS-DIFFICILE *de rendre nettement ses pensées*, etc. On forme le superlatif *relatif* en mettant un des mots *le*, *la*, *les*, *du*, *des*, *au*, *mon*, *ton*, *son*, *notre*, *votre*, *leur*, *leurs*, avant un comparatif de supériorité ou d'infériorité : *la vaccine est une* DES PLUS BELLES *et* DES PLUS UTILES *découvertes des temps modernes; les qualités du cœur ne sont pas* LES MOINS PRÉCIEUSES.

80. — Quoique les adjectifs soient le plus souvent appelés à exprimer quelque chose qui soit dans les objets mêmes et leur appartienne, comme quand nous disons *homme instruit*, *visage ovale*, qualité et forme qui résident dans les noms *homme*, *visage*, il en est cependant qui déterminent plutôt les noms qu'ils ne les qualifient; tels sont ces mots *mon*, *ton*, *son*, *ce*, *cet*, *un*,

deux, *premier*, *second*, etc., et que, pour ce motif, on appelle adjectifs *déterminatifs*.

81. — En effet, quand je dis MON *cheval est fatigué*, CET *enfant est sage*, *prenez la* PREMIÈRE *rue à droite*, ces mots *mon*, *cet*, *premier*, n'expriment rien qui soit dans la nature du cheval, de l'enfant ou de la rue; ils font plus particulièrement entendre que je parle de tel cheval, de tel enfant, de telle rue; ils les spécifient, ils les *déterminent*.

82. — Il y a trois sortes d'adjectifs déterminatifs : les adjectifs *démonstratifs*, les adjectifs *possessifs* et les adjectifs *numéraux*.

Des adjectifs démonstratifs.

83.—Les adjectifs *démonstratifs* remplissent la double fonction de déterminer les objets, et de les montrer aux yeux, ou de les rappeler à l'esprit.

Les adjectifs démonstratifs sont,

Pour le masculin singulier, *ce*, *cet*;
Pour le féminin singulier, *cette*;
Pour le pluriel des deux genres, *ces*.

Remarque. — Quoique *ce* et *cet* soient l'un et l'autre du masculin, *ce* ne se met qu'avant une consonne ou un *h* aspiré : CE *pays*, CE *hameau*, et *cet* seulement avant une voyelle ou un *h* muet : CET *emploi*, CET *honneur*.

Des adjectifs possessifs.

84. — Les adjectifs *possessifs* remplissent la double fonction de déterminer tel ou tel objet, et d'exprimer une idée de possession. Voici ces adjectifs :

SINGULIER.		PLURIEL.
Masculin.	Féminin.	Des deux genres.
Mon,	*ma*,	*mes*,
Ton,	*ta*,	*tes*,
Son,	*sa*,	*ses*,
Notre,	*notre*,	*nos*,
Votre,	*votre*,	*vos*,
Leur.	*leur*.	*leurs*.

85. — Quoique *mon*, *ton*, *son* soient plus particulièrement du masculin, ils s'emploient aussi, par euphonie, avant les noms et les adjectifs féminins commençant par une voyelle ou un *h* muet : nous disons donc *mon épouse*, *ton aimable mère*, *son honorable famille*, pour éviter ce qu'il y aurait de choquant pour l'oreille dans *ma épouse*, *ta aimable mère*, *sa honorable famille*.

Des adjectifs numéraux.

86. — Les adjectifs *numéraux* ont aussi la double fonction de déterminer les objets et d'exprimer une idée de nombre ou d'ordre.

87. — Il y en a de deux sortes : les adjectifs de nombres *cardinaux* et les adjectifs de nombres *ordinaux*.

88. — Les adjectifs de nombres *cardinaux* marquent le nombre, la quantité ; tels sont *un*, *deux*, *trois*, *quatre*, *cinq*, *six*, *sept*, *huit*, *neuf*, *dix*, *vingt*, *trente*, etc.

89. — Les adjectifs de nombres *ordinaux* ne marquent que l'ordre, le rang où est un objet par rapport à un ou à plusieurs autres ; ces adjectifs sont *premier*, *second* ou *deuxième*, *troisième*, *quatrième*, *vingtième*, *centième*, etc.

CHAPITRE IV.

DU PRONOM.

90. — Le *pronom*, comme on l'a déjà vu, est un mot qui représente le nom et en tient lieu.

91. — Il y a cinq sortes de pronoms, savoir : les pronoms *personnels*, les pronoms *démonstratifs*, les pronoms *possessifs*, les pronoms *relatifs*, et les pronoms *indéfinis*.

Des pronoms personnels.

92. — Les pronoms *personnels* sont ceux qui représentent plus particulièrement les personnes.

93. — Il n'y a que trois personnes; et ce nombre vient de la situation différente des individus par rapport à l'action de parler : ou les personnes parlent, ou on leur parle, ou on parle d'elles; il ne saurait y avoir un quatrième cas : de là donc le nombre de trois personnes.

94. — La première personne est celle qui parle : JE *vois*, JE *marche, ceci est à* MOI, *secourez*-MOI.

95. — La seconde personne est celle à qui l'on parle : TU *lis et* TU *écris sans cesse*, *repose*-TOI, *j'irai avec* TOI.

96. — La troisième personne est celle de qui l'on parle : IL *rit*, ELLE *chante*, ILS *courent*, ELLES *marchent.*

Voici les pronoms personnels :

1re personne : *je*, *me*, *moi*; pluriel : *nous*, } pour les deux
2e personne : *tu*, *te*, *toi*; pluriel : *vous*, } genres.
3e personne : *il*, *ils*, *eux*, pour le masculin;
Elle, *elles*, *la*, pour le féminin;
Lui, *les*, *leur*, *se*, *soi*, pour les deux genres.

Des pronoms démonstratifs.

97. — Les pronoms *démonstratifs* sont ceux qui, tout en représentant l'objet, le montrent à nos yeux, ou le rappellent à notre esprit. Par exemple, quand, après avoir examiné plusieurs objets, nous disons, *je prendrai* CELUI-CI, *ajoutez-y encore* CELUI-LA, nous désignons, nous montrons ces objets.

Voici les pronoms démonstratifs :

Ce, *celui*, *celui-ci*, *celui-là*, pour le masc. sing.
Ceux, *ceux-ci*, *ceux-là*, pour le masculin plur.
Celle, *celle-ci*, *celle-là*, pour le féminin singulier.
Celles, *celles-ci*, *celles-là*, pour le féminin plur.
Ceci, *cela*, pour les deux genres.

Des pronoms possessifs.

98. — Les pronoms *possessifs* sont ceux qui, tout à la fois, représentent les objets, et expriment une idée de possession.

Voici les pronoms possessifs.

SING. MASC.	SING. FÉM.	PLUR. MASC.	PLUR. FÉM.
Le mien,	*la mienne*,	*les miens*,	*les miennes*,
Le tien,	*la tienne*,	*les tiens*,	*les tiennes*,
Le sien,	*la sienne*,	*les siens*,	*les siennes*,
Le nôtre,	*la nôtre*,	*les nôtres*,	*les nôtres*,
Le vôtre,	*la vôtre*,	*les vôtres*,	*les vôtres*,
Le leur.	*la leur.*	*les leurs.*	*les leurs.*

99. — *Remarque.* — *Notre* et *votre* ne prennent l'accent circonflexe que lorsqu'ils sont pronoms, c'est-à-dire lorsqu'ils sont précédés d'un article : *votre cheval est plus joli que* LE NÔTRE.

Des pronoms relatifs.

100. On appelle pronoms *relatifs* ceux qui ont rapport à un nom ou à un autre pronom qui les précède.

Voici les pronoms relatifs :

Qui, que, lequel, laquelle, lesquels, lesquelles, dont, en, y.

101. On appelle *antécédent* le nom ou le pronom auquel le pronom relatif se rapporte. Dans cette phrase, *Dieu,* DONT *nous admirons la sagesse, est l'auteur des choses que nous voyons, et de celles* QUI *nous sont cachées. Dieu* est l'antécédent du relatif *dont* ; *choses* est l'antécédent du relatif *que*, et le pronom *celles* l'antécédent de *qui*.

Des pronoms indéfinis.

102. — On appelle *indéfinis* les pronoms dont on se sert pour représenter des personnes ou des choses qu'on ne veut ou qu'on ne peut nommer. Quand je dis, *on sonne, quelqu'un frappe,* ces expressions vagues *on*,

quelqu'un, me sont d'une nécessité absolue, attendu l'impossibilité où je suis de déterminer le nom de celui qui sonne ou qui frappe.

103. — Les pronoms indéfinis peuvent se diviser en quatre classes, savoir :

1° Ceux qui ne sauraient être que pronoms indéfinis, comme *on*, *quelqu'un*, *quiconque*, *qui que ce soit*, *quoi que ce soit*, *chacun*, *l'un l'autre*, *les uns les autres*, *autrui*, *rien*, *tout le monde* ;

2° Ceux qui sont tour à tour pronoms indéfinis et adjectifs, comme *autre*, *nul*, *plusieurs*, *tel*, *tout*. Ils sont pronoms indéfinis, lorsqu'ils n'ont de rapport à aucun nom ou à aucun pronom ; ils sont adjectifs, s'ils se rapportent soit à un nom, soit à un pronom.

Phrases où ces mots sont pronoms indéfinis.	*Phrases où ces mots sont adjectifs.*
Un autre que lui aurait apprécié la délicatesse de ce procédé.	Remettons l'examen de cette affaire à *un autre* jour.
Nul n'est satisfait de sa fortune, *nul* n'a échappé.	*Nulle* puissance n'est comparable à celle de Dieu ; il n'a *nul* désir.
Il ne faut pas que *plusieurs* pâtissent pour un seul ; *plusieurs* prétendent que... (Acad.)	*Plusieurs* voyageurs rapportent le même fait, mais j'en ai vu *plusieurs* qui le nient.
Tel se dit votre ami, qui ne vous obligerait pas de quelques francs.	Un ami *tel* que lui est un second soi-même ; *telle* vie, *telle* fin.
Tout atteste la majesté de Dieu ; *tout* est fini, *tout* est prêt.	*Tout* ce qu'il dit est exact ; *tout* mon temps est employé.

3°. Ceux qui sont tantôt pronoms indéfinis, et tantôt pronoms relatifs, comme *qui*, *que*, *quoi*. Ils sont pronoms indéfinis, lorsqu'ils ne se rapportent ni à un nom ni à un pronom ; et pronoms relatifs, quand ils se rapportent soit à un nom soit à un pronom.

Qui, *que*, *quoi*, sont pronoms indéfinis dans ces phrases :	*Qui*, *que*, *quoi*, sont pronoms relatifs dans ces phrases :
Que veut-il ? *que* fais-tu ? *que* pensez-vous lui devoir ?	Le livre *que* je lis ; voilà ce *qu*'il m'a dit.
Qui demandez-vous ? à *qui* désirez-vous parler ?	Celui *qui* s'instruit se prépare des jouissances.
Quoi de plus hideux que l'ignorance ! à *quoi* réfléchit-il ?	Je ne fais aucun cas de ce à *quoi* il passe son temps.

4° Et enfin, le mot *personne* et le mot *chose* dans *quelque chose.*

Personne est pronom indéfini lorsqu'il n'est accompagné ni d'un article, ni des mots *un*, *une*, ni d'un des déterminatifs *ce*, *cet*, *mon*, *ton*, etc.

PERSONNE *n'est plus aimable que votre mère; c'est un homme qui ne fréquente* PERSONNE, *qui ne parle à* PERSONNE.

Personne est nom commun lorsqu'il est précédé, soit de l'article, soit de l'un des mots *un*, *une*, soit d'un adjectif déterminatif.

Avez-vous vu LA PERSONNE *en question? Voilà* UNE PERSONNE *bien aimable;* CETTE PERSONNE *est instruite.*

Chose fait partie du pronom indéfini *quelque chose*, quand il signifie *certaine chose;* alors il est du masculin.

Voilà QUELQUE CHOSE *de bon, de bien fait.*

Chose est nom commun dans *quelque chose*, lorsqu'il signifie *quelle que soit la chose.*

Il n'est point ému, QUELQUE CHOSE *qu'on lui dise*, c'est-à-dire, *quelle que soit la chose* qu'on lui dise.

CHAPITRE V.

DU VERBE.

104. — Le *verbe* est un mot qui marque l'affirmation. Quand je dis *mon frère est brave*, j'affirme que la bravoure est dans le caractère de mon frère.

105. — Mais pour nous qui avons pris à tâche de montrer que les différentes espèces de mots tirent leur origine des choses mêmes ou de ce qui leur est propre, nous ajouterons :

106. — Puisqu'il est du propre des êtres de *sentir*, de se *mouvoir* ou *d'être en repos*; que ces trois circonstances sont exprimées par une seule partie du discours appelée *verbe*; qu'elles embrassent et résument leurs diverses facultés, leurs attributs; qu'en un mot, elles pei-

gnent complétement le jeu et l'état de la nature vivante ou inanimée, nous définirons en outre le verbe un mot qui marque le *sentiment*, le *mouvement* ou le *repos* (1).

DU SUJET.

107. — Mais comme les trois circonstances exprimées par le verbe ne peuvent avoir lieu sans cause, c'est-à-dire qu'il ne saurait y avoir de mouvement sans que quelqu'un ou quelque chose le produise; que nul sentiment n'existe à moins que quelqu'un ne l'éprouve; que l'état de repos fait supposer que telle chose est dans cet état, les grammairiens ont appelé *sujet* la cause de l'action ou du sentiment. (*Sujet* est ici le synonyme de *cause.*)

108. — Ainsi, quand nous disons, *nos soldats portaient le désespoir et la mort dans les rangs de l'ennemi, les soldats* faisant l'action de porter, sont le sujet de ce verbe; *le vent poussait et amoncelait la neige*, l'action de pousser et d'amonceler étant faite par *le vent*, ce nom est le sujet de ces deux verbes.

109. — Un moyen mécanique de trouver le sujet d'un verbe, c'est de mettre avant ce verbe *qui est-ce qui*, si l'on suppose que l'action est faite par des personnes, et *qu'est-ce qui*, si l'on suppose qu'elle est faite par des choses.

Ainsi, pour trouver le sujet de ces phrases, *cet étran-*

---

(1) Nous ne voulons nullement élever une controverse sur ce point; on ne saurait ne pas reconnaître que cette définition du verbe (*c'est un mot qui marque l'affirmation*) est juste, et qu'elle ne souffre pas d'exception. Mais nous pensons que ce n'est là qu'un attribut de cette espèce de mot. Qu'on réponde de bonne foi à cette question : les hommes obéissant à la nécessité en créant une espèce de mot pour rendre la différence qu'il y a entre *marcher* et *courir*, *sauter* et *se traîner*, *trotter* et *galoper*, *aimer* et *haïr*, *veiller* et *dormir*, etc., les hommes, disons-nous, furent-ils plutôt occupés d'exprimer une affirmation, que de peindre ce qui se passait autour d'eux et en eux? Vraisemblablement non : alors donc la propriété qu'a le verbe d'exprimer l'affirmation serait plutôt une particularité, un attribut de cette espèce de mot, qu'une définition qui en rappelle la cause originelle.

ger ne connaît pas la ville, le vin pris immodérément ruine la santé, on dira, *qui est-ce qui* ne connaît pas la ville? *L'étranger*, voilà le sujet de *connaît; qu'est-ce qui* ruine la santé? *le vin*, voilà le sujet *de ruine*.

110. — Le sujet d'un verbe ne saurait guère être qu'un nom ou un pronom. Quand le sujet est un nom, il faut écrire le verbe à la troisième personne : *le général commandait, les soldats obéissaient*.

111. — Quand le sujet est un pronom, ce pronom étant de la première, de la seconde ou de la troisième personne, communique sa personne au verbe : *je parle, tu chantes, il lit, nous écoutons, vous voyagez, ils partent*.

112. — Quelquefois, cependant, un verbe a pour sujet un autre verbe; dans ce cas, on met la troisième personne du singulier : *parler trop haut en société* EST *inconvenant*, c'est-à-dire, l'action de parler *est*.

113. — Lorsque plusieurs personnes concourent à faire l'action exprimée par le verbe, il faut nécessairement que ce verbe soit au pluriel.

Mon père et mon frère arriveront ce soir. Il faut la troisième personne du pluriel *arriveront*, parce que les sujets *père* et *frère* étant des noms, sont l'un et l'autre de la troisième personne.

114. — Mais si les sujets d'un verbe sont de différentes personnes, non-seulement il faut mettre ce verbe au pluriel, mais à celle des personnes qui a la priorité; la première personne a la priorité sur les deux autres, et la seconde l'a sur la troisième. Il faut donc dire :

Vous et moi nous partirons, en mettant le verbe à la première personne du pluriel, parce que, des deux sujets *vous* et *moi*, la priorité est acquise au pronom *moi*, qui est de la première personne.

Vous et lui perdrez à ce marché.
Vous, mon oncle, et moi, nous ferons ce voyage.

DU RÉGIME *ou* COMPLÉMENT.

115. — On appelle *régime* ou *complément* du verbe le mot qui dépend immédiatement d'un verbe, et qui lui est nécessaire pour en compléter la signification. En disant *cet homme apporte*, j'exprime une idée incomplète; mais si j'ajoute l'expression *une lettre*, ce mot *lettre* complète l'idée, et reçoit, pour ce motif, le nom de *complément*. On le nomme aussi *régime*, de ce qu'il est *régi* par le verbe, de ce qu'il est sous sa dépendance.

116.—Il y a deux sortes de régimes, le régime *direct* et le régime *indirect*.

117.—Le régime *direct* est le mot sur lequel tombe directement l'action du verbe, le mot qui est l'objet immédiat de cette action. Quand je dis, *ce cheval a renversé plusieurs personnes sur son passage*; *les flammes détruisirent cet édifice malgré nos secours*, *les personnes* sont le régime direct du verbe *renverser*, parce que l'action exprimée par ce verbe tombe directement sur elles; *l'édifice* est le régime direct de *détruisirent*, parce que c'est sur ce nom que tombe l'action de *détruire*.

118.—Un moyen mécanique de trouver le régime direct d'un verbe, c'est de mettre *qui?* ou *quoi?* après ce verbe : *je vous attendrai ce soir, je lui écrivis une lettre*. J'attendrai *qui? vous*; j'écrivis *quoi? une lettre*; *vous* et *lettre* sont donc les régimes directs des verbes *attendre*, *écrire*.

119.—Le régime *indirect* est le mot sur lequel l'action ne tombe qu'indirectement; ce régime est ordinairement précédé de l'une des prépositions *à*, *de* : *j'ai donné un anneau à ma sœur*; *j'ai tiré mon ami de peine*. *A ma sœur* est le régime indirect de *j'ai donné*; *de peine* est le régime indirect de *j'ai tiré* (1).

---

(1) L'Académie ne pense point que les noms ou les pronoms précédés de *pour*, *avec*, *dans*, etc., soient des régimes indirects des verbes; elle dit positivement que ce sont les régimes de ces prépositions; c'est aussi l'opinion d'une foule de grammairiens et la nôtre. Voici comment elle décompose cette phrase : *servir Dieu avec ferveur* : *Dieu*, dit-elle, est le régime direct de *servir*, et *ferveur* le régime de la préposition *avec*. (*Acad.*, au mot *Régime*.)

Sur ce point donc, il ne faut pas considérer comme absolu le principe d'un grammairien suivi. En effet, où serait le régime in-

120.—*Remarque.*—Parmi les pronoms, il en est qui sont toujours régimes directs, d'autres toujours régimes indirects, et d'autres tantôt régimes directs et tantôt régimes indirects.

121.—*Le, la, les, que,* sont les seuls pronoms qui ne puissent être que régimes directs : *je* LE *cherche*, c'est-à-dire je cherche *lui; je* LA *regarde*, c'est-à-dire je regarde ELLE; *il* LES *salue*, c'est-à-dire il salue *eux* ou *elles; voilà les chevaux* QUE *j'ai achetés*, c'est-à-dire *lesquels* chevaux j'ai achetés; *la maison* QUE *je veux vendre*, c'est-à-dire *laquelle* maison je veux vendre.

122. — Encore le pronom *que* est-il quelquefois employé pour *durant* ou *pendant lequel, laquelle,* comme quand nous disons *les deux heures* QUE *j'ai marché m'ont fatigué*, c'est-à-dire les deux heures *pendant lesquelles* j'ai marché ; *les vingt ans* QU'*il a régné*, c'est-à-dire *durant lesquels* il a régné.

123.—*Lui, leur, dont, en, y,* ne sauraient être que régimes indirects, par la raison qu'ils renferment toujours une préposition : *je* LUI *parlerai*, c'est-à-dire *à lui, à elle; il* LEUR *écrivit*, c'est-à-dire *à eux, à elles; les outils* DONT *il se sert*, c'est-à-dire *desquels* il se sert; *ces fruits sont mûrs, mangez*-EN, c'est-à-dire mangez *de ces fruits; cette science est intéressante, et je m'*Y *applique*, c'est-à-dire je m'applique *à cette science.*

124.—*Me, te, se, nous, vous,* sont tantôt régimes indirects, et tantôt régimes directs. Ils sont régimes *indirects* toutes les fois qu'ils renferment la préposition *à*, c'est-à-dire qu'ils sont employés pour *à moi, à toi, à lui*, etc.

Il ME *remit vos lettres*, c'est-à-dire il remit *à moi;*
Je T'*écrirai bientôt*, c'est-à-dire j'écrirai *à toi;*
Il SE *fit mal*, c'est-à-dire il fit mal *à lui*, etc.

---

direct de cette phrase? *On* LUI *adressa* AVEC *empressement des fonds* PAR *la poste;* est-ce *lui?* est-ce *avec empressement?* est-ce *par la poste?* ou bien y a-t-il trois régimes indirects? ou encore les trois n'en font-ils qu'un? Pour nous, le régime indirect du verbe *adresser* est *lui*, et nous ne voyons dans *empressement* que le régime de la préposition *avec*, et dans *poste* que le régime de la préposition *par*.

125. — *Me*, *te*, *se*, *nous*, *vous*, sont régimes *directs*, lorsqu'ils sont mis pour *moi*, *toi*, *lui*, etc.

Il ME *salua*; c'est-à-dire il salua *moi*;
Je TE *remercie*, c'est-à-dire je remercie *toi*;
Ils SE *frappèrent*, c'est-à-dire ils frappèrent *eux*, etc.

Des différentes sortes de verbes.

126.—Il y a cinq sortes de verbes, savoir : le verbe *actif*, le verbe *passif*, le verbe *neutre*, le verbe *pronominal* et le verbe *impersonnel*.

127.—Un verbe n'est *actif* que quand 1° le sujet fait l'action; 2° et qu'il a un régime direct.

128.—Mais, comme il n'y a guère que l'usage qui nous apprenne que tel verbe peut avoir un régime direct, on a dit avec raison que toutes les fois que l'on peut mettre *quelqu'un* ou *quelque chose* après un verbe, on doit en conclure qu'il est actif. Or, *chercher*, *prouver*, *prendre*, *apporter*, sont des verbes actifs, car on peut dire *chercher*, *trouver quelqu'un*, *prendre*, *apporter quelque chose*. (Ce nom *actif*, donné à cette espèce de verbe, lui vient non-seulement de ce que le sujet est en effet *actif*, c'est-à-dire parce qu'il *agit*, mais encore parce qu'il *fait l'action* sur quelqu'un ou sur quelque chose.

129. — Mais ces mêmes verbes *chercher*, *trouver*, *prendre*, *apporter*, etc., que nous venons de qualifier de verbes actifs, deviendront dans certains cas des verbes *passifs*; cela tient à la situation seule du sujet à l'égard de l'action; le sujet est-il actif, c'est-à-dire le sujet fait-il l'action, le verbe est actif : *des voleurs ont attaqué une voiture publique*; le sujet est-il passif (*passif* signifie *qui supporte l'action*), le verbe alors est passif : *une voiture publique a été attaquée par des voleurs* (1).

130.—On appelle *neutre* un verbe qui n'est ni actif ni passif. (*Neutre* signifie *ni l'un ni l'autre*.)

---

(1) De là il faut conclure que nous n'avons ni de verbes absolument *actifs*, ni de verbes absolument *passifs*, ces deux qualités étant, comme nous venons de le dire, dépendantes de la situation seule du sujet à l'égard de l'action.

131.—Ainsi que le verbe actif, le verbe *neutre* exprime souvent une action faite par le sujet; mais il diffère du verbe actif en ce qu'il ne saurait avoir de régime direct : *je marche*, *tu cours*, *il voyage*. Le verbe neutre se distingue donc du verbe actif en ce qu'il ne saurait être suivi de *quelqu'un* ni de *quelque chose*. Or, *dormir*, *régner*, *plaire*, *convenir*, sont neutres, car on ne peut dire, *dormir quelqu'un*, *régner*, *convenir quelque chose*.

132.—On nomme *pronominal* le verbe qui se conjugue avec deux pronoms de la même personne : *je me promène*, *je me repens*.

133. — On en distingue de deux sortes, les pronominaux *essentiels* et les pronominaux *accidentels*.

134. — Le verbe pronominal *essentiel* est celui qui prend indispensablement deux pronoms de la même personne dans sa conjugaison, comme *je me souviens*, *je me repens*, *je m'empare*, qui ne peuvent se conjuguer autrement qu'avec deux pronoms de la même personne : *je me souviens*, *tu te souviens* ; *je me repens*, *tu te repens*; *je m'empare*, *tu t'empares* ; et non *je souviens*, *je repens*, *j'empare*.

135. — On appelle pronominal *accidentel* celui qui, étant conjugué avec deux pronoms de la même personne, pourrait se conjuguer avec un seul. Ainsi, dans *je me suis donné beaucoup de mal*, *ils se sont frappés*, on ne trouve que des verbes pronominaux accidentels, car *donner* et *frapper* peuvent se conjuguer avec un seul pronom : *je donne*, *tu donnes* ; *je frappe*, *tu frappes*.

136.—On nomme *impersonnel* le verbe qui n'a dans tous ses temps que la troisième personne du singulier : *il faut*, *il pleut*, *il neige*, etc.

137.—Nous en distinguerons de deux sortes : les impersonnels *essentiels* et les impersonnels *accidentels*. Nous appellerons impersonnels *essentiels* ceux qui ne sauraient avoir que la troisième personne du singulier; tels sont, *il faut*, *il pleut*, *il vente*, *il grêle*, etc. En effet, on ne peut dire, *je faux*, *je pleux*, *tu pleux*, etc.

138. — Et nous nommerons impersonnels *accidentels* ceux qui, pouvant se conjuguer à toutes les personnes, ont pour sujet le pronom *il*, lorsque ce pronom ne se

rapporte à rien : IL EST ARRIVÉ *deux dames dans cette voiture;* IL SE PASSE *dans ce moment des choses bien étranges;* IL A ÉTÉ SAISI *des armes prohibées.* Quoique ces verbes *arriver*, *passer*, *saisir*, puissent se conjuguer à toutes les personnes, ils sont ici impersonnels, parce que le pronom *il*, qui les précède, et qui en est le sujet, ne se rapporte à rien (1).

Remarque. — Lorsque le verbe *être* n'est point auxiliaire, c'est-à-dire lorsqu'il n'aide point à en conjuguer un autre, il prend le nom de *verbe substantif;* alors il signifie *exister : Dieu s'appelle celui qui* EST; *cet homme n'*EST *plus.*

139. — On distingue dans le verbe le *nombre*, la *personne*, le *mode* et le *temps.*

Du nombre.

140.—Il y a dans le verbe deux nombres : *le singulier* et *le pluriel.* Lorsque le sujet d'un verbe est au singulier, ce verbe est aussi au singulier : *je marche, tu cours, il appelle.* Si le sujet représente plusieurs personnes ou plusieurs choses, le verbe est au pluriel : *nous marchons, ils appellent.*

De la personne.

141.—Les verbes ont trois personnes, et ces personnes sont indiquées, soit par les pronoms, soit par les noms : le sujet d'un verbe est-il un pronom de la première personne, ce verbe est à la première personne; le sujet est-il de la seconde personne, le verbe est à la seconde personne : *je parle, je suis, c'est moi qui ai; tu parles, tu es, c'est toi qui as.* (*Voir* page 36.)

---

(1) Cette division des verbes pronominaux et des verbes impersonnels en *accidentels* et en *essentiels* est d'une très-grande importance pour l'application des règles des participes.

Du mode.

142—Ce mot signifie *manière*. On appelle donc *mode* les différentes manières d'exprimer l'action marquée par le verbe.

143. — Il y a cinq modes : l'*indicatif*, le *conditionnel*, l'*impératif*, le *subjonctif* et l'*infinitif*.

144.—L'*indicatif* exprime une action sûre, certaine, soit que cette action se fasse présentement, soit qu'elle se trouve faite ou qu'elle soit à faire : *je* CHANTE, *je* CHANTAIS, *j'ai* CHANTÉ, *je* CHANTERAI, etc.

145.—Le *conditionnel* exprime une action moyennant une condition : *les enfants* METTRAIENT *plus de zèle à leur instruction, s'ils en connaissaient le prix ; j'*AURAIS RÉUSSI *sans cet obstacle.*

146.—L'*impératif* exprime l'action avec commandement de la faire, ou exhortation à l'exécuter : APPORTEZ *cet objet ;* AIMEZ *Dieu ;* HONOREZ *vos parents, et vous prospérerez.*

147. — Le *subjonctif* exprime l'action d'une manière subordonnée, d'une manière dépendante d'une autre action : *il veut* QUE JE PARTE ; *nous désirons* QUE VOUS RÉUSSISSIEZ.

148.—L'*infinitif* exprime l'action indéfiniment et sans aucun rapport de nombres ni de personnes : ENSEIGNER, *c'est s'*INSTRUIRE ; TRAVAILLER, *c'est s'*ENRICHIR.

Du temps.

149. — Le *temps* est l'époque, le moment de l'action exprimée par le verbe.

150.—Le temps ne saurait se diviser qu'en trois parties, savoir : le *présent*, le *passé*, et *l'avenir*, qu'en grammaire on appelle *futur*.

151.—Mais parmi des actions qui appartiennent, soit à un temps passé, soit à un futur, il y a différentes nuances qui ne peuvent être rendues par un seul temps. Par exemple, quand je dis, *je* LISAIS *lorsque votre frère entra*, et *j'*AI LU *ce passage*, j'exprime dans les deux cas une époque passée ; mais par l'imparfait *je lisais*, j'indique une action *imparfaite*, une action non terminée au moment où votre frère entra ; et par le passé indéfini *j'ai lu*, j'exprime une action parfaite, c'est-à-dire entièrement achevée et sans rapport à aucune autre. Le *présent* étant un point indivisible, s'exprime par un seul temps.

152. — Nous avons huit temps pour exprimer les trois époques, savoir : un pour le *présent*, cinq pour le *passé*, et deux pour le *futur*.

153. — Le *présent* exprime l'action dans le moment même où elle se fait : *j'écris*, *je parle*.

154. — Les cinq temps qui marquent le *passé* sont,

1° L'*imparfait*, qui, tout en exprimant une action passée, la présente dans le moment même où elle avait lieu : ON DANSAIT *quand j'entrai* ;

2° Le *passé défini*, qui l'exprime comme ayant été faite dans un temps dont toutes les parties sont écoulées : *il* VINT *nous voir la semaine dernière* ;

3° Le *passé indéfini*, qui l'exprime comme ayant eu lieu dans un temps entièrement écoulé ou non : *il* EST VENU *nous voir la semaine dernière* ; *il* EST VENU *nous voir aujourd'hui* ;

4° Le *passé antérieur*, qui exprime une action passée, indispensablement suivie d'une autre action également passée et immédiate : *quand il* EUT FINI, *il s'en alla* ; *il sortit lorsqu'il* EUT DINÉ ;

5° Le *plus-que-parfait*, qui exprime aussi une action passée, et relative à une autre action également passée et immédiate ou non : *aussitôt qu'il* AVAIT TERMINÉ, *il s'en allait* ; *j'*AVAIS FINI *quand il arriva*.

155. — Les deux temps qui marquent le *futur* sont,

1° Le *futur simple*, qui exprime une action à faire : *bientôt j'*IRAI *vous voir* ;

2° Le *futur composé* ou *passé*, qui exprime qu'une action se trouvera faite avant telle autre action à faire : *j'*AURAI TERMINÉ *quand vous viendrez*, *avant que vous veniez*.

156. — Mais les temps se divisent encore en temps *simples* et en temps *composés*.

157. — Les temps *simples* d'un verbe sont ceux où il

n'entre uniquement que ce verbe : *je parle*, *je parlais*, *je parlai*, etc.

158. — On appelle temps *composés* ceux qui prennent *avoir* ou *être* : *j'ai parlé*, *j'avais parlé*, *je suis venu*, *j'étais venu*, etc.

159. — Écrire ou réciter un verbe dans toute son étendue, c'est ce qu'on appelle *conjuguer*.

160. — Il y a quatre conjugaisons, que l'on distingue par la terminaison du présent de l'infinitif.

La première conjugaison a le présent de l'infinitif terminé en *er*, comme *chanter* ;

La deuxième en *ir*, comme *finir* ;

La troisième en *oir*, comme *recevoir* ;

La quatrième en *re*, comme *rendre*.

161. — Mais les verbes *avoir* et *être* entrant dans la composition des autres, il convient de commencer par ces deux verbes.

VERBE AUXILIAIRE **AVOIR**.

INDICATIF. PRÉSENT.

SING. J'ai.
Tu as (1).
Il a.
PLUR. Nous avons.
Vous avez.
Ils ont.

IMPARFAIT.

J'avais.
Tu avais.
Il avait.
Nous avions.
Vous aviez.
Ils avaient.

PASSÉ DÉFINI.

J'eus.
Tu eus.
Il eut.
Nous eûmes.
Vous eûtes.
Ils eurent.

PASSÉ INDÉFINI.

J'ai eu.
Tu as eu.
Il a eu.
Nous avons eu.
Vous avez eu.
Ils ont eu.

PASSÉ ANTÉRIEUR.

J'eus eu.
Tu eus eu.
Il eut eu.
Nous eûmes eu.
Vous eûtes eu.
Ils eurent eu.

PLUS-QUE-PARFAIT.

J'avais eu.
Tu avais eu.
Il avait eu.
Nous avions eu.
Vous aviez eu.
Ils avaient eu.

(1) En général les secondes personnes finissent par *s*.

FUTUR.

J'aurai.
Tu auras.
Il aura.
Nous aurons.
Vous aurez.
Ils auront.

FUTUR PASSÉ.

J'aurai eu.
Tu auras eu.
Il aura eu.
Nous aurons eu.
Vous aurez eu.
Ils auront eu.

CONDITIONNEL PRÉSENT.

J'aurais.
Tu aurais.
Il aurait.
Nous aurions.
Vous auriez.
Ils auraient.

CONDITIONNEL PASSÉ.

J'aurais eu.
Tu aurais eu.
Il aurait eu.
Nous aurions eu.
Vous auriez eu.
Ils auraient eu.

On dit aussi :

J'eusse eu.
Tu eusses eu.
Il eût eu.
Nous eussions eu.
Vous eussiez eu.
Ils eussent eu.

IMPÉRATIF.

Point de première personne.

Aie.
Ayons.
Ayez.

SUBJONCTIF. PRÉSENT OU FUTUR.

Que j'aie.
Que tu aies.
Qu'il ait.
Que nous ayons.
Que vous ayez.
Qu'ils aient.

IMPARFAIT.

Que j'eusse.
Que tu eusses.
Qu'il eût.
Que nous eussions.
Que vous eussiez.
Qu'ils eussent.

PASSÉ.

Que j'aie eu.
Que tu aies eu.
Qu'il ait eu.
Que nous ayons eu.
Que vous ayez eu.
Qu'ils aient eu.

PLUS-QUE-PARFAIT.

Que j'eusse eu.
Que tu eusses eu.
Qu'il eût eu.
Que nous eussions eu.
Que vous eussiez eu.
Qu'ils eussent eu.

INFINITIF. PRÉSENT.

Avoir.

PASSÉ.

Avoir eu.

PARTICIPE PRÉSENT.

Ayant.

PARTICIPE PASSÉ.

Eu, eue, ayant eu.

VERBE AUXILIAIRE ÊTRE.

INDICATIF. PRÉSENT.

Je suis.
Tu es.
Il est.
Nous sommes.
Vous êtes.
Ils sont.

IMPARFAIT.

J'étais.
Tu étais.
Il était.
Nous étions.
Vous étiez.
Ils étaient.

PASSÉ DÉFINI.

Je fus.
Tu fus.
Il fût.
Nous fûmes.
Vous fûtes.
Ils furent.

PASSÉ INDÉFINI.

J'ai été.
Tu as été.
Il a été.
Nous avons été.
Vous avez été.
Ils ont été.

PASSÉ ANTÉRIEUR.

J'eus été.
Tu eus été.
Il eut été.
Nous eûmes été.
Vous eûtes été.
Ils eurent été.

PLUS-QUE-PARFAIT.

J'avais été.
Tu avais été.
Il avait été.
Nous avions été.
Vous aviez été.
Ils avaient été.

FUTUR.

Je serai.
Tu seras.
Il sera.
Nous serons.
Vous serez.
Ils seront.

FUTUR PASSÉ.

J'aurai été.
Tu auras été.
Il aura été.
Nous aurons été.
Vous aurez été.
Ils auront été.

CONDITIONNEL PRÉSENT.

Je serais.
Tu serais.
Il serait.
Nous serions.
Vous seriez.
Ils seraient.

CONDITIONNEL PASSÉ.

J'aurais été.
Tu aurais été.
Il aurait été.
Nous aurions été.
Vous auriez été.
Ils auraient été.

On dit aussi :

J'eusse été.
Tu eusses été.
Il eût été.
Nous eussions été.
Vous eussiez été.
Ils eussent été.

IMPÉRATIF.

Point de première personne.

Sois.
Soyons.
Soyez.

SUBJONCTIF. PRÉSENT OU FUTUR.

Que je sois.
Que tu sois.
Qu'il soit.
Que nous soyons.
Que vous soyez.
Qu'ils soient.

IMPARFAIT.

Que je fusse.
Que tu fusses.
Qu'il fût.
Que nous fussions.
Que vous fussiez.
Qu'ils fussent.

PASSÉ.

Que j'aie été.
Que tu aies été.
Qu'il ait été.

Que nous ayons été.
Que vous ayez été.
Qu'ils aient été.

PLUS-QUE-PARFAIT.

Que j'eusse été.
Que tu eusses été.
Qu'il eût été.
Que nous eussions été.
Que vous eussiez été.
Qu'ils eussent été.

INFINITIF. PRÉSENT.

Être.

PASSÉ.

Avoir été.

PARTICIPE PRÉSENT.

Étant.

PARTICIPE PASSÉ.

Été, ayant été.

PREMIÈRE CONJUGAISON EN ER.

INDICATIF. PRÉSENT.

Je chante.
Tu chantes.
Il chante.
Nous chantons.
Vous chantez.
Ils chantent.

IMPARFAIT.

Je chantais.
Tu chantais.
Il chantait.
Nous chantions.
Vous chantiez.
Ils chantaient.

PASSÉ DÉFINI.

Je chantai.
Tu chantas.
Il chanta.
Nous chantâmes.
Vous chantâtes.
Ils chantèrent.

PASSÉ INDÉFINI.

J'ai chanté.
Tu as chanté.
Il a chanté.
Nous avons chanté.
Vous avez chanté.
Ils ont chanté.

PASSÉ ANTÉRIEUR.

J'eus chanté.
Tu eus chanté.
Il eut chanté.
Nous eûmes chanté.
Vous eûtes chanté.
Ils eurent chanté.

PLUS-QUE-PARFAIT.

J'avais chanté.
Tu avais chanté.
Il avait chanté.
Nous avions chanté.
Vous aviez chanté.
Ils avaient chanté.

FUTUR.

Je chanterai.
Tu chanteras.
Il chantera.
Nous chanterons.
Vous chanterez.
Ils chanteront.

FUTUR PASSÉ.

J'aurai chanté.
Tu auras chanté.
Il aura chanté.
Nous aurons chanté.
Vous aurez chanté.
Ils auront chanté.

CONDITIONNEL PRÉSENT.

Je chanterais.
Tu chanterais.
Il chanterait.
Nous chanterions.
Vous chanteriez.
Ils chanteraient.

CONDITIONNEL PASSÉ.

J'aurais chanté.
Tu aurais chanté.
Il aurait chanté.
Nous aurions chanté.
Vous auriez chanté.
Ils auraient chanté.

On dit aussi :

J'eusse chanté.
Tu eusses chanté.
Il eût chanté.
Nous eussions chanté.
Vous eussiez chanté.
Ils eussent chanté.

IMPÉRATIF.

Point de première personne.

Chante.
Chantons.
Chantez.

SUBJONCTIF. PRÉSENT OU FUTUR.

Que je chante.
Que tu chantes.
Qu'il chante.
Que nous chantions.
Que vous chantiez.
Qu'ils chantent.

IMPARFAIT.

Que je chantasse.
Que tu chantasses.
Qu'il chantât.
Que nous chantassions.
Que vous chantassiez.
Qu'ils chantassent.

PASSÉ.

Que j'aie chanté.
Que tu aies chanté.
Qu'il ait chanté.
Que nous ayons chanté.
Que vous ayez chanté.
Qu'ils aient chanté.

PLUS-QUE-PARFAIT.

Que j'eussse chanté.
Que tu eusses chanté.
Qu'il eût chanté.
Que nous eussions chanté.
Que vous eussiez chanté.
Qu'ils eussent chanté.

INFINITIF. PRÉSENT.

Chanter.

PASSÉ.

Avoir chanté.

PARTICIPE PRÉSENT.

Chantant.

PARTICIPE PASSÉ.

Chanté, chantée, ayant chanté.

Ainsi se conjuguent les verbes *danser, aimer, estimer, brûler, trouver, apporter, adorer, diviser, travailler, donner, chercher, gagner*, etc.

SECONDE CONJUGAISON EN IR.

INDICATIF. PRÉSENT.

Je finis.
Tu finis.
Il finit.
Nous finissons.
Vous finissez.
Ils finissent.

IMPARFAIT.

Je finissais.
Tu finissais.
Il finissait.
Nous finissions.
Vous finissiez.
Ils finissaient.

PASSÉ DÉFINI.

Je finis.
Tu finis.
Il finit.
Nous finîmes.
Vous finîtes.
Ils finirent.

PASSÉ INDÉFINI.

J'ai fini.
Tu as fini.
Il a fini.
Nous avons fini.
Vous avez fini.
Ils ont fini.

PASSÉ ANTÉRIEUR.

J'eus fini.
Tu eus fini.
Il eut fini.
Nous eûmes fini.
Vous eûtes fini.
Ils eurent fini.

PLUS-QUE-PARFAIT.

J'avais fini.
Tu avais fini.
Il avait fini.
Nous avions fini.
Vous aviez fini.
Ils avaient fini.

FUTUR.

Je finirai.
Tu finiras.
Il finira.
Nous finirons.
Vous finirez.
Ils finiront.

FUTUR PASSÉ.

J'aurai fini.
Tu auras fini.
Il aura fini.
Nous aurons fini.
Vous aurez fini.
Ils auront fini.

CONDITIONNEL PRÉSENT.

Je finirais.
Tu finirais.
Il finirait.
Nous finirions.
Vous finiriez.
Ils finiraient.

CONDITIONNEL PASSÉ.

J'aurais fini.
Tu aurais fini.
Il aurait fini.
Nous aurions fini.
Vous auriez fini.
Ils auraient fini.

On dit aussi :

J'eusse fini.
Tu eusses fini.
Il eût fini.
Nous eussions fini.
Vous eussiez fini.
Ils eussent fini.

IMPÉRATIF.

Point de première personne.
Finis.
Finissons.
Finissez.

SUBJONCTIF PRÉSENT OU FUTUR.

Que je finisse.
Que tu finisses.
Qu'il finisse.
Que nous finissions.
Que vous finissiez.
Qu'ils finissent.

IMPARFAIT.

Que je finisse.
Que tu finisses.
Qu'il finît.
Que nous finissions.
Que vous finissiez.
Qu'ils finissent.

PASSÉ.

Que j'aie fini.
Que tu aies fini.
Qu'il ait fini.
Que nous ayons fini.
Que vous ayez fini.
Qu'ils aient fini.

PLUS-QUE-PARFAIT.

Que j'eusse fini.
Que tu eusses fini.
Qu'il eût fini.

Que nous eussions fini.
Que vous eussiez fini.
Qu'ils eussent fini.

INFINITIF. PRÉSENT.

Finir.

PASSÉ.

Avoir fini.

PARTICIPE PRÉSENT.

Finissant.

PARTICIPE PASSÉ.

Fini, finie, ayant fini.

Ainsi se conjuguent les verbes *unir*, *nourrir*, *guérir*, *avertir*, *adoucir*, *languir*, *fléchir*, *agir*, *saisir*, etc.

TROISIÈME CONJUGAISON EN OIR.

INDICATIF. PRÉSENT.

Je reçois.
Tu reçois.
Il reçoit.
Nous recevons.
Vous recevez.
Ils reçoivent.

IMPARFAIT.

Je recevais.
Tu recevais.
Il recevait.
Nous recevions.
Vous receviez.
Ils recevaient.

PASSÉ DÉFINI.

Je reçus.
Tu reçus.
Il reçut.
Nous reçûmes.
Vous reçûtes.
Ils reçurent.

PASSÉ INDÉFINI.

J'ai reçu.
Tu as reçu.
Il a reçu.
Nous avons reçu.
Vous avez reçu.
Ils ont reçu.

PASSÉ ANTÉRIEUR.

J'eus reçu.
Tu eus reçu.
Il eut reçu.
Nous eûmes reçu.
Vous eûtes reçu.
Ils eurent reçu.

PLUS-QUE-PARFAIT.

J'avais reçu.
Tu avais reçu.
Il avait reçu.
Nous avions reçu.
Vous aviez reçu.
Ils avaient reçu.

FUTUR.

Je recevrai.
Tu recevras.
Il recevra.
Nous recevrons.
Vous recevrez.
Ils recevront.

FUTUR PASSÉ.

J'aurai reçu.
Tu auras reçu.
Il aura reçu.
Nous aurons reçu.
Vous aurez reçu.
Ils auront reçu.

CONDITIONNEL PRÉSENT.

Je recevrais.
Tu recevrais.
Il recevrait.
Nous recevrions.
Vous recevriez.
Ils recevraient.

CONDITIONNEL PASSÉ.

J'aurais reçu.
Tu aurais reçu.
Il aurait reçu.
Nous aurions reçu.
Vous auriez reçu.
Ils auraient reçu.

On dit aussi :
J'eusse reçu.
Tu eusses reçu.
Il eût reçu.
Nous eussions reçu.
Vous eussiez reçu.
Ils eussent reçu.

IMPÉRATIF.

Point de première personne.
Reçois.
Recevons.
Recevez.

SUBJONCTIF. PRÉSENT OU FUTUR.

Que je reçoive.
Que tu reçoives.
Qu'il reçoive.
Que nous recevions.
Que vous receviez.
Qu'ils reçoivent.

IMPARFAIT.

Que je reçusse.
Que tu reçusses.
Qu'il reçût.
Que nous reçussions.
Que vous reçussiez.
Qu'ils reçussent.

PASSÉ.

Que j'aie reçu.
Que tu aies reçu.
Qu'il ait reçu.
Que nous ayons reçu.
Que vous ayez reçu.
Qu'ils aient reçu.

PLUS-QUE-PARFAIT.

Que j'eusse reçu.
Que tu eusses reçu.
Qu'il eût reçu.
Que nous eussions reçu.
Que vous eussiez reçu.
Qu'ils eussent reçu.

INFINITIF. PRÉSENT.

Recevoir.

PASSÉ.

Avoir reçu.

PARTICIPE PRÉSENT.

Recevant.

PARTICIPE PASSÉ.

Reçu, reçue, ayant reçu.

Ainsi se conjuguent *devoir*, *apercevoir*, *concevoir*, *percevoir*, et tous ceux dont l'infinitif est en *evoir*. Tous les autres verbes en *oir*, comme *pouvoir*, *vouloir*, *valoir*, etc., sont irréguliers, et feront l'objet d'observations particulières. (Voir page 68.)

QUATRIÈME CONJUGAISON EN RE.

INDICATIF. PRÉSENT.

Je rends.
Tu rends.
Il rend.
Nous rendons.
Vous rendez.
Ils rendent.

IMPARFAIT.

Je rendais.
Tu rendais.
Il rendait.
Nous rendions.
Vous rendiez.
Ils rendaient.

PASSÉ DÉFINI.

Je rendis.
Tu rendis.
Il rendit.
Nous rendîmes.
Vous rendîtes.
Ils rendirent.

PASSÉ INDÉFINI.

J'ai rendu.
Tu as rendu.
Il a rendu.
Nous avons rendu.
Vous avez rendu.
Ils ont rendu.

PASSÉ ANTÉRIEUR.

J'eus rendu.
Tu eus rendu.
Il eut rendu.
Nous eûmes rendu.
Vous eûtes rendu.
Ils eurent rendu (1).

PLUS-QUE-PARFAIT.

J'avais rendu.
Tu avais rendu.
Il avait rendu.
Nous avions rendu.
Vous aviez rendu.
Ils avaient rendu.

FUTUR.

Je rendrai.
Tu rendras.
Il rendra.
Nous rendrons.
Vous rendrez.
Ils rendront.

FUTUR PASSÉ.

J'aurai rendu.
Tu auras rendu.
Il aura rendu.
Nous aurons rendu.
Vous aurez rendu.
Ils auront rendu.

CONDITIONNEL PRÉSENT.

Je rendrais.
Tu rendrais.
Il rendrait.
Nous rendrions.
Vous rendriez.
Ils rendraient.

CONDITIONNEL PASSÉ.

J'aurais rendu.
Tu aurais rendu.
Il aurait rendu.
Nous aurions rendu.
Vous auriez rendu.
Ils auraient rendu.

On dit aussi :

J'eusse rendu.
Tu eusses rendu.
Il eût rendu.
Nous eussions rendu.
Vous eussiez rendu.
Ils eussent rendu.

IMPÉRATIF.

Point de première personne.

Rends.
Rendons.
Rendez.

SUBJONCTIF. PRÉSENT OU FUTUR.

Que je rende.
Que tu rendes.
Qu'il rende.
Que nous rendions.
Que vous rendiez.
Qu'ils rendent.

IMPARFAIT.

Que je rendisse.
Que tu rendisses.
Qu'il rendît.
Que nous rendissions.
Que vous rendissiez.
Qu'ils rendissent.

PASSÉ.

Que j'aie rendu.
Que tu aies rendu.
Qu'il ait rendu.
Que nous ayons rendu.
Que vous ayez rendu.
Qu'ils aient rendu.

---

(1) Il y a encore, dans les quatre conjugaisons, un quatrième *passé* dont on se sert rarement : *J'ai eu rendu, tu as eu rendu, il a eu rendu, nous avons eu rendu, vous avez eu rendu, ils ont eu rendu.*

PLUS-QUE-PARFAIT.
Que j'eusse rendu.
Que tu eusses rendu.
Qu'il eût rendu.
Que nous eussions rendu.
Que vous eussiez rendu.
Qu'ils eussent rendu.

INFINITIF. PRÉSENT.
Rendre.

PASSÉ.
Avoir rendu.

PARTICIPE PRÉSENT.
Rendant.

PARTICIPE PASSÉ.
Rendu, rendue, ayant rendu.

Ainsi se conjuguent *répandre*, *dépendre*, *fondre*, *vendre*, *entendre*, *étendre*, *perdre*, *attendre*, *répondre*, *mordre*, etc.

Remarques particulières sur les verbes des quatre conjugaisons.

1° Sur ceux de la première conjugaison.

162. — Dans les verbes terminés en *ger*, comme *manger*, *déranger*, le *g* doit être suivi d'un *e* muet avant les lettres *a*, *o* : *nous mangeons*, *je mangeai* ; *nous dérangeons*, *il dérangea*. Ceci est une concession faite à l'harmonie, et pour ôter tout ce qu'auraient de dur *nous mangons*, *je mangai*, *tu dérangas*.

163. — Les verbes terminés par *cer*, comme *lancer*, *tracer*, prennent une cédille sous le *c* avant les lettres *a*, *o* : *je lançai*, *tu lanças*, *nous traçons*.

164. — Tout verbe de la première conjugaison ayant à l'avant-dernière syllabe de l'infinitif un *é* fermé ou un *e* muet, comme *espérer*, *empiéter*, *enlever*, *peser*, perd cet *é* fermé ou cet *e* muet, pour prendre à la place un *è* ouvert, lorsque la syllabe suivante est muette. (On entend par syllabe *muette* celle qui est formée par un *e* muet.) On doit donc écrire avec l'*è* ouvert, *j'espère*, *tu espères*, *il espère* ; *j'empiète*, *tu empiètes*, *il empiète* ; *je sème*, *tu sèmes* ; *je pèse*, *tu pèses* ; et, sans aucun changement, *nous espérons*, *nous empiétons*, *vous enlevez*, *vous pesez*, parce que cet *e* n'est plus suivi d'une syllabe muette.

165. — Les *verbes* terminés à l'infinitif par *eler*, *eter*, comme *renouveler*, *appeler*, *rejeter*, *acheter*, prennent deux *l* ou deux *t* entre deux *e* muets : *j'appelle*, *tu ap-*

pelles, *il appelle*; *je renouvellerai*, *tu renouvelleras*; *je rejette*, *tu rejettes*, *il rejette*; *j'achette*; etc. Mais il faut écrire avec un seul *l* ou un seul *t*, *nous appelons*, *vous renouvelez*; *nous rejetions*, *vous rejetiez*; *j'achetai*, *tu achetas*, etc., parce que ces lettres *l*, *t*, ne sont plus suivies d'un *e* muet (1).

166. — Remarquez bien que *l* et *t* ne se redoublent que dans les verbes ayant à l'infinitif un *e* muet avant ces lettres. On ne pourrait écrire avec deux *l* ou deux *t*, *je répette*, *tu répettes*; *je végette*, *tu végettes*; *je révelle*, *il révelle*; *je recelle*, *tu recelles*, parce que ces mots viennent des infinitifs *répéter*, *végéter*, *révéler*, *receler*, où les lettres *t*, *l*, ne sont point précédées d'un *e* muet.

167. — Il est dans la première conjugaison un certain nombre de verbes dont l'orthographe, à quelques temps, paraît bizarre et sortir des règles ordinaires; tels sont les verbes terminés en *ier*, *yer*, *éer*, comme *plier*, *déployer*, qui, à deux temps, prennent soit deux *i*, comme dans *autrefois nous* PLIIONS, *vous* PLIIEZ; soit *yi*, comme dans *hier encore nous* EMPLOYIONS, *vous* EMPLOYIEZ; soit deux *e* de suite, comme dans *je* CRÉE, *je* CRÉERAIS. Cette façon d'orthographier, cependant, est la conséquence rigoureuse de cette règle qui veut qu'en général ce qui est ajouté au *radical* d'un verbe soit ajouté au radical des autres verbes de la même conjugaison.

Du radical.

168. — On entend par *radical* les lettres d'un mot qui se conservent dans tous ceux qui en sont formés.

Par exemple, en ôtant du *présent* de l'infinitif les deux dernières lettres d'un verbe de la première conju-

---

(1) Nous devons dire, cependant, que ces règles sur les verbes en *eler*, *eter*, ne s'accordent pas toujours avec la manière dont l'Académie les orthographie. Par exemple, elle écrit avec un seul *l* et un seul *t*, il *gèle*, il *achète*, votre habit *décolète*, et avec deux *l*, *j'appelle*, tu *appelles*; je *jette*, tu *jettes*; quoique ces verbes soient les uns et les autres précédés d'un *e* muet. Le désir seul de généraliser un principe que l'usage appuie, et conséquemment de faire que l'application en soit plus facile, nous a fait déserter ici l'autorité sous le patronage de laquelle nous nous sommes placés.

gaison, il en reste le radical. Or le radical de *chanter* est *chant*, comme le radical de *prier* est *pri*; le radical de *employer*, *employ*; le radical de *créer*, *cré*, etc.

Ainsi, quand j'écris au présent de l'indicatif *nous* CHANT *ons*, *vous* CHANT *ez*, je dois aussi écrire au même temps, *nous* PRI *ons*, *vous* PRI *ez*.

Quand, à l'imparfait de l'indicatif et au présent du subjonctif, j'ajoute *ions*, *iez*, au radical *chant*, pour avoir *nous* CHANT *ions*, *vous* CHANT *iez*, je suis forcé d'ajouter les mêmes lettres aux radicaux *pri* et *employ*, ce qui fait nous PRI *ions*, *vous* PRI *iez*; *nous* EMPLOY *ions*, *vous* EMPLOY *iez*.

169. — *Remarque*. Les verbes *fuir*, *rire*, *voir*, *croire*, etc., qui appartiennent à d'autres conjugaisons, faisant aux deux premières personnes plurielles du présent de l'indicatif, *nous fuyons*, *vous fuyez*; *nous rions*, *vous riez*, *nous croyons*, *vous croyez*, etc., s'écriront aux mêmes personnes de l'imparfait de l'indicatif et du présent du subjonctif, en prenant un *i* de plus qu'au présent de l'indicatif. (Cela leur est commun avec tous les verbes de la langue française.)

Ainsi, *fuir*, *rire*, *croire*, etc., faisant au présent de l'indicatif *nous fuyons*, *nous rions*, *vous croyez*, feront à l'imparfait de l'indicatif et au présent du subjonctif, *nous fuyions*, *vous fuyiez*; *nous riions*, *vous riiez*; *que nous croyions*, *que vous croyiez*, etc.

Et quand, au futur et au conditionnel, j'ajoute *erai*, *erais* au radical *chant*, pour avoir je CHANT *erai*, je CHANT *erais*, je dois, à ces deux temps, et dans tous les verbes réguliers de la première conjugaison, retrouver cette partie ajoutée.

Or, *prier*, *louer*, *créer*, ayant pour radicaux,

PRI, LOU, CRÉ, feront à ces temps :
Je PRI *erai*, *je* LOU *erai*, *je* CRÉ *erai*;
Je PRI *erais*, *je* LOU *erais*, *je* CRÉ *erais*, etc.

170. — C'est encore à l'aide du radical que s'explique la présence de deux *e* de suite à quelques temps des verbes terminés en *éer*, comme *je crée*, *tu crées*; *je supplée*, *tu supplées*; et trois au participe passé féminin : *créée*, *suppléée*.

En effet, si au radical de CHANT *er* j'ajoute un *e* muet pour former le présent de l'indicatif, je dois au radical de *cré er* ajouter de même un *e* muet pour avoir le même temps.

Je chant autorise donc *je cré* *je supplé*	*e*	*Chant* autorise *cré* *supplé*	*é*
Je chant autorise aussi *je cré* *je supplé*	*erai*	*Chant* autorise *cré* *supplé*	*ée*

Remarque. Il n'y a de verbes en *éer* que *gréer*, *agréer*, *créer*, *suppléer*, *procréer*, *ragréer*, *désagréer*, *recréer*, *récréer*.

Suite des remarques sur les verbes de la première conjugaison.

171. — Les verbes en *yer* et tous ceux dans les temps desquels il entre un *y*, quelle que soit du reste la conjugaison à laquelle ils appartiennent, perdent, avant un *e* muet, cet *y* qu'on remplace par un *i*. *Envoyer*, *employer*, font donc au présent de l'indicatif *j'envoie*, *tu envoies*, *il envoie*; *j'emploie*, *tu emploies*, *il emploie*; *j'emploierai*, *j'emploierais*, etc. *Fuir*, *croire*, *voir*, *avoir*, etc., prenant à quelques temps un *y*, sont assujettis à la même règle: *ils fuient*, *ils croient*; *que je fuie*, *que je croie*, *que je voie*, *que j'aie*.

172. — Cependant il est quelques verbes en *yer* d'une conformation telle, qu'il n'est guère possible de les prononcer, ni conséquemment de les écrire autrement qu'avec l'*y*, même avant un *e* muet; tels sont les verbes *rayer*, *enrayer*, etc. : *je raye*, *je rayerai*, *je rayerais*; *j'enrayerai*, *j'enrayerais*, et non *je raie*, *je raierai*, *je raierais*, *j'enraierai*, *j'enraierais*, qui seraient de véritables cacophonies.

L'Académie va plus loin : elle ne remplace guère l'*y* par un *i* que dans les verbes terminés par *oyer*, comme *employer*, *envoyer*, qu'elle conjugue ainsi : *j'emploie*, *tu emploies*, *il emploie*; *j'envoie*, etc.

Quant aux verbes terminés par *ayer*, comme *payer*, *balayer*, etc., tout en autorisant à les écrire avec un *i* avant un *e* muet, elle donne constamment la préférence à l'*y*; elle écrit donc, *je paye*, *tu payes*, *il paye*; *je balaye*, etc.

Remarques sur les verbes de la seconde conjugaison.

173. — Le verbe *haïr* conserve sur l'*i* le tréma (c'est-à-dire deux points) à tous ses temps et à toutes ses personnes : *je haïssais*, *je haïrai*, etc.; excepté 1° tout le singulier du présent de l'indicatif : *je hais*, *tu hais*, *il hait*; 2° et la seconde personne de l'impératif : *hais*.

Tressaillir est régulier au futur et au conditionnel : *je tressaillirai*, *je tressaillirais*, et non *je tressaillerai*, *je tressaillerais*, comme l'ont dit quelques grammairiens. (ACAD.)

174. — Le moyen de ne pas confondre les verbes en *ir* de la seconde conjugaison avec les verbes en *ire* de la quatrième conjugaison, c'est de voir si le participe présent fait *isant* ou *ivant*; dans ce cas, le verbe appartient à la quatrième conjugaison : *écrire*, *nuire*, *luire*, faisant *écrivant*, *nuisant*, *luisant*, sont donc de la quatrième, tandis que *ouvrir*, *servir*, *finir*, faisant *ouvrant*, *servant*, *finissant*, sont de la seconde.

Bruire, *frire*, *maudire*, *rire*, *sourire*, sont les seuls verbes en *ire* qui, n'ayant le participe présent ni en *isant* ni en *ivant*, appartiennent à la quatrième conjugaison.

Remarques sur les verbes de la troisième conjugaison.

175. — Ceux des verbes de la troisième conjugaison qui ont l'infinitif en *evoir* sont les seuls qui se conjuguent régulièrement, comme *recevoir*. Tous les autres sont irréguliers; nous donnons, *page* 68, le moyen de les conjuguer.

176. — *Devoir*, *redevoir* et *mouvoir* prennent un accent circonflexe au participe passé, mais seulement au masculin : *dû*, *redû*, *mû*. (ACAD.)

177. — De tous les verbes dont le son final fait *oir*,

il n'y a que *boire* et *croire* qui ne soient point de la troisième conjugaison.

Remarques sur les verbes de la quatrième conjugaison.

178. — Parmi les verbes terminés en *dre*, les uns conservent le *d* au singulier du présent de l'indicatif, comme *je prends*, *tu prends*, *il prend;* les autres le perdent aux deux premières personnes, et prennent un *t* à la troisième, comme *je peins*, *tu peins*, *il peint*. Ceux-là seuls qui sont terminés en *indre* ou en *soudre*, comme *peindre*, *plaindre*, *résoudre*, etc., perdent le *d* : *je peins*, *tu peins*, *il peint* ; *je plains*, *tu plains*, *il plaint* ; *je résous*, *tu résous*, *il résout*, etc.

179. — Parmi les verbes en *indre*, les uns s'écrivent par *eindre*, et les autres par *aindre* ; il n'y en a que trois qui prennent la lettre *a* : *contraindre*, *craindre* et *plaindre*.

180. — De tous les verbes terminés par *endre*, il n'y en a que deux qui prennent *a* : *épandre* et *répandre*.

181. — *Absoudre* et *dissoudre* font au participe passé *absous*, *dissous*, avec *s* à la fin, quoique le féminin soit *absoute*, *dissoute* (1).

---

(1) Pour faire faire l'application de ces diverses remarques sur les quatre conjugaisons, nous engageons les maîtres à faire écrire à leurs élèves les verbes ci-dessous. Les temps *simples* présentant seuls des difficultés, on peut dispenser les enfants d'écrire les temps *composés*, ou du moins ne les astreindre qu'à en donner la première personne, attendu qu'il n'y a aucun bénéfice pour eux à reproduire éternellement le verbe *avoir* et le verbe *être*, dont ils connaissent l'orthographe par la conjugaison qu'ils ont dû faire des verbes précédents.

Verbes à écrire : *manger*, *déranger*, *percer*, *tracer*, *enlever*, *peser*, *appeler*, *rejeter*, *renouveler*, *cacheter*, *révéler*, *peler*, *receler*, *acheter*, *crier*, *déployer*, *prier*, *payer*, *récréer*, *agréer*, *loger*, *semer*, *placer*, *niveler*, *répéter*, *étiqueter*, *tolérer*, *balayer*, *rayer*, *ragréer*, *lier*, *fuir*, *haïr*, *devoir*, *comprendre*, *enfreindre*, *peindre*, *attendre*, *dissoudre*, *ceindre*.

Verbe conjugué sous la forme interrogative.

Les verbes conjugués sous la forme interrogative diffèrent des autres en ce que, dans leurs temps simples, les pronoms qui en sont sujets se mettent après : *vient-il? partons-nous?* et après l'auxiliaire dans leurs temps composés : *as-tu reçu? avez-vous réussi?* Nous donnerons pour exemple le verbe *terminer*.

INDICATIF. PRÉSENT.

Terminé-je?
Termines-tu?
Termine-t-il?
Terminons-nous?
Terminez-vous?
Terminent-ils?

IMPARFAIT.

Terminais-je?
Terminais-tu?
Terminait-il?
Terminions-nous?
Terminiez-vous?
Terminaient-ils?

PASSÉ DÉFINI.

Terminai-je?
Terminas-tu?
Termina-t-il?
Terminâmes-nous?
Terminâtes-vous?
Terminèrent-ils?

PASSÉ INDÉFINI.

Ai-je terminé?
As-tu terminé?
A-t-il terminé?
Avons-nous terminé?
Avez-vous terminé?
Ont-ils terminé?

PASSÉ ANTÉRIEUR.

Eus-je terminé (1)?
Eus-tu terminé?
Eut-il terminé?
Eûmes-nous terminé?
Eûtes-vous terminé?
Eurent-ils terminé?

PLUS-QUE-PARFAIT.

Avais-je terminé?
Avais-tu terminé?
Avait-il terminé?
Avions-nous terminé?
Aviez-vous terminé?
Avaient-ils terminé?

---

(1) C'est à tort qu'un grammairien suivi a prétendu que le *passé antérieur* ne s'emploie pas interrogativement. On dit très-bien, *eut-il fini avant vous? eûtes-vous terminé les premiers? eurent-ils achevé à l'époque fixée? eûtes-vous fait, eûtes-vous rempli cette tâche avant votre rival?* etc.. Il est vrai que tous les verbes ne peuvent pas, à ce temps, s'employer interrogativement.

De plus il est nécessaire de rétablir le passé antérieur sous cette forme, ne fût-ce que pour l'application qu'on en fait dans une circonstance qui a quelque connexité avec la forme interrogative. En effet, après *à peine* il n'y a point de verbe qu'on ne puisse employer au passé antérieur; et le verbe alors se montre, comme le verbe interrogatif, suivi du pronom : *à peine* EUT-IL PARLÉ, *que tout le monde fut convaincu; à peine* EUTES-VOUS PARU, *que le calme se rétablit*, etc.

FUTUR.
Terminerai-je ?
Termineras-tu ?
Terminera-t-il ?
Terminerons-nous ?
Terminerez-vous ?
Termineront-ils ?

FUTUR PASSÉ.
Aurai-je terminé ?
Auras-tu terminé ?
Aura-t-il terminé ?
Aurons-nous terminé ?
Aurez-vous terminé ?
Auront-ils terminé ?

CONDITIONNEL PRÉSENT.
Terminerais-je ?
Terminerais-tu ?
Terminerait-il ?
Terminerions-nous ?
Termineriez-vous ?
Termineraient-ils ?

CONDITIONNEL PASSÉ.
Aurais-je terminé ?
Aurais-tu terminé ?
Aurait-il terminé ?
Aurions-nous terminé ?
Auriez-vous terminé ?
Auraient-ils terminé ?

On dit aussi :

Eussé-je terminé ?
Eusses-tu terminé ?
Eût-il terminé ?
Eussions-nous terminé ?
Eussiez-vous terminé ?
Eussent-ils terminé ?

182. — Il faut remarquer 1° que les autres temps ne peuvent s'employer sous la forme interrogative ;

2° Que quand la première personne finit par un *e* muet, il faut transformer cet *e* muet en *é* fermé ; c'est pourquoi nous avons dit, *terminé-je*, *eussé-je terminé ?*

3° Que quand, sous la forme interrogative, cette première personne du présent de l'indicatif produit un son désagréable, ce qui arrive presque toujours lorsqu'elle n'est formée que d'une syllabe, comme *rends-je ? sors-je ? dors-je ? sens-je ?* il faut prendre un autre tour et dire, *est-ce que je rends ? est-ce que je sors ? est-ce que je dors ? est-ce que je sens ?* Il n'y a guère d'exceptions que *ai-je ? suis-je ? vais-je ? dis-je ? dois-je ? vois-je ? fais-je ? puis-je ?*

4° Que quand le verbe est à la troisième personne du singulier, et finit par une voyelle, on met entre le verbe et un des sujets *il*, *elle*, *on*, la lettre euphonique *t* (1), qu'on fait suivre et précéder du trait d'union : *termine-t-il*

---

(1) 183. — On appelle *euphoniques* des lettres étrangères aux mots dans lesquels elles n'entrent, ou entre lesquels elles ne se placent que pour en rendre la prononciation plus agréable.

Nous avons quatre lettres euphoniques : *e, s, t, l.*

E ne s'emploie, comme on l'a déjà dit, que dans les verbes en

aujourd'hui? terminera-t-elle, aura-t-on terminé ce soir?

5° Qu'entre le verbe et le pronom qui en est le sujet, on met un trait d'union : *terminerons-nous? avez-vous terminé?*

6° Qu'il est particulier aux verbes *avoir* et *devoir* d'exprimer, sous une forme qui a quelque rapport avec la forme interrogative, un conditionnel par *eussé-je? dussé-je?*

EUSSÉ-JE *tort, doit-il me traiter ainsi?* c'est-à-dire *quand j'*AURAIS *tort;* DUSSÉ-JE *périr moi-même, j'essaierai de sauver ce malheureux*, c'est-à-dire *quand je* DEVRAIS *périr.*

De la formation des temps.

184. — Les *temps* d'un verbe se divisent en temps *primitifs* et en temps *dérivés.*

Les temps primitifs sont ceux qui servent à former les autres : il y en a cinq, qui sont :

Le *présent de l'infinitif*,
Le *participe présent*,

---

ger, et seulement après le *g*, quand il est suivi de l'une des lettres *a*, *o*, il *mangea*, nous *mangeons*, etc.

S se met avant *en*, *y* : *donnes-en*, *mènes-y*.

T se place comme il vient d'être expliqué : *parle-t-il français? s'exprime-t-elle bien? achèvera-t-on aujourd'hui?*

Si les trois lettres euphoniques précédentes sont indispensables dans les cas qui viennent d'être signalés, il n'en est pas de même de la quatrième, la lettre *l*, qu'on met quelquefois avant *on*, et dont l'emploi est purement facultatif : on dit également bien, *si on*, et *si l'on* : *voilà ce* QU'ON *rapporte*, ou *ce* QUE L'ON *rapporte*, etc. Quelques grammairiens, il est vrai, font une loi de dire *si l'on*, *et l'on*, *où l'on*. L'Académie est moins rigide : elle dit souvent sans *l*, *si on*, *et on*, *où on*, comme dans ces phrases : SI ON *veut que des chevaux travaillent bien, il faut les bien nourrir* (au mot *nourrir*); *le moment* OU ON *arrive* (au mot *débotter*); *on ne saurait bien composer un remède*, SI ON *n'en connaît bien la dose* (au mot *dose*), etc., etc.

Le *participe passé*,
Le *présent de l'indicatif*,
Et le *passé défini*.

185. — Les temps *dérivés* sont ceux qui *dérivent* des temps primitifs, c'est-à-dire qui en sont formés.

De l'INFINITIF on forme deux temps :

1° Le *futur simple*, en changeant *r*, *oir* ou *re* en *rai*.

Aime r, fini r, recev oir, rend re ;
J'aime rai, je fini rai, je recev rai, je rend rai.

2° Le *conditionnel présent*, en changeant *r*, *oir* ou *re* en *rais*.

Aime r, fini r, recev oir, rend re.
J'aime rais, je fini rais, je recev rais, je rend rais.

186. — DU PARTICIPE PRÉSENT on forme trois temps.

1° Tout le pluriel du *présent de l'indicatif*, en changeant *ant* en *ons*, *ez*, *ent* :

Chant ant, finiss ant, recev ant, rend ant,
N. chant ons, n. finiss ons, n. recev ons, n. rend ons,
V. chant ez, v. finiss ez, v. recev ez, v. rend ez,
Ils chant ent, ils finiss ent, ... ils rend ent.

Ceux des verbes de la troisième conjugaison qui ont le participe présent en *evant*, comme *recevoir*, *devoir*, etc., qui font *recevant devant*, se terminent en *oivent* à la troisième personne du pluriel du présent de l'indicatif : *ils reçoivent*, *ils doivent*, etc.

2° L'*imparfait de l'indicatif*, en changeant *ant* en *ais* :

Chant ant, finiss ant, recev ant, rend ant,
Je chant ais, je finiss ais, je recev ais, je rend ais.

3° Le *présent du subjonctif*, en changeant *ant* en *e* muet.

Chant ant, finiss ant, rend ant,
que je chant e que je finiss e, que je rend e,

Ceux des verbes de la troisième conjugaison qui se terminent au participe présent en *evant*, ont le présent du subjonctif en *oive* : *recevant*, *que je reçoive*.

DU PARTICIPE PASSÉ on forme tous les temps composés à l'aide des verbes *avoir*, *être* :

J'ai chanté, j'ai fini, je suis venu, il est parti.

DU PRÉSENT DE L'INDICATIF on forme *l'impératif*, en supprimant les pronoms du premier de ces temps :

Je chante, je finis, je reçois, je rends;
chante, finis, reçois, rends.

187. — Remarquez bien que l'impératif, qui commence toujours par une seconde personne, s'écrit non comme la seconde personne du présent de l'indicatif, mais comme la première. C'est donc à tort qu'une foule de personnes, qui orthographient bien du reste, écrivent avec *s*, *approches-toi*, *reposes-toi*; il faut *approche-toi*, *repose-toi*.

188. — DU PASSÉ DÉFINI on forme l'*imparfait du subjonctif*, en changeant *ai* en *asse*, pour les verbes de la première conjugaison, et en ajoutant *se* pour les verbes des trois autres :

Je chant ai, je finis, je reçus, je rendis;
que je chant asse, que je finis se, que je reçus se, que je rendis se.

189. — Mais il est un certain nombre de verbes qui s'écartent des règles que nous venons de donner sur la formation des temps, et que, pour ce motif, on appelle verbes *irréguliers*.

Nous allons en présenter le tableau, en y faisant entrer d'autres verbes qu'on appelle *défectifs*, de ce qu'ils n'ont pas tous leurs temps ou toutes leurs personnes : comme *bruire*, qui n'a que l'infinitif et le participe présent *bruyant*; ou comme *pleuvoir*, qui n'a qu'une personne à chaque temps : *il pleut*, *il pleuvait*.

190. — *Remarque.* — Le plus souvent, lorsqu'un temps primitif manque, les temps qui en dérivent manquent aussi : *soustraire*, par exemple, n'ayant pas de *passé défini*, n'a point d'*imparfait du subjonctif*.

TEMPS PRIMITIFS.				
PRÉSENT de L'INFINITIF.	PARTICIPE PRÉSENT.	PARTICIPE PASSÉ.	PRÉSENT de L'INDICATIF.	PASSÉ DÉFINI.
PREMIÈRE CONJUGAISON.				
Aller.	Allant.	Allé.	Je vais.	J'allai.
Envoyer.	Envoyant.	Envoyé.	J'envoie.	J'envoyai.
SECONDE CONJUGAISON.				
Acquérir.	Acquérant.	Acquis.	J'acquiers.	J'acquis.
Bouillir.	Bouillant.	Bouilli.	Je bous.	Je bouillis.
Courir.	Courant.	Couru.	Je cours.	Je courus.
Cueillir.	Cueillant.	Cueilli.	Je cueille.	Je cueillis.
Dormir.	Dormant.	Dormi.	Je dors.	Je dormis.
Faillir.	Faillant.	Failli.	Je faux.	Je faillis.
Fuir.	Fuyant.	Fui.	Je fuis.	Je fuis.
Gésir.	Gisant.		Il gît.	

TEMPS DÉRIVÉS,

DONT LA CONJUGAISON EST IRRÉGULIÈRE OU SEMBLE DOUTEUSE.

ALLER. Prés. de l'indic. *Je vais, tu vas, il va, nous allons, vous allez, ils vont*. Futur. *J'irai, tu iras*, etc. Condit. *J'irais*, etc. Impératif. *Va, allons, allez*. Prés. du subj. *que j'aille, que tu ailles, qu'il aille, que nous allions, que vous alliez, qu'ils aillent*. — Il prend *être* dans ses temps composés.

ENVOYER n'est irrégulier qu'au futur. *J'enverrai, tu enverras*, etc.; et au condit. *J'enverrais, tu enverrais*, etc.

ACQUÉRIR. Prés. de l'indic. *J'acquiers, tu acquiers, il acquiert, nous acquérons, vous acquérez, ils acquièrent*. Imparf. *J'acquérais*, etc. Futur. *J'acquerrai, tu acquerras*, etc. Condit. *J'acquerrais*, etc. Impér. *Acquiers, acquérons, acquérez*, etc. Prés. du subj. *Que j'acquière, que tu acquières, qu'il acquière, que nous acquérions, que vous acquériez, qu'ils acquièrent.*

BOUILLIR se conjugue régulièrement d'après ses temps primitifs.

COURIR n'est irrégulier qu'au futur. *Je courrai, tu courras*, etc.; et au condit. *Je courrais, tu courrais*, etc.

CUEILLIR n'est irrégulier qu'au futur. *Je cueillerai, tu cueilleras*, etc.; et au condit. *Je cueillerais*, etc.

DORMIR se conjugue régulièrement suivant ses temps primitifs.

FAILLIR, quoiqu'on lui donne en général les cinq temps primitifs, n'est guère usité qu'au passé défini. *Je faillis, tu faillis*, etc.; au futur. *Je faillirai, tu failliras*, etc. (on ne se sert plus guère de cet autre futur, *je faudrai*); au condit. *Je faillirais, tu faillirais*, etc. — Il a tous ses temps composés.

GÉSIR est inusité à l'infinitif. Il s'emploie seulement aux personnes et aux temps suivants : au prés de l'indic. *Il gît, nous gisons, vous gisez, ils gisent*; à l'imparfait de l'indic. *Je gisais, tu gisais*, etc.; au participe présent. *Gisant*. On ne s'en sert qu'en parlant de personnes malades ou mortes, ou de choses renversées par le temps ou la destruction : *Son cadavre* GIT *sur la terre; nous* GISIONS *tous les deux sur le carreau; des monuments détruits qui* GISENT *dans la poussière*. ACAD.

TEMPS PRIMITIFS.

PRÉSENT de L'INFINITIF.	PARTICIPE PRÉSENT.	PARTICIPE PASSÉ.	PRÉSENT de L'INDICATIF.	PASSÉ DÉFINI.
SUITE DE LA SECONDE CONJUGAISON.				
Mentir.	Mentant.	Menti.	Je ments.	Je mentis.
Mourir.	Mourant.	Mort.	Je meurs.	Je mourus.
Offrir.	Offrant.	Offert.	J'offre.	J'offris.
Ouvrir.	Ouvrant.	Ouvert.	J'ouvre.	J'ouvris.
Sentir.	Sentant.	Senti.	Je sens.	Je sentis.
Partir.	Partant.	Parti.	Je pars.	Je partis.
Sortir.	Sortant.	Sorti.	Je sors.	Je sortis.
Tenir.	Tenant.	Tenu.	Je tiens.	Je tins.
Tressaillir.	Tressaillant.	Tressailli.	Je tressaille.	Je tressaillis.
Venir.	Venant.	Venu.	Je viens.	Je vins.
Vêtir.	Vêtant.	Vêtu.	Je vêts.	Je vêtis.

TEMPS DÉRIVÉS,

DONT LA CONJUGAISON EST IRRÉGULIÈRE OU SEMBLE DOUTEUSE.

MENTIR se conjugue régulièrement d'après ses temps primitifs.

MOURIR. Futur. *Je mourrai, tu mourras*, etc. Condit. *Je mourrais, tu mourrais*, etc. Prés. du subj. *Que je meure, que tu meures, qu'il meure, que nous mourions, que vous mouriez, qu'ils meurent.* (Le reste, suivant les temps primitifs, et les temps composés avec *être.*)

OFFRIR, OUVRIR, SENTIR, PARTIR, SORTIR, } Se conjuguent régulièrement suivant leurs temps primitifs. — PARTIR et SORTIR prennent *être* dans leurs temps composés.

TENIR. Prés. de l'indic. *Je tiens, tu tiens, il tient, nous tenons, vous tenez, ils tiennent.* Futur. *Je tiendrai, tu tiendras*, etc. Condit. *Je tiendrais, tu tiendrais*, etc. Impér. *Tiens, tenons, tenez.* Prés. du subj. *Que je tienne, que tu tiennes, qu'il tienne, que nous tenions, que vous teniez, qu'ils tiennent.*

TRESSAILLIR fait au futur et au conditionnel, *je tressaillirai, je tressaillirais*, et non *je tressaillerai, je tressaillerais*, comme on l'a imprimé. ACAD.

VENIR. Prés. de l'indic. *Je viens, tu viens, il vient, nous venons, vous venez, ils viennent.* Futur. *Je viendrai, tu viendras*, etc. Condit. *Je viendrais, tu viendrais*, etc. Prés. du subj. *Que je vienne, que tu viennes, qu'il vienne, que nous venions, que vous veniez, qu'ils viennent.* — Il prend *être* dans ses temps composés.

VÊTIR se conjugue régulièrement suivant ses temps primitifs. Ne faites donc pas cette faute si répandue de dire au prés. de l'indic., *nous vêtissons, vous vêtissez*, etc.; ni au prés. du subj., *que je vêtisse, que tu vêtisses*, etc.; mais dites, *nous vêtons, vous vêtez, ils vêtent, je vêtais*, etc.; *que je vête*, etc. temps formés du participe présent *vêtant.*

TEMPS PRIMITIFS.

PRÉSENT de L'INFINITIF.	PARTICIPE PRÉSENT.	PARTICIPE PASSÉ.	PRÉSENT de L'INDICATIF.	PASSÉ DÉFINI.
TROISIÈME CONJUGAISON.				
Choir.				
Déchoir.		Déchu.	Je déchois.	Je déchus.
Échoir.	Échéant.	Échu.	Il échoit.	J'échus.
Falloir.		Fallu.	Il faut.	Il fallut.
Mouvoir.	Mouvant.	Mû.	Je meus.	Je mus.
Pleuvoir.	Pleuvant.	Plu.	Il pleut.	Il plut.
Pourvoir.	Pourvoyant.	Pourvu.	Je pourvois.	Je pourvus.
Pouvoir.	Pouvant.	Pu.	Je puis ou je peux.	Je pus.
Prévaloir.	Prévalant.	Prévalu.	Je prévaux.	Je prévalus.
Ravoir.				

TEMPS DÉRIVÉS,

DONT LA CONJUGAISON EST IRRÉGULIÈRE OU SEMBLE DOUTEUSE.

CHOIR n'est usité qu'à l'infinitif.

DÉCHOIR. Prés. de l'indic. *Je déchois, tu déchois, il déchoit, nous déchoyons, vous déchoyez, ils déchoient.* Imparf. *Je déchoyais*, etc. Futur, *je décherrai, tu décherras*, etc. Condit. *Je décherrais*, etc. Prés. du subj. *Que je déchoie, que tu déchoies*, etc. Il a tous les temps qui se forment du participe présent, quoique ce participe n'existe pas. (Les temps composés prennent *avoir* ou *être*.)

ÉCHOIR, au prés de l'indic., n'est, dit l'Acad., guère usité qu'à la troisième personne du singulier : *Il échoit*, qu'on prononce et qu'on écrit quelquefois *échet*. Futur. *J'écherrai, tu écherras*, etc. Condit. *J'écherrais, tu écherrais*, etc.

FALLOIR. Fut. *Il faudra*. Condit. *Il faudrait*. Il a le présent du subj., *qu'il faille*, quoiqu'il n'ait point de participe présent.

MOUVOIR. Prés. de l'indic. *Je meus, tu meus, il meut, nous mouvons, vous mouvez, ils meuvent.* Futur. *Je mouvrai*, etc. Condit. *Je mouvrais*, etc. Prés. du subj. *Que je meuve, que tu meuves, qu'il meuve, que nous mouvions, que vous mouviez, qu'ils meuvent.*

PLEUVOIR se conjugue régulièrement suivant ses temps primitifs. Il n'a le plus souvent que la troisième personne du singulier. Au figuré, cependant, il peut aussi avoir la troisième personne du pluriel : *les coups de fusil* PLEUVENT *dans cet endroit ; les sarcasmes* PLEUVENT *sur lui de tous côtés ; les honneurs* PLEUVENT *chez lui*. ACAD.

POURVOIR se conjugue régulièrement suivant ses temps primitifs. Or le futur fait *je pourvoirai*, et le conditionnel, *je pourvoirais*.

POUVOIR. Prés. de l'indic. *Je puis* ou *je peux, tu peux, il peut, nous pouvons, vous pouvez, ils peuvent.* Futur. *Je pourrai, tu pourras*, etc. Condit. *Je pourrais, tu pourrais*, etc. Prés. du subj. *Que je puisse*, etc.

PRÉVALOIR se conjugue comme *valoir*, excepté le prés du subj., qui fait régulièrement *que je prévale, que tu prévales, qu'il prévale, que nous prévalions, que vous prévaliez, qu'ils prévalent.*

RAVOIR n'est usité qu'à l'infinitif : *j'avais un logement commode, je veux essayer de le* RAVOIR. ACAD.

TEMPS PRIMITIFS.

PRÉSENT de L'INFINITIF.	PARTICIPE PRÉSENT.	PARTICIPE PASSÉ.	PRÉSENT de L'INDICATIF.	PASSÉ DÉFINI.
SUITE DE LA TROISIÈME CONJUGAISON.				
S'asseoir.	S'asseyant.	Assis.	Je m'assieds.	Je m'assis.
Savoir.	Sachant.	Su.	Je sais.	Je sus.
Valoir.	Valant.	Valu.	Je vaux.	Je valus.
Voir.	Voyant.	Vu.	Je vois.	Je vis.
Vouloir.	Voulant.	Voulu.	Je veux.	Je voulus.

TEMPS DÉRIVÉS,

DONT LA CONJUGAISON EST IRRÉGULIÈRE OU SEMBLE DOUTEUSE.

S'ASSEOIR. Prés de l'indic. *Je m'assieds, tu t'assieds, il s'assied, nous nous asseyons, vous vous asseyez, ils s'asseyent.* Futur. *Je m'assiérai*, ou *je m'asseyerai, tu t'asseyeras*, etc. Condit. *Je m'assierais*, ou *je m'asseyerais*, etc. Il faut, à l'exemple de l'Acad., donner la préférence à cette première manière de conjuguer ce verbe; mais elle autorise aussi à dire, au prés de l'indic., *je m'assois, tu t'assois, il s'assoit, nous nous assoyons, vous vous assoyez, ils s'assoyent.* Imparf. de l'indic. *Je m'asseyais*, etc. Futur. *Je m'assoirai.* Condit. *Je m'assoirais.* Prés. du subj. *Que je m'assoie*, etc.

SAVOIR. Prés. de l'indic. *Je sais, tu sais, il sait, nous savons, vous savez, ils savent.* Imparf. de l'indic. *Je savais, tu savais*, etc. Futur. *Je saurai, tu sauras*, etc. Condit. *Je saurais, tu saurais*, etc. Impératif. *Sache, sachons, sachez.* — Quelquefois on dit aussi, mais avec la négative et seulement à la première personne, *je ne sache.* JE NE SACHE *personne qu'on puisse lui comparer.* ACAD.

VALOIR. Prés de l'indic. *Je vaux, tu vaux, il vaut, nous valons, vous valez, ils valent.* Futur. *Je vaudrai tu vaudras*, etc. Condit. *je vaudrais, tu vaudrais*, etc. Point d'impératif. Prés. du subj. *Que je vaille, que tu vailles, qu'il vaille, que nous valions, que valiez, qu'ils vaillent.*

VOIR n'est irrégulier qu'au futur, *Je verrai, tu verras*, etc.; et au condit., *Je verrais, tu verrais*, etc.

VOULOIR. Prés de l'indic. *Je veux, tu veux, il veut, nous voulons, vous voulez, ils veulent.* Futur. *Je voudrai, tu voudras*, etc. Condit. *Je voudrais, tu voudrais*, etc. Impératif. *Veux, voulons, voulez.* Prés. du subj. *Que je veuille, que tu veuilles, qu'il veuille, que nous voulions, que vous vouliez, qu'ils veuillent.* — L'impératif de ce verbe, dit l'Acad., n'est usité que dans des occasions très-rares : c'est lorsqu'on engage quelqu'un à s'armer d'une ferme volonté. Un enfant, par exemple, prévoit-il des difficultés à l'exécution de quelque chose, son père peut lui dire : VEUX-*le bien, et tu réussiras : sans doute il y a des obstacles à vaincre pour arriver à ce but, mais* VOULEZ-*le sincèrement, et vous parviendrez.*

TEMPS PRIMITIFS.				
PRÉSENT de L'INFINITIF.	PARTICIPE PRÉSENT.	PARTICIPE PASSÉ.	PRÉSENT de L'INDICATIF.	PASSÉ DÉFINI.
QUATRIÈME CONJUGAISON.				
Absoudre.	Absolvant.	Absous.	J'absous.	
Battre.	Battant.	Battu.	Je bats.	Je battis.
Boire.	Buvant.	Bu.	Je bois.	Je bus.
Braire.			Il brait.	
Bruire.	Bruyant.			
Circoncire.	Circoncisant.	Circoncis.	Je circoncis.	Je circoncis.
Clore.		Clos.	Je clos.	
Conclure.	Concluant.	Conclu.	Je conclus.	Je conclus.
Confire.	Confisant.	Confit.	Je confis.	Je confis.
Coudre.	Cousant.	Cousu.	Je couds.	Je cousis.
Croire.	Croyant.	Cru.	Je crois.	Je crus.
Croître.	Croissant	Crû.	Je crois.	Je crûs.
Dire.	Disant.	Dit.	Je dis.	Je dis.
Eclore.		Éclos.	Il éclot.	
Écrire.	Écrivant.	Écrit.	J'écris.	J'écrivis.
Exclure.	Excluant.	Exclu.	J'exclus.	J'exclus.

TEMPS DÉRIVÉS,

DONT LA CONJUGAISON EST IRRÉGULIÈRE OU SEMBLE DOUTEUSE.

ABSOUDRE et BATTRE se conjuguent régulièrement d'après leurs temps primitifs.

BOIRE n'est irrégulier qu'au prés. de l'indic. : *je bois tu bois, il boit, nous buvons, vous buvez, ils boivent;* au prés. du subj. : *que je boive, que tu boives, qu'il boive, que nous buvions, que vous buviez, qu'ils boivent.*

BRAIRE n'a que les personnes et les temps suivants : prés. de l'indic. *Il brait, ils braient.* Futur. *Il braira, ils brairont.* Condit. *Il brairait, ils brairaient.* ACAD.

BRUIRE n'a que les personnes et les temps suivants : Prés. de l'ind. *Il bruit.* Imparf. *Il bruyait, ils bruyaient.*

CIRCONCIRE se conjugue régulièrement suivant ses temps primitifs.

CLORE n'a que les personnes et les temps suivants : Prés. de l'ind. *Je clos, tu clos, il clot.* Point de pluriel. Futur. *Je clorai, tu cloras,* etc. Cond. *Je clorais, tu clorais,* etc. Plus tous ses temps composés : *j'ai clos, j'eus clos,* etc.

CONCLURE, CONFIRE, COUDRE et CROIRE se conjuguent régulièrement suivant leurs temps primitifs.

CROÎTRE se conjugue régulièrement suivant ses temps primitifs. Remarquez qu'il prend l'accent circonflexe sur l'*i* ou sur l'*u* quand il n'est pas suivi de deux *s* : *je croîs, tu croîs, il croît, nous croissons, vous croissez; je crûs, je croîtrai.* Cet accent, cependant, ne se met pas au participe féminin, *crue.*

DIRE n'est irrégulier qu'à la seconde personne du pluriel du présent de l'indicatif : *vous dites,* et à la même personne de l'impératif : *dites.* REDIRE a les mêmes irrégularités. Mais *dédire, contredire, interdire, médire, prédire,* autres composés de ce verbe, font *vous dédisez, vous contredisez, vous interdisez, vous médisez, vous prédisez.* Les autres personnes et les autres temps se conjuguent comme au verbe *dire.*

ÉCLORE n'a que les personnes et les temps suivants. Prés de l'indic. *Il éclot, ils éclosent.* Futur, *Il éclora, ils écloront.* Condit. *Il éclorait, ils écloraient.* Prés. du subj. *Qu'il éclose, qu'ils éclosent,* quoiqu'il n'ait pas de participe présent ; plus tous ses temps composés.

ÉCRIRE et EXCLURE se conjuguent régulièrement suivant leurs temps primitifs.

TEMPS PRIMITIFS.

PRÉSENT de L'INFINITIF.	PARTICIPE PRÉSENT.	PARTICIPE PASSÉ.	PRÉSENT de L'INDICATIF.	PASSÉ DÉFINI.
SUITE DE LA QUATRIÈME CONJUGAISON.				
Faire.	Faisant.	Fait.	Je fais.	Je fis.
Frire.		Frit.	Je fris.	
Joindre.	Joignant.	Joint.	Je joins.	Je joignis.
Lire.	Lisant.	Lu.	Je lis.	Je lus.
Luire.	Luisant.	Lui.	Je luis.	
Malfaire.				
Maudire.	Maudissant.	Maudit.	Je maudis.	Je maudis.
Mettre.	Mettant.	Mis.	Je mets.	Je mis.
Moudre.	Moulant.	Moulu.	Je mouds.	Je moulus.
Naître.	Naissant.	Né.	Je nais.	Je naquis.
Nuire.	Nuisant.	Nui.	Je nuis.	Je nuisis.
Paître.	Paissant.		Je pais.	
Répondre.	Répondant.	Répondu.	Je réponds.	Je répondis.
Résoudre.	Résolvant.	Résolu.	Je résous.	Je résolus.
Rire.	Riant.	Ri.	Je ris.	Je ris.
Rompre.	Rompant.	Rompu.	Je romps.	Je rompis.
Prendre.	Prenant.	Pris.	Je prends.	Je pris.
Suffire.	Suffisant.	Suffi.	Je suffis.	Je suffis.
Suivre.	Suivant.	Suivi.	Je suis.	Je suivis.
Taire.	Taisant.	Tu.	Je tais.	Je tus.
Traire.	Trayant.	Trait.	Je trais.	
Vaincre.	Vainquant.	Vaincu.	Je vaincs.	Je vainquis.
Vivre.	Vivant.	Vécu.	Je vis.	Je vécus.

TEMPS DÉRIVÉS,

DONT LA CONJUGAISON EST IRRÉGULIÈRE OU SEMBLE DOUTEUSE.

Faire. Prés. de l'ind. *Je fais, tu fais, il fait, nous faisons, vous faites, ils font.* Futur, *Je ferai, tu feras,* etc. Condit. *Je ferais, tu ferais,* etc. Prés. du subj. *Que je fasse, que tu fasses,* etc. Les composés, *contrefaire, défaire, refaire, surfaire* et *satisfaire* se conjuguent de même. *Remarque.* l'Acad. n'admet pas *nous fesons, je fesais, tu fesais,* etc., etc., écrits par *e*; elle orthographie, *nous faisons, je faisais,* etc.

Frire n'a que les personnes et les temps suivants : Prés de l'indic. *Je fris, tu fris, il frit*; point de pluriel. Futur. *Je frirai, tu friras,* etc. Condit. *Je frirais, tu frirais.* Impér. *Fris*; point de pluriel. Plus les temps composés.

Joindre, Lire et **Luire** se conjuguent régulièrement suivant leurs temps primitifs.

Luire n'ayant pas de passé défini n'a point d'imparfait du subjonctif.

Malfaire n'est usité qu'à l'infinit. : *Il est enclin à* MALFAIRE. ACAD.

Maudire se conjugue régulièrement suivant ses temps primitifs.

Mettre et **Moudre** se conjuguent régulièrement suivant leurs temps primitifs.

Naître se conjugue régulièrement suivant ses temps primitifs; mais il prend l'auxiliaire *être* dans ses temps composés.

Nuire se conjugue régulièrement suivant ses temps primitifs.

Paître a tous les dérivés de ses trois temps primitifs : Prés. de l'indic. *Je pais, tu pais, il paît, nous paissons,* etc. Imparf. de l'indic. *Je paissais,* etc. Futur, *Je paîtrai,* etc. Condit. *Je paîtrais,* etc. Impérat. *Paissez.* Prés. du subj. *Que je paisse,* etc.

Résoudre, Répondre, Rire, Rompre se conjuguent régulièrement suivant leurs temps primitifs.

Prendre. Prés. de l'indic. *Je prends, tu prends, il prend, nous prenons, vous prenez, ils prennent.* Prés. du subj. *Que je prenne, que tu prennes, qu'il prenne, que nous prenions, que vous preniez, qu'ils prennent.*

Suffire, Suivre, Taire, Traire se conjuguent régulièrement suivant leurs temps primitifs.

Vaincre. Prés de l'indic. *Je vaincs, tu vaincs, il vainc, nous vainquons, vous vainquez, ils vainquent.* Les autres temps se conjuguent régulièrement suivant les temps primitifs. (Le singulier du présent et de l'imparfait de l'indic. est peu usité.)

Vivre se conjugue régulièrement suivant ses temps primitifs.

Remarque. — Les *composés* des verbes irréguliers qui entrent dans ces tableaux se conjuguent comme ces derniers. Or les composés *revoir*, *transcrire*, *remettre*, etc., se conjuguent comme *voir*, *écrire*, *mettre*.

De l'orthographe des verbes, et de la parité de leurs terminaisons à certains temps.

192. — Tous les verbes de la langue française s'orthographient de la même manière à cinq temps.

1° A l'IMPARFAIT DE L'INDICATIF, dont la terminaison est en *ais*, *ait*, *ions*, *iez*, *aient* :

Je chantais, je finissais, je recevais, je rendais ;
Tu chantais, tu finissais, tu recevais, tu rendais.

2° Au FUTUR, dont la terminaison est en *rai*, *ras*, *ra*, *rons*, *rez*, *ront* :

Je chanterai, je finirai, je recevrai, je rendrai ;
Tu chanteras, tu finiras, tu recevras, tu rendras.

3° Au CONDITIONNEL PRÉSENT, dont la terminaison est *rais*, *rais*, *rait*, *rions*, *riez*, *raient* :

Je chanterais, je finirais, je recevrais, je rendrais ;
Tu chanterais, tu finirais, tu recevrais, tu rendrais.

4° Au PRÉSENT DU SUBJONCTIF, dont la terminaison est *e*, *es*, *e*, *ions*, *iez*, *ent* :

Que je chante, que je finisse, que je reçoive, que je rende ;
Que tu chantes, que tu finisses, que tu reçoives, que tu rendes.

Les deux verbes auxiliaires seuls font exception : *qu'il ait*, *que je sois, que tu sois, qu'il soit, que nous soyons, que vous soyez, qu'ils soient.*

5° A l'IMPARFAIT DU SUBJONCTIF, qui se termine par *sse*, *sses*, *t*, *ssions*, *ssiez*, *ssent* :

Que je chantasse, que je finisse, que je reçusse, que je rendisse ;
Que tu chantasses, que tu finisses, que tu reçusses, que tu rendisses, etc.

193. — Il n'existe donc que trois temps qui n'aient pas entre eux la même communauté : le *présent de l'indicatif*, le *passé défini* et *l'impératif*; mais ces temps sont assujettis aux règles fixes que voici :

194. — Le PRÉSENT DE L'INDICATIF se termine au singulier par *e*, *es*, *e*, 1° dans les verbes de la première conjugaison : *je chante, tu chantes, il chante*;

2° Dans ceux de la seconde conjugaison qui se terminent par *ueillir*, *frir*, *vrir*, comme *cueillir*, *souffrir*, *ouvrir*, etc., qui font :

Je cueille, tu souffres, il ouvre.

Le *présent de l'indicatif*, dans les autres verbes de la seconde conjugaison, et dans tous ceux de la troisième et de la quatrième, se termine par *s*, *s*, *t* ou *d* :

Je finis, tu reçois, il écrit, il rend.

Excepté 1° les verbes où la prononciation amène *au* ou *eu*, qui, au lieu d'un *s*, prennent un *x* à la première et à la seconde personne, et un *t* à la troisième :

Je vaux, tu vaux, il vaut; je veux, tu veux, il veut, etc.

2° *Vaincre* et *convaincre*, qui prennent un *c* à la troisième personne du singulier : *il me* CONVAINC *par ses raisons*. Encore ces deux verbes sont-ils peu usités au singulier du présent de l'indicatif.

195. — Le PASSÉ DÉFINI se termine, savoir :

A la première conjugaison, par *ai*, *as*, *a*, *âmes*, *âtes*, *èrent* :

Je parlai, tu parlas, il parla, nous parlâmes, vous parlâtes, ils parlèrent.

Et aux trois autres conjugaisons par *s*, *s*, *t*, *mes*, *tes*, *rent* :

Je finis, tu reçus, il rendit;
Nous finîmes, vous reçûtes, ils rendirent.

196. — L'IMPÉRATIF est en tout semblable au présent de l'indicatif, avec cette différence seulement que la seconde personne de l'impératif est pareille, non à la seconde, mais à la première personne du présent de l'indicatif :

Je chante, je finis, nous recevons, vous rendez;
Chante, finis, recevons, rendez.

Il n'y a que quatre verbes qui fassent exception : *avoir*, *être*, *aller* et *savoir*, dont les irrégularités à l'impératif sont :

Aie, *ayons*, *ayez* ; — *sois*, *soyons*, *soyez*; — *va* ; — *sache*, *sachons*, *sachez*.

197. — Cependant, quand la seconde personne de l'impératif finit par une voyelle, et qu'elle est suivie d'un des pronoms *en*, *y*, on lui donne un *s* pour harmoniser. Ainsi, les impératifs *va*, *apporte*, *travaille*, *cueille*, *offre*, etc., prendront un *s* dans *vas-y*, *apportes-en*, *travailles-y*, *cueilles-en*, *offres-en*, *places-y*. Quelques grammairiens ont prétendu que cet *s* ne s'ajoutait à l'impératif que quand les pronoms *en*, *y*, étaient le régime de ces impératifs. L'Académie n'admet pas cette distinction, car elle dit VAS-EN *savoir des nouvelles*, quoique le pronom *en* soit le régime de *savoir*.

Mais remarquez bien que si *en* n'est pas pronom, il ne faut plus l'*s* euphonique : *apporte* EN *même temps tel objet*. (Ici *en* est préposition.)

197 *bis*. — Quant au pluriel des verbes, il se termine dans tous les temps par *ons*, *ez*, *ent* ou *nt* :

Nous chantons, *vous riez*, *ils parlent*, *ils diront*.

Il n'y a d'exceptions qu'au *présent de l'indicatif* et au *passé défini*; celles du présent de l'indicatif sont :

Vous êtes, *vous dites*, *vous faites*, et les composés de *faire*.

Quant au *passé défini*, la seconde personne du pluriel est terminée sans aucune exception par *tes*.

Vous chantâtes, *vous finîtes*, *vous reçûtes*, *vous rendîtes*.

198. — Les temps *composés* des verbes étant formés d'un participe passé et d'un auxiliaire, ne sauraient présenter de difficultés. Toutefois, si l'on pouvait être embarrassé sur la manière d'écrire un participe au masculin singulier, il suffirait, pour s'éclairer, de se demander comment ce participe fait au féminin : *j'ai* REÇU finit par *u*, parce que le féminin fait *reçue*; *tu as* INSTRUIT prend un *t*, parce que le féminin fait *instruite* ; *il a* PROMIS se termine par *s*, à cause du féminin *promise*.

199. — Il est encore commun à tous nos verbes de prendre l'accent circonflexe à cinq temps.

1° Au *passé défini*, mais seulement à la première et à la seconde personne du pluriel :

Nous chantâmes, *nous finîmes*, *vous reçûtes*, *vous rendîtes*.

2° Au *passé antérieur*, mais seulement à la première et à la seconde personne du pluriel :

Nous eûmes chanté, nous eûmes fini, vous eûtes reçu, etc.

3° Au *conditionnel passé*, mais seulement à la troisième personne du singulier :

Il eût chanté, il eût fini, il eût reçu, il eût rendu.

4° A l'*imparfait du subjonctif*, mais seulement à la troisième personne du singulier :

Qu'il chantât, qu'il finît, qu'il reçût, qu'il rendît.

5° Au *plus-que-parfait du subjonctif*, mais seulement à la troisième personne du singulier :

Qu'il eût chanté, qu'il eût fini, qu'il eût reçu, etc.

200. — *Remarque.* — Pour ne pas confondre la troisième personne du passé défini, *il chanta*, avec la même personne de l'imparfait du subjonctif, *qu'il chantât*, il faut voir si, en mettant la phrase au pluriel, on aurait *nous chantâmes*, qui révèle un passé; ou bien *nous chantassions*, qui est l'imparfait du subjonctif.

Si donc j'ai à écrire *voilà les couplets qu'il* CHANTA, je trouve que ce verbe est au passé défini, parce qu'au pluriel la phrase ferait *voilà les couplets que nous* CHANTÂMES. Cette autre phrase, *il aimait qu'on* CHANTÂT *à sa table*, ferait au pluriel, *il aimait que nous* CHANTASSIONS : donc le verbe *chanter* est à l'imparfait du subjonctif.

C'est par le même moyen qu'on distingue la troisième personne du passé défini, *il reçut, il finit, il rendit*, etc., de la même personne de l'imparfait du subjonctif, *qu'il finît, qu'il reçût, qu'il rendît*, qui, comme on l'a dit plus haut, prend l'accent circonflexe.

Il leur REMIT *ce qu'il* REÇUT. Au pluriel, *nous* REMÎMES *ce que nous* REÇÛMES (*Remîmes* et *reçûmes* indiquent le passé défini.)

Il importait qu'il REÇÛT *cette somme et qu'il la* REMÎT; au pluriel, *il importait que nous* REÇUSSIONS *et que nous* REMISSIONS. (*Reçussions* et *remissions* marquent l'imparfait du subjonctif.)

CONJUGAISON DES VERBES PASSIFS.

Les verbes *passifs* ne sont rien autre chose que le verbe *être*, auquel on ajoute le participe passé d'un verbe *actif*, comme *être aimé*, *être fini*, *être reçu*, *être rendu*.

201. — Il est à remarquer que le participe d'un verbe passif étant un véritable adjectif, se met au singulier ou au pluriel, au masculin ou au féminin, selon le genre et le nombre du sujet. C'est pour-ce motif que ces verbes se conjuguent ainsi : *je suis* AIMÉ ou AIMÉE, *ils sont* AIMÉS ou *elles sont* AIMÉES.

INDICATIF. PRÉSENT.

Je suis } aimé *ou* aimée.
Tu es
Il *ou* elle est

Nous sommes } aimés *ou* aimées.
Vous êtes
Ils *ou* elles sont

IMPARFAIT.

J'étais aimé *ou* aimée, etc.

PASSÉ DÉFINI.

Je fus aimé *ou* aimée, etc.

PASSÉ INDÉFINI.

J'ai été aimé *ou* aimée, etc.

PASSÉ ANTÉRIEUR.

J'eus été aimé *ou* aimée, etc.

PLUS-QUE-PARFAIT.

J'avais été aimé *ou* aimée, etc.

FUTUR.

Je serai aimé *ou* aimée, etc.

FUTUR PASSÉ.

J'aurai été aimé *ou* aimée, etc.

CONDITIONNEL PRÉSENT.

Je serais aimé *ou* aimée, etc.

CONDITIONNEL PASSÉ.

J'aurais été aimé *ou* aimée, etc.

On dit aussi :

J'eusse été aimé *ou* aimée, etc.

IMPÉRATIF.

Je serai aimé *ou* aimée, etc.

SUBJONCTIF. PRÉSENT OU FUTUR.

Que je sois aimé *ou* aimée, etc.

IMPARFAIT.

Que je fusse aimé *ou* aimée, etc.

PASSÉ.

Que j'aie été aimé *ou* aimée, etc.

PLUS-QUE-PARFAIT.

Que j'eusse été aimé *ou* aimée.

INFINITIF. PRÉSENT.

Être aimé *ou* aimée.

PASSÉ.

Avoir été aimé *ou* aimée.

PARTICIPE PRÉSENT.

Étant aimé *ou* aimée.

PARTICIPE PASSÉ.

Aimé, aimée, ayant été aimé *ou* aimée.

CONJUGAISON DES VERBES NEUTRES.

Parmi les verbes *neutres*, les uns se conjuguent avec *avoir*, les autres avec *être*.

202.—Ceux qui prennent *avoir* se conjuguent comme les quatre verbes que nous avons donnés pour modèles des conjugaisons (*page 47 et suiv.*).

203. — Ceux qui prennent l'auxiliaire *être* se conjuguent à leurs temps simples, comme les précédents encore; or, toute la différence est dans les temps composés, dont le participe est, comme celui du verbe passif, un véritable adjectif. Ces temps composés se conjugueront donc ainsi : *je suis* VENU OU VENUE, *ils sont* VENUS OU *elles sont* VENUES, etc.

Nous conjuguerons le verbe *sortir*, pour servir de modèle.

INDICATIF. PRÉSENT.

Je sors.
Tu sors.
Il sort.
Nous sortons.
Vous sortez.
Ils sortent.

IMPARFAIT.

Je sortais.
Tu sortais.
Il sortait.
Nous sortions.
Vous sortiez.
Ils sortaient.

PASSÉ DÉFINI.

Je sortis.
Tu sortis.
Il sortit.
Nous sortîmes.
Vous sortîtes.
Ils sortirent.

PASSÉ INDÉFINI.

Je suis, Tu es, Il *ou* elle est — sorti *ou* sortie.

Nous sommes, Vous êtes, Ils *ou* elles sont — sortis *ou* sorties.

PASSÉ ANTÉRIEUR.

Je fus sorti *ou* sortie, etc.

PLUS-QUE-PARFAIT.

J'étais sorti *ou* sortie, etc.

FUTUR.

Je sortirai.
Tu sortiras.
Il sortira.
Nous sortirons.
Vous sortirez.
Ils sortiront.

FUTUR PASSÉ.

Je serai sorti *ou* sortie, etc.

CONDITIONNEL.

Je sortirais.
Tu sortirais.
Il sortirait.
Nous sortirions.
Vous sortiriez.
Ils sortiraient.

CONDITIONNEL PASSÉ.

Je serais sorti *ou* sortie, etc.

On dit aussi :

Je fusse sorti *ou* sortie, etc.

IMPÉRATIF.

Sors.
Sortons.
Sortez.

SUBJONCTIF PRÉSENT.

Que je sorte.
Que tu sortes.
Qu'il sorte.
Que nous sortions.
Que vous sortiez.
Qu'ils sortent.

IMPARFAIT.

Que je sortisse.
Que tu sortisses.
Qu'il sortît.
Que nous sortissions.
Que vous sortissiez.
Qu'ils sortissent.

PASSÉ.

Que je sois sorti *ou* sortie, etc.

PLUS-QUE-PARFAIT.

Que je fusse sorti *ou* sortie.

INFINITIF. PRÉSENT.

Sortir.

PASSÉ.

Être sorti *ou* sortie.

PARTICIPE PRÉSENT.

Sortant.

PARTICIPE PASSÉ.

Sorti, sortie, étant sorti *ou* sortie.

CONJUGAISON DES VERBES PRONOMINAUX.

Les verbes *pronominaux* se conjuguent, dans leurs temps simples, et suivant la conjugaison à laquelle ils appartiennent, comme les quatre verbes que nous avons donnés pour modèles, c.-à-d. que *se repentir* se conjugue sur *finir*, *se méprendre*, sur *rendre*, etc.

204. — Quant à leurs temps composés, ils se forment sans exception avec *être*, et se conjuguent comme les temps composés de *sortir*.

En voici du reste un modèle dans le verbe pronominal *s'emparer*.

INDICATIF. PRÉSENT.

Je m'empare.
Tu t'empares.
Il s'empare.
Nous nous emparons.
Vous vous emparez.
Ils s'emparent.

IMPARFAIT.

Je m'emparais.
Tu t'emparais.
Il s'emparait.
Nous nous emparions.
Vous vous empariez.
Ils s'emparaient.

PASSÉ DÉFINI.

Je m'emparai.
Tu t'emparas.
Il s'empara.
Nous nous emparâmes.
Vous vous emparâtes.
Ils s'emparèrent.

PASSÉ INDÉFINI.

Je me suis / Tu t'es / Il *ou* elle s'est } emparé *ou* emparée.

Nous nous sommes / Vous vous êtes / Ils *ou* elles se sont } emparés *ou* emparées.

PASSÉ ANTÉRIEUR.

Je me fus emparé *ou* emparée, etc.

PLUS-QUE-PARFAIT.

Je m'étais emparé *ou* emparée, etc.

FUTUR.

Je m'emparerai.
Tu t'empareras.
Il s'emparera.
Nous nous emparerons.
Vous vous emparerez.
Ils s'empareront.

FUTUR PASSÉ.

Je me serai emparé *ou* emparée, etc.

CONDITIONNEL PRÉSENT.

Je m'emparerais.
Tu t'emparerais.
Il s'emparerait.
Nous nous emparerions.
Vous vous empareriez.
Ils s'empareraient.

CONDITIONNEL PASSÉ.

Je me serais emparé *ou* emparée, etc.

On dit aussi :

Je me fusse emparé *ou* emparée, etc.

IMPÉRATIF.

Empare-toi.
Emparons-nous.
Emparez-vous.

SUBJONCTIF PRÉSENT.

Que je m'empare.
Que tu t'empares.
Qu'il s'empare.
Que nous nous emparions.
Que vous vous empariez.
Qu'ils s'emparent.

IMPARFAIT.

Que je m'emparasse.
Que tu t'emparasses.
Qu'il s'emparât.
Que nous nous emparassions.
Que vous vous emparassiez.
Qu'ils s'emparassent.

PASSÉ.

Que je me sois emparé *ou* emparée, etc.

PLUS-QUE-PARFAIT.

Que je me fusse emparé *ou* emparée, etc.

INFINITIF. PRÉSENT.

S'emparer.

PASSÉ.

S'être emparé *ou* emparée.

PARTICIPE PRÉSENT.

S'emparant.

PARTICIPE PASSÉ.

Emparé, emparée, s'étant emparé.

CONJUGAISON DES VERBES IMPERSONNELS.

Les verbes *impersonnels* aussi se conjuguent, selon la terminaison de leur infinitif, sur l'une ou l'autre des quatre conjugaisons : *neiger* se conjugue sur *chanter* ; *falloir* sur *recevoir*, etc.

INDICATIF PRÉSENT.
Il faut.
IMPARFAIT.
Il fallait.
PASSÉ DÉFINI.
Il fallut.
PASSÉ INDÉFINI.
Il a fallu.
PASSÉ ANTÉRIEUR.
Il eut fallu.
PLUS-QUE-PARFAIT.
Il avait fallu.
FUTUR.
Il faudra.
FUTUR PASSÉ.
Il aura fallu.
CONDITIONNEL PRÉSENT.
Il faudrait.

CONDITIONNEL PASSÉ.
Il aurait fallu.
On dit aussi :
Il eût fallu.
SUBJONCTIF PRÉSENT.
Qu'il faille.
IMPARFAIT.
Qu'il fallût.
PASSÉ.
Qu'il ait fallu.
PLUS-QUE-PARFAIT.
Qu'il eût fallu.
INFINITIF PRÉSENT.
Falloir.
PARTICIPE PASSÉ.
Fallu.

CHAPITRE VI.

DU PARTICIPE.

205. — Le *participe*, comme nous l'avons dit, est un mot qui tient de la nature du verbe et de celle de l'adjectif : il tient du verbe en ce qu'il en a la signification et le régime : *des enfants* AIMANT *Dieu*, *des enfants* AIMÉS *de Dieu* ; *ce général* AYANT VAINCU *l'ennemi* ;... il tient de l'adjectif, en ce qu'il donne des qualités aux

personnes ou aux choses, ou qu'il en marque l'état : *un voyageur* FATIGUÉ; *une maison mal* BATIE.

206. — Le participe *présent* exprime une action qui se fait présentement, ou qui se faisait autrefois : *le soleil* ÉCHAUFFANT *la terre la vivifie ; on voyait l'ennemi* FUYANT *devant nos soldats.* C'est de ce que ce participe exprime l'action dans le moment même où elle était *présente*, qu'on l'appelle participe *présent.*

207. — Tous les participes présents se terminent par *ant*, et sont invariables, c.-à-d. qu'ils n'ont ni pluriel ni féminin.

208. — Le participe *passé* est ainsi appelé de ce qu'il exprime des actions passées : *j'ai* LU, *j'avais* CHANTÉ, *dès que j'eus* TERMINÉ.

Le participe passé est variable, c.-à-d. qu'il est susceptible de prendre le genre et le nombre, comme *chanté, chantée; fini, finie; chantés, chantées; finis, finies.* Mais les règles qui en déterminent l'accord avec les noms ne peuvent, à cause de leur étendue et de leurs difficultés, trouver place que dans la seconde partie de la grammaire.

209. — Cependant, nous dirons dès à présent que tout participe qui ne se combine avec aucun auxiliaire, est un véritable adjectif, et qu'il en suit la règle. Il faut donc écrire avec accord : *un fils* CHÉRI *de sa mère; une demoiselle* CHÉRIE *de son père; des couplets* CHANTÉS *avec goût; des romances* CHANTÉES *avec accompagnement.*

CHAPITRE VII.

DE L'ADVERBE.

210. — L'*adverbe*, ainsi appelé de ce qu'il se met le plus souvent près du verbe, est un mot invariable dont la fonction est de modifier soit un verbe, soit un adjec-

tif, soit un autre adverbe. Par cette expression *modifier*, on veut dire que l'adverbe exprime quelque circonstance relative au verbe, comme, par exemple, la *manière* dont l'action a été faite : *il travaille* ASSIDUMENT *et* ATTENTIVEMENT ; dans quel temps : *il arrivera* AUJOURD'HUI OU DEMAIN, etc., etc. ; il modifie l'adjectif en ce qu'il élève ou atténue la qualité exprimée par cet adjectif : *il est* TRÈS-*aimable*, *il est* TROP *sévère*, *elle est* PEU *instruite*. *Néron était* EXCESSIVEMENT *méchant* ; quelquefois aussi il modifie un autre adverbe : *il s'est exprimé* TRÈS-CONVENABLEMENT ; *il voyage* MOINS FRÉQUEMMENT, etc.

211. — Il est de l'essence de l'adverbe de marquer non-seulement la *manière* et le *temps*, mais encore le *lieu*, l'*ordre*, la *quantité*, la *comparaison*, l'*affirmation* et la *négation*.

1° Les adverbes de *manière* sont, *sagement*, *poliment*, *vite*, *lentement*, *prudemment*, *méchamment*, *bien*, *mal*, etc.

2° Les adverbes de *temps* sont, *autrefois*, *jadis*, *alors*, *aussitôt*, *bientôt*, *hier*, *aujourd'hui*, *demain*, *désormais*, *tôt*, *tard*, *matin*, *toujours*, *jamais*, etc.

3° Les adverbes de *lieu* sont, *où*, *ici*, *là*, *partout*, *dessous*, *dessus*, *dedans*, *dehors*, *alentour*, *ailleurs*, etc.

4° Les adverbes d'*ordre* sont, *d'abord*, *premièrement*, *secondement*, *puis*, *ensuite*, etc.

5° Les adverbes de *quantité* sont, *peu*, *trop*, *moins*, *beaucoup*, *assez*, *tant*, *autant*, *combien*, *davantage*, etc.

6° Les adverbes de *comparaison* sont, *mieux*, *plus*, *moins*, *de même*, *aussi*, *comme*, etc.

7° Les adverbes d'*affirmation* et de *négation* sont, *oui*, *non*, *ne... pas*, *ne... point*, *nullement*, etc.

212. — L'adverbe ne saurait avoir de régime, parce que tout adverbe est, sinon la combinaison d'un nom et d'une préposition, du moins l'équivalent, le terme correspondant d'un nom régi par une préposition :

marcher vite, *écrire lentement*, ont pour correspondants *marcher avec vitesse*, *écrire avec lenteur*, etc.

Il n'est pas jusqu'aux adverbes *hier*, *aujourd'hui*, *demain*, *toujours*, *jamais*, *premièrement*, *mieux*, etc., qui ne soient dans cette condition :

En effet, il y a correspondance entre

Aujourd'hui, et DANS *la journée actuelle;*
Demain, et DANS *la journée prochaine;*
Hier, et DANS *la journée précédente;*
Toujours, et DURANT *un temps continuel;*
Jamais, et DANS *aucun temps;*
Premièrement, et EN *premier lieu*, DANS *le principe;*
Mieux, et D'*une façon meilleure*, *préférable*, etc., etc.

213. — Cependant les adverbes suivants peuvent avoir les mêmes régimes que les adjectifs dont ils sont formés :

ANTÉRIEUREMENT *à la promulgation de la loi;*
DÉPENDAMMENT : *souvent l'âme agit dépendamment des organes;*
DIFFÉREMMENT : *il agit différemment des autres;*
INDÉPENDAMMENT *de cet avantage, en voici un autre;*
INFÉRIEUREMENT, SUPÉRIEUREMENT : *ils ont écrit tous les deux sur cette matière, mais l'un bien inférieurement, bien supérieurement à l'autre;*
POSTÉRIEUREMENT *à cette époque;*
RELATIVEMENT *à cette affaire;*
PRÉFÉRABLEMENT : *il faut aimer Dieu préférablement à toutes choses.*

214. — Les adverbes de quantité aussi prennent la préposition *de* avant les noms : *beaucoup* DE *monde*, *peu* D'*étrangers*.

Excepté *bien*, qui demande non la préposition *de*, mais l'article composé *du*, *des* : *il y avait* BIEN DU *monde*, BIEN DES *étrangers*.

215. — *Remarque.* — *Davantage* ne peut jamais régir la préposition *de* ni la conjonction *que* : *il est riche, mais son frère l'est* DAVANTAGE.

216. — Il est des adjectifs qui se transforment en adverbes, et qui deviennent conséquemment invaria-

bles, c'est lorsqu'ils modifient le verbe; tels sont, *chaud*, *juste*, *bon*, *droit*, *dur*, *cher*, *égal*, etc.

Ces enfants mangent trop CHAUD;
Voilà des fleurs qui sentent BON;
Ces demoiselles chantent JUSTE;
Ils ne marchent pas DROIT *dans cette affaire*;
Cette dame entend DUR;
Il vend sa protection bien CHER;
Elle est redoutée à L'ÉGAL *du tonnerre.*

217. — Lorsqu'un adverbe est formé de plusieurs parties, comme *tour à tour*, *à tort et à travers*, *sans doute*, *sur-le-champ*, *à peu près*, *peu à peu*, etc., il prend le nom de *locution adverbiale*. (*Locution* signifie *façon de parler*.)

CHAPITRE VIII.

DE LA PRÉPOSITION.

218. — La *préposition* est un mot invariable qui, ainsi qu'on l'a déjà vu, sert à exprimer les divers rapports qui existent entre les mots, c.-à-d. les circonstances de temps, de lieu, de but, de cause, de moyen, d'ordre, etc.

Quand je dis, *j'ai vécu* PRÈS *de deux ans* DANS *des pays chauds*, POUR *remettre ma santé dérangée* PAR *un travail excessif*, j'énonce quatre circonstances que je ne puis rendre qu'avec le secours de quatre prépositions; 1° une circonstance de *temps* (deux ans), exprimée à l'aide de la préposition *près de*; 2° une circonstance de *lieu* (pays chaud), exprimée à l'aide de la préposition *dans*; 3° une circonstance de *but* (pour remettre ma santé), exprimée à l'aide de la préposition *pour*; 4° la *cause* du dérangement (un excès de travail), exprimée à l'aide de la préposition *par*.

219. — Cet exemple montre que si la préposition n'est pas par elle-même l'expression de la circonstance

de lieu, de but, de cause, etc., à son tour cette circonstance ne peut, en général, être rendue sans le secours de la préposition. Et, malgré cette dépendance réciproque, on a dit que la circonstance était le complément, le régime de la préposition, uniquement parce que celle-ci s'énonçant presque toujours la première, sa présence semble forcer, entraîner la présence de celle-là.

Ainsi, dans ces exemples, *j'ai voyagé* AVEC *eux*,
Placez ces livres DANS *la bibliothèque*,
Il fut frappé PAR *son adversaire*,
Il se trouvait DEVANT *moi*,
La préposition *avec* a pour complément *eux*,
Dans a pour complément *bibliothèque*,
Par a pour complément *adversaire*,
Et *devant* a pour complément *moi*.

220. — Voici nos prépositions : *à*, *après*, *attendu*, *avant*, *avec*, *chez*, *contre*, *dans*, *de*, *depuis*, *derrière*, *dès*, *devant*, *durant*, *en*, *entre*, *envers*, *excepté*, *hormis*, *hors*, *malgré*, *moyennant*, *nonobstant*, *outre*, *par*, *parmi*, *pendant*, *pour*, *quant à*, *sans*, *sauf*, *selon*, *sous*, *suivant*, *sur*, *touchant*, *vers*, *vis-à-vis*, *voici*, *voilà*, *vu*.

Mais nous avons un grand nombre de termes qui, à l'aide des mots *à*, *de*, ont le même caractère que la préposition, et qu'on nomme *locutions prépositives*; tels sont, *au-devant de*, *près de*, *au-dessus de*, *en dehors de*, *jusqu'à*, *eu égard à*, *par rapport à*, etc.

CHAPITRE IX.

DE LA CONJONCTION.

221. — La *conjonction* est le lien qui unit et attache un membre de phrase à un autre membre.

Cette phrase, *mes dispositions étaient faites* LORSQUE *vos amis arrivèrent* ; MAIS *je ne pus les accompagner*,

CAR *je fus subitement pris d'un violent mal de tête*, est composée de quatre membres unis entre eux et formant un tout à l'aide des conjonctions *lorsque*, *mais*, *car*.

222. — Voici quelques-unes de nos conjonctions : *car*, *comme*, *et*, *ni*, *mais*, *or*, *cependant*, *pourtant*, *néanmoins*, *toutefois*, *quand*, *lorsque*, *quoique*, *si*, *sinon*.

223. — Lorsqu'une conjonction est formée de plusieurs mots, elle prend le nom de *locution conjonctive* ; tels sont *de même que*, *ainsi que*, *parce que*, *attendu que*, *vu que*, *de sorte que*, etc.

CHAPITRE X.

DE L'INTERJECTION.

224. — L'*interjection* est un mot qui nous échappe, pour ainsi dire, lorsque nous sommes subitement affectés de quelques sentiments.

Voici les interjections les plus usitées et leur emploi.

Ah! hélas! aïe! marquent la douleur :

Ah! que je souffre! — HÉLAS! *ayez pitié de moi!*

Aïe! s'emploie seul, et au sentiment d'une douleur subite.

Ah! marque aussi la joie, l'admiration :

AH! *quel plaisir!* AH! *quel beau monument!*

Ha! ho! marquent la surprise :

Ha! vous voilà! — *Ho! que me dites-vous là!*

Fi! fi donc! marquent l'aversion :

Quelle conduite! FI! FI DONC!

Paix! chut! marquent le silence.

Holà! hé! hem! servent pour appeler.

Hé bien! ou *eh bien!* marquent l'interrogation ou l'exhortation :

HÉ BIEN! *qu'attendez-vous?* — EH BIEN! *travaillez donc.*

CHAPITRE XI.

DE L'ORTHOGRAPHE.

225. — L'*orthographe* est l'art et la manière d'écrire correctement les mots d'une langue ; et les mots se composent de *lettres* et de *signes orthographiques*.

Les *lettres*, comme on le sait, sont les caractères qui composent l'alphabet. Les *signes orthographiques* sont, les *accents*, l'*apostrophe*, le *tréma*, la *cédille*, le *trait d'union* et la *parenthèse*.

De l'orthographe des mots (1).

226. — Il existe une foule de mots qu'on appelle *primitifs*, de ce qu'ils ont servi à en former d'autres, qu'on

(1) Nous ne suivrons pas de point en point nos devanciers sur ce terrain, tenant pour maxime qu'une série de règles que personne n'a jamais sues, pas même ceux qui les font, et dont les bases encore n'ont rien qui parle à l'esprit, ne sont plus des règles, quand surtout elles admettent tant d'exceptions.

De plus, et il faut avoir le courage de le dire, car c'est rendre un service aux maîtres, et surtout aux enfants, pour qui l'étude en est si difficile, ces règles sont défectueuses et perpétuent des erreurs qu'on trouve dans toutes les grammaires, parce que, sur ce point, elles ne sont guère que la copie les unes des autres.

Nous allons en passer quelques-unes en revue ; il nous suffira souvent, pour en montrer les imperfections, de consulter seulement notre mémoire.

Prenons nos exemples dans une grammaire très-suivie ; comme telle, elle doit être une des plus complètes, une des plus correctes.

Pour ne pas choisir, commençons par le premier paragraphe.

On y lit (N° 214) : OIE termine les substantifs féminins, *joie*, *soie*. Pourquoi, parmi les exceptions rapportées, ne trouve-t-on pas *la foi*, *la paroi* ? Ce silence autorise les élèves à écrire *la foie*, *la paroie*. Avec quelque recherche, on en trouverait probablement plusieurs autres.

Dans le même paragraphe, ou plutôt dans la même ligne, on nous dit : ÉE termine les substantifs *féminins*, comme *pensée*, *matinée*, excepté *apogée*, *caducée*, *coryphée*, *lycée*, *mausolée*, *musée*, *périgée*, *pygmée* et *trophée*, qui sont du genre *masculin*.

appelle *dérivés*. Par exemple, *plomb* a formé les dérivés *plomber*, *plombier*, *plomberie*, etc.; *sens* a pour déri-

---

Passons sur cette rédaction, mais faisons remarquer qu'on ne nous donne pas la moitié des exceptions qui existent; il y manque en effet, *Athée*, *Athénée*, *camée*, *Colisée*, *Elysée*, *Empyrée*, *hyménée*, *périnée* *scarabée*, *spondée*, *trochée* (terme de poésie), et *trochée* (terme d'agricult.).

Voilà le résultat de l'examen des règles d'une seule ligne, ou plutôt d'une partie des règles d'une ligne, car nos investigations n'ont porté que sur ces deux points.

Voyons le paragraphe suivant; on y lit :

(N° 216.) AT termine les noms de dignités et de professions : *potentat*, *consulat*.

Outre que cela équivaut à dire qu'il n'y a point en français de dignités ni de professions qui ne soient exprimées par un nom en *at*, ce qui n'est pas, car *maire*, *député*, *adjoint*, *tailleur*, *grammairien*, et mille autres, se terminent différemment, cette règle nous sert peu, si en dehors il se trouve des mots en *at* en bien plus grand nombre que ceux qu'elle embrasse; en effet, *chat*, *plat*, *état*, *goujat*, *rat*, et cent autres qui n'expriment ni la dignité, ni la profession, ont cette terminaison.

Suivons encore.

(N° 217.) AIRE termine tous les substantifs et les adjectifs formés d'un mot plus court : *action*, *actionnaire*. (Voilà une règle sans exception, car on nous dit TOUS *les substantifs*.)

Cependant, des mots plus courts, *chapeau*, *pince*, *dent*, *matin*, *grammaire*, on a fait les mots plus longs, *chapellerie*, *pincette*, *dentiste*, *matinal*, *grammairien*, *grammatical*, qui ne sont point en *aire*; il faudrait en citer quelques milliers avant d'en épuiser la liste.

(N° 222.) AU final a lieu après une voyelle : *gruau*, *fléau*, excepté *duo*, *trio* et *cacao*.

Remarquons 1° qu'à ces trois exceptions on eût dû joindre *quiproquo*, *curaçao*, *loriot*, *charriot*, dont le son *o* vient également après une voyelle; 2° que *landau*, *pilau*, *sénau*, *unau*, *sarrau* et *étau* finissent également par *au* sans qu'ils soient précédés d'une voyelle. D'où il résulte 1° qu'au lieu de trois exceptions, il s'en rencontre treize, sans compter celles qui peuvent nous échapper; 2° et que cette règle, bonne pour *onze* mots, est mauvaise pour *treize*.

(N° 230.) ANSE termine *danse*, *transe*, *il panse* (du verbe *panser* un cheval, une blesssure.)

Ici encore on ne nous en montre que la moitié, car voici *anse* (l'*anse* d'un vase, d'un panier), *panse* (*panse* de bœuf, une *panse* d'*a*) et *anse* (petite baie), de plus il peut nous en échapper.

(N° 251.) ENSE termine *défense*, *offense*, *récompense*, *immense*, et *il pense* (du verbe *penser*.)

vés *sensation, sensé, sensément, sensible*, et plus d'une douzaine d'autres mots.

Des primitifs suivants,	on a fait les dérivés,
Tapis, *récit*,	*Tapisser*, *réciter*;
Début, *repos*,	*Débuter*, *reposer*;
Sabot, *sang*,	*Sabotier*, *sanglant*;
Fin, *chemin*,	*Finir*, *cheminer*;
Dessin, *faim*, etc.	*Dessiner*, *famine*, etc.

Ces dérivés indiquent l'orthographe de leurs primitifs.

En effet, *tapisser* apprend qu'il faut écrire *tapis* avec *s*;

Réciter, *débuter*, annoncent un *t* dans *récit*, *début*, etc.

Ces exemples suffisent pour montrer combien il importe de recourir à la dérivation pour savoir comment écrire les primitifs ; plusieurs milliers de mots sont ainsi formés les uns des autres.

Il y a pourtant quelques exceptions.

Ici, comme partout, il y a une addition à faire : *la dépense*, *je dépense*, *il dépense*, etc.; *je compense*, *il compense*, etc.; *j'encense*, *il encense*, etc.; *je dispense*, *il dispense*, etc.; *une dispense*, *intense*, et probablement beaucoup d'autres encore.

(N° 235.) Our règne à la fin de tous les substantifs qui se prononcent ainsi ; une *tour*, un *contour*. Excepté *bravoure* et *bourre*.

Comme on le voit, selon la règle, il n'y a que deux exceptions ; sera-ce une raison pour écrire en *our*, *bourg*, *faubourg*, le *cours*, *concours*, *discours*, le *rebours*, *décours*, *recours*, *secours*, *velours*. Tous ces noms, cependant, ont une prononciation telle que l'exige la règle.

Nous n'aurions pas sitôt fait, si nous voulions pousser nos recherches sur chaque alinéa consacré à ce chapitre; il n'en est peut-être pas un qui ne présente quelque inexactitude, lorsqu'il ne consacre pas une doctrine fausse. Mais en voilà assez pour repousser le reproche qu'on aurait pu nous adresser, et prouver en même temps qu'il n'est pas possible d'établir des règles solides sur cette matière: la lecture, la pratique et le dictionnaire sont les seuls moyens de s'approprier l'orthographe des mots. Nous ne donnerons donc que des remarques sur l'exactitude desquelles on peut compter.

Par exemple, on écrit ainsi les primitifs suivants,	Quoiqu'ils aient pour dérivés,
Honneur,	*Honorer, honorable, honorifique;*
Dépôt, entrepôt,	*Déposer, entreposer;*
Intérêt, favori,	*Intéresser, favorite;*
Dissous, absous,	*Dissoute, absoute;*
Relais, abri,	*Relayer, abriter;*
Donner,	*Donation, donateur, donataire;*
Amérique, Afrique,	*Américain, africain;*
République, etc.	*Républicain,* etc.

227. — *Remarque.* — Les verbes terminés par *quer* comme *convoquer*, *fabriquer*, conservent *qu* dans tous leurs temps et à toutes les personnes; mais dans leurs dérivés *qu* se transforme en *c* : *convocation*, *fabrication*, *communication*, *indication*. Cependant on écrit avec *qu* les dérivés suivants : *attaquable*, *critiquable*, *croquant*, *immanquable*, *marquant*, *remarquable* et *risquable*.

228. — Is. Parmi les noms en *is*, il en est qui sont formés d'un participe présent par le changement de *ant* en *is* Écrivez donc *abattis*, *croquis*, *hachis*, *logis*, *le souris*; *taillis*, *vernis*, etc., formés des participes présents, *abattant*, *croquant*, *hachant*, *logeant*, *souriant*, *taillant*, *vernissant*.

Quant aux autres noms en *is*, tels que *radis*, *parvis*, *châssis*, *débris*, *devis*, etc., la grammaire est impuissante à en rendre compte.

229. — Ention, ension. Écrivez tous les noms dont la prononciation amène l'une ou l'autre de ces terminaisons par *en* et non par *an* : *appréhension*, *dimension*, *attention*, *prétention*. Nous ne connaissons qu'une seule exception : *expansion*.

230. — Xion, ction. — La prononciation de ces deux finales est la même, mais on écrit par *xion* seulement *complexion*, *flexion*, *fluxion*, *génuflexion*, *inflexion* et *réflexion*.

Les autres sont en *ction* : *action*, *direction*, *instruction*, *injonction*, *inspection*, etc.

231. — Eur. Tous les noms dont la finale se prononce

eur se terminent par ces trois lettres : *liqueur*, *odeur*, etc.; il n'y a que quatre exceptions : *heure*, *beurre*, *demeure* et *leurre*.

232. — Quand, avant *p* ou avant *b*, la prononciation semble demander un *n*, il faut mettre un *m* : *combien*, *embarras*, *comptoir*, *rompre*, etc. ; il n'y a d'exceptions que *bonbon*, *bonbonnière*, *embonpoint*.

De la réduplication des consonnes.

233. — *B*, *d* et *g* se doublent seulement, savoir :

B, dans *abbaye*, *abbé*, *rabbin*, *sabbat* et leurs dérivés ; dans *gibbosité*, *gibbeux* (*gibbeux* signifie *élevé*, *bossu* : les parties *gibbeuses* de la lune sont les plus éclairées); et dans *gobbe* (composition en forme de *bol* pour empoisonner les animaux).

234. — **D**, dans *addition* et ses dérivés ; dans *adducteur*, *adduction*, *reddition* et *quiddité* (terme de philosophie).

235. — **G**, dans *suggérer*, *agglomérer*, *aggraver*, *agglutiner* et leurs dérivés ; *agréger* et ses dérivés ne s'écrivent plus guère qu'avec un seul *g*.

236. — La réduplication des autres consonnes a lieu dans les mots qui commencent par :

Oc, excepté *oca*, *ocre*, *oculaire*, *oculiste*.
Af, excepté *afin*, *Afrique*.
Ef, excepté *éfaufiler*, *éfourceau*.
Dif, Of, Suf, } sans exception.

Il, excepté *île*, *îlot* (petite île), *ilote* (nom donné par les Spartiates à leurs esclaves) ; *ilotisme* (état de l'ilote).

Com (ayant la prononciation de *comme*), excepté *coma*, *comédie*, *comète*, *comice*, *comite* et *comité*.

Im, excepté *image*, *imiter* et leurs dérivés, et *iman*.

Ir, excepté *irascible*, *iris*, *ironie*, *iroquois* (1).

---

(1) Nous avons dû rejeter les règles faites sur la réduplication des consonnes dans les mots commençant par *ac*, *al*, *col*, *ap*, *sup*, *ar*,

237. — Les consonnes ne se doublent pas,
1° Après un *e* muet : *relever*, *acheter*, *semer* ;

---

cor, *at*, parce que le nombre de leurs exceptions est loin d'être aussi limité qu'on nous le dit.

Prenons encore pour exemple la même grammaire.

Nous y lisons 1° (N° 243) c se double dans *ac*, excepté trois mots. Ainsi faite, la règle est facile ; mais malheureusement la vérité est qu'au lieu de trois exceptions il en existe dix-huit, plus les dérivés : *acabit*, *acacia*, *académie*, *acagnarder*, *acajou*, *acanthe*, *acariâtre*, *acolyte*, *acoquiner*, *un à-coup*, *acoustique*, *acutangle*. — Termes moins usités : *acatalepsie*, *acaule*, *acomas*, *aconit*, *acuminé*, *acupuncture*.

2° L se double dans *al*, excepté onze mots, y est-il dit. Mais les exceptions sont au nombre de trente et une, plus les dérivés, savoir : *alambic*, *alarme*, *les alentours*, *alevin*, *alerte*, *alezan*, *alibi*, *aliéner*, *aligner*, *aliment*, *alinéa*, *aliquante*, *aliquote*, *aliter*, *aloi*, *alors*, *alose*, *alouette*, *alourdir*, *aloyau*, *alumelle*, *alun*. — Termes moins usités : *alarguer*, *alibile*, *alidade*, *alize*, *alizé*, *aloès*, *alopécie*, *alude*, *aludel*.

3° L se double dans *col*, et on ne nous montre que sept exceptions. Mais il y en a vingt-cinq, plus les dérivés, savoir : *col* (cou), *colère*, *colibri*, *colicitant*, *colifichet*, *colimaçon*, *colin-maillard*, *colique*, *colis*, *Colisée*, *colombe*, *colon*, *colonel*, *colonne*, *colophane*, *coloquinte*, *colorer*, *colorier*, *colossal*. — Termes moins usités : *colarin*, *colature*, *colégataire*, *coléoptère*, *coliart*, *côlon*.

4° P se double dans *ap*, et on nous montre douze exceptions. Mais il y en a trente-cinq, plus les dérivés, savoir ; *apaiser*, *apanage*, *aparté*, *apathie*, *apercevoir*, *apéritif*, *apétale*, *apetisser*, *api*, *apitoyer*, *aplanir*, *aplatir*, *aplomb*, *apocryphe*, *apogée*, *apographe*, *Apollon*, *apologie*, *apologue*, *apoplexie*, *apostasie*, *aposter*, *apostille*, *apôtre*, *apostrophe*, *apostume*, *apothéose*, *apothicaire*, *apurement*. — Termes moins usités : *apocalypse*, *apocope*, *apocyn*, *apode*, *apophthegme*, *apyre*.

5° P se double dans *sup*, et on nous montre quatre exceptions. Mais il y en a seize, plus les dérivés, savoir : *superbe*, *supercherie*, *superfétation*, *superficie*, *superfin*, *superflu*, *supérieur*, *superlatif*, *superposer*, *superpurgation*, *superséder*, *superstition*, *supin*, *suprématie*, *suprême*, *supination*.

6° R se double dans *ar*, et on nous montre cinq exceptions. Mais il y en a vingt-six, plus les dérivés, savoir : *arabe*, *arabesques*, *arable*, *arack*, *araignée*, *arasement*, *aratoire*, *are*, *arène*, *aréole*, *aréopage*, *arète*, *aridité*, *ariette*, *aristocrate*, *arithmétique*, *aromate*, *aronde*, *aruspices*. — Termes moins usités : *ara*, *aréomètre*, *aréostyle*, *arêtier*, *arien*, *aristarque*, *ars*. (Nous avons vingt et un mots, plus leurs dérivés, commençant par *arr* ; pour

2° Après une voyelle portant un accent : *blâme*, *tête*, *félicité*, excepté *châsse*, *châssis* et les dérivés *enchâsser* *enchâssure* ;

3° Après un son nasal : *entier*, *quantité*. Cependant la dernière lettre du son nasal se double dans *ennoblir*, *ennui* et leurs dérivés (1).

Des majuscules.

238. — On écrit en commençant par une majuscule.

1° Le premier mot de toute phrase, de tout vers, de tout alinéa : *La vie est courte. Le sommeil est l'image de la mort.*

> *Je chante ce héros qui régna sur la France,*
> *Et par droit de conquête, et par droit de naissance.*

---

ceux-là, la règle est bonne ; et vingt-six, plus leurs dérivés, commençant par *ar* avec un seul *r* : pour ceux-ci, elle est mauvaise.)

7° R se double dans *cor*, et on nous montre deux exceptions. Mais il y en a quatorze, plus les dérivés, savoir : *cor* (durillon), *cor* (instrument à vent), *corail*, *coron*, *coreligionnaire*, *coriace*, *corinthien*, *corollaire*, *coryphée*. — Termes moins usités : *corolle*, *coronaire*, *coronal*, *coruscation*, *corybante*.

8° T se double dans *at*, et on nous montre trois exceptions. Mais il y en a douze, plus les dérivés, savoir : *atelier*, *atermoiement*, *athée*, *Athénée*, *athelète*, *atome*, *atonie*, *atour*, *atout*, *atrabilaire*, *âtre*, *atrocité*.

(1) Nous rejetterons encore cette autre règle sans exception qui nous enjoint de *ne pas doubler la consonne entre deux sons semblables*. Elle aurait pour conséquence de nous empêcher d'écrire correctement *il alla*, *ballade*, *sabbat*, *imminent*, *pulluler*, *commode*, *attacher*, *affable*, *affadir*, *assassinat*, *barrage*, *accabler*, *accaparer*, *il cassa*, *il amassa*, *il passa*, *bacchanal*, *courroux*, *appât*, *appas*, *appareil*, *apparaître*, *apparat*, *corroborer*, *corrosif* et une foule d'autres. On compte jusqu'à trente mots qui commencent par *appa*.

Les quatorze règles que nous venons d'examiner traînent à leur suite plus de deux cent cinquante exceptions, et nous eussions pu aisément élever ce nombre à plus de trois cents. Or, si la proportion se soutient, les cinquante règles qu'on a faites sur cette matière doivent en admettre plus d'un mille. Encore une fois, qu'on ne nous blâme donc pas de n'avoir point tenté d'assujettir à des principes une matière qui s'y soustrait.

2º Le premier mot d'une phrase qui vient après un point : *Le vice est honteux. La vertu est aimable. Soyez honnête.*

3º Après deux points, mais seulement lorsqu'on rapporte les paroles de quelqu'un : *voici les derniers mots prononcés par César : Et vous aussi, ô mon fils!*

4º Après le point d'interrogation et le point d'admiration : *que demandez-vous? Que cette famille est à plaindre! Comme amis, nous lui devons des consolations et des secours.*

239. — Cependant, si les phrases interrogatives étaient sous un même *régime*, ou si les phrases exclamatives formaient une série d'exclamations sur un même sujet, il ne faudrait plus de majuscules entre ces interrogations ou ces exclamations : *voulez-vous savoir quelle a été notre promenade? quelle rencontre nous avons faite? quelle conversation nous avons eue? Tout étonne dans cet auteur : quelle force dans les expressions! quelle profondeur de vues! quelle harmonie dans le style! quelle justesse dans les idées!*

5º Le nom *Dieu*, et tous ceux par lesquels on le remplace, tels que le *Créateur*, l'*Etre-Suprême*, le *Tout-Puissant*, le *Seigneur*, la *Providence*, etc.

Ces mots *tout puissant, providence*, etc., cesseraient de prendre la majuscule dans *la providence* de Dieu, c.-à-d. *la sagesse* de Dieu; *Dieu est tout puissant, Dieu est le créateur de toutes choses et le seigneur des seigneurs*, parce que ces mots désignent les attributs de Dieu, et non Dieu lui-même.

Le mot *dieu* appliqué aux dieux de la fable ou de l'idolâtrie ne prend qu'une minuscule : *Jupiter est le maître des* DIEUX.

6º Les noms d'hommes et les prénoms : *Voltaire, Jean-Jacques Rousseau, Pierre Corneille, Julie, Amélie.*

7º Les noms de pays, de peuples, de provinces, de villes, de villages, de fleuves, de montagnes, de mers, *la France, l'Angleterre, Paris, la Seine, les Alpes, un Romain, une Romaine, un Anglais, les Anglais.* (ACAD.)

Une colonie de Phocéens vint fonder Marseille.

Les Français ont pris Alger en 1830.

Les Anglais, déjà battus par Napoléon, ne doivent leur triomphe de Waterloo qu'à l'assistance des Prussiens.

240. — *Remarque.* — Mais quoiqu'on écrive *un Romain, un Français, un Italien,* etc., ces mots n'ont qu'une minuscule lorsqu'ils sont employés comme adjectifs : *l'empire romain, la nation française, la langue italienne* (1).

8° Les noms qui représentent des êtres moraux lorsqu'ils sont animés, personnifiés par l'exaltation de la pensée, comme le font les poëtes (on appelle *être moral* celui qui ne touche point nos sens, qui n'existe que dans notre entendement), tels que *la vertu*, *le vice*, *le plaisir*, *la prudence*, *la mollesse*, *la tristesse*, *le temps*, etc.

Jadis trop caressé des mains de la Mollesse,
Le Plaisir s'endormit au sein de la Paresse.
Sur les ailes du Temps la tristesse s'envole.

241. —*Remarque.* — L'Académie ne donne de majuscules ni aux vents, *le nord*, *le midi*; ni aux mois, *janvier*, *février*; ni aux jours, *lundi*, *mardi*, etc.

Cependant, si ces mots *nord*, *midi*, *sud*, *orient*, etc., exprimaient, non des points cardinaux, mais certaine étendue, certains états, alors ils seraient noms propres : *mer du Sud*, *mer du Nord*, *Amérique du Sud* (ACAD); *le Nord se ligua contre Napoléon*; *l'Occident est des deux mondes le point le plus peuplé et le plus civilisé*; *la barbarie s'en est retirée pour se réfugier en Orient*;

(1) Dans nos premières éditions nous avions ajouté à ces noms ceux des *sectes*; mais l'Académie écrit avec une minuscule *les protestans, les stoïciens, les calvinistes, les luthériens,* etc.; 2° les noms des sciences, d'arts, de métiers; mais l'Académie écrit encore avec une minuscule, *la géométrie contribue à rendre l'esprit méthodique. Il est nécessaire de connaître la géographie pour bien savoir l'histoire*, etc.

Mais écrivez, *le vent souffle du nord, du midi, du sud*, etc. (1).

---

(1) 242. — C'est ici le lieu de dire qu'elle écrit les noms propres suivants en donnant une majuscule à chaque partie composante : *les Pays-Bas, le Bas-Empire, les Etats-Unis, le Palais-Royal*, etc. Les grammairiens modernes, et notamment MM. Lemarre et Girault Duvivier, nous enjoignent de les écrire en donnant une majuscule à *Bas, Unis*, et *Royal*, parce que, disent-ils, les parties sont jointes par le trait d'union,

Et dans ceux-ci, *la mer Noire, la mer Rouge, la mer Baltique, la mer Méditerranée, le pas de Calais, le pas de Suse, le pas des Thermopyles, le haut Languedoc*, etc., l'Académie refuse la majuscule aux mots *mer, pas, haut*, qu'à leur tour les mêmes grammairiens écrivent ainsi avec des majuscules : *Mer Noire, Mer Rouge*, etc. Cette contradiction sur ces deux points nous les a fait examiner attentivement.

Au premier abord, l'Académie paraît ne pas être conséquente : mais après quelque examen, on trouve que son opinion est basée sur la plus saine logique.

En effet, dans *Pays-Bas, Bas-Empire, Etats-Unis, les Provinces-Unies, le Palais-Royal, le Pont-Neuf*, etc, ces mots *bas, unis, royal*, sortent de leur acception commune pour déterminer un certain pays, un certain palais, certains états ; ce sont là des termes propres, des mots qui les individualisent : donc ils doivent prendre une majuscule.

Ces mêmes mots *palais royal, états unis, pays bas*, cessent de prendre une majuscule lorsqu'ils sont pris dans une acception commune, c.-à-d. lorsqu'ils sont appliqués à tout palais appartenant à un roi, à tout état uni à un autre, à toute partie de pays plus basse ou plus élevée qu'une autre.

La Bourgogne est un pays haut *et montueux*.

La Normandie un pays bas *et plat*.

Le chateau de Versailles est un palais royal *de la plus grande magnificence*.

L'Allemagne est formée de divers états unis *dans le but de se protéger mutuellement*.

Orthographions donc ainsi avec une minuscule, *le haut Rhin*, pour dire la partie du Rhin la plus rapprochée de sa source ; *la basse Normandie*, c.-à-d. la partie de la Normandie la plus rapprochée de la mer, etc. Mais si ces mots *haut, bas*, font partie du nom par lequel on désigne spécialement une certaine étendue de pays, une certaine circonscription, alors ils font partie d'un nom propre, et doivent s'écrire comme tels. On orthographiera donc avec une majuscule *le département du Haut-Rhin, des Basses-Alpes, le préfet de la Haute-Saône*, etc.

Il n'en est pas de même du mot *mer* dans *mer Noire, mer Rouge*,

De l'emploi des accents et des signes orthographiques.

243. — On sait déjà qu'il y a trois sortes d'accents, savoir : l'accent *aigu*, l'accent *grave* et l'accent *circonflexe*.

L'accent *aigu* (´) se met sur tous les *é* fermés, soit qu'ils occupent le commencement, le milieu ou la fin des mots : *étendu*, *académie*, *achevé*, *répété*.

Remarquez, cependant, que quand les lettres *d*, *r*, *z*, sont finales et précédées d'un *e*, elles donnent à cet *e* un son fermé sans le secours de l'accent : *le pied*, *je m'assieds*, *dernier*, *frapper* ; *vous chantez*, *assez*.

244. — L'accent *grave* (`) se met, 1° sur les *è* ouverts suivis d'un *s*, lorsqu'ils sont à la fin des mots : *procès*, *succès*.

245. — Remarquez que l'*è* ouvert suivi d'un *t* à la fin des mots ne prend jamais l'accent grave ; *apprêt*, *protêt*, *intérêt*, *prêt*, — *regret*, *objet*, *discret*, *sujet*, etc., s'écrivent les uns avec l'accent circonflexe, parce qu'ils sont longs, les autres sans accent, parce qu'ils sont brefs.

2° Sur les *è* ouverts suivis d'une syllabe muette et finale, *il règne*, *il sèche*, *je sème*, *brèche*, *père*, *mère*, etc.

246 — Excepté, 1° le cas où cet *è* ouvert serait suivi d'une double lettre : *nouvelle*, *muette*, *il rejette*, *étrenne*, ou d'un *x*, comme dans *circonflexe*, *complexe*, *perplexe*, où cette lettre fait la fonction de deux *c*, etc. ; 2° et les mots en *ége*, qui, sans exception, pren-

---

mer Blanche, *mer Égée*, *mer Baltique*, *mer Méditerranée*, *mer d'Azof*, *mer Caspienne*, *mer Adriatique*, etc., que l'Académie écrit avec raison en mettant une minuscule au mot *mer*, attendu qu'il est pris dans son acception commune ; effectivement, il se place ainsi avant toutes les mers. Il n'y a pas plus de raison pour lui donner une majuscule, qu'on ne serait fondé à en donner aux mots *rue*, *quai*, *église*, *canal*, *route*, des exemples suivants : *rue de la Paix*, *rue Royale*, *quai Voltaire*, *église Saint-Roch*, *canal de Bourgogne*, *route de Lyon*, lesquels sont des noms communs par la raison qu'ils s'appliquent ainsi à toutes les rues, à tous les quais, à toutes les églises, etc.

nent l'accent aigu sur l'avant-dernier *e* : *collége*, *sacrilége*, *je protége*, *j'allége*, etc.

3° Sur *à*, *dès*, *où*, *là*, pour les distinguer, savoir :

La préposition *à*, du verbe *avoir* : *il a été à Rome.*

Dès, préposition, de l'article *des* : DÈS *ce soir*, *voilà* DES *livres.*

Où, adverbe, de la conjonction *ou* : où *dois-je vous attendre?* Ou *c'est un sot*, ou *il nous trompe* (*Ou* est conjonction toutes les fois qu'on peut le remplacer par *ou bien.*)

Là, adverbe, de l'article et du pronom *la* : *c'est* là *que nous vîmes* la *reine*, *c'est* là *qu'on nous* la *montra.*

4° Sur *çà*, *déjà*, *voilà*, *deçà*, *de là*, *çà et là*, *par-là*, *holà.*

De l'accent circonflexe.

247 — L'accent *circonflexe* (ˆ) se met sur la plupart des voyelles longues : *plâtre*, *tête*, *abîme*, *côte*, *bûche.*

Il n'est pas possible de préciser tous les cas où s'emploie l'accent circonflexe. Cependant on le met,

1° Sur la lettre *i* des verbes terminés à l'infinitif par *aître*, mais seulement quand cette lettre est suivie d'un *t* : *il connaît*, *je connaîtrai*, etc.

2° Sur les adjectifs en *ême* : *blême*, *suprême*, *même*, *extrême.* Excepté les adjectifs de nombre ordinaux *deuxième*, *troisième*, etc., dont l'avant-dernier *e* prend l'accent grave : il en est de même des dérivés *deuxièmement*, *troisièmement*, etc. (Il n'y aurait pas grand mal à donner également l'accent circonflexe à tous les noms terminés en *ème.*)

3° Sur *mûr* et *sûr*, savoir : lorsque *mur* est adjectif : *ce fruit est* mûr, *cette pomme est* mûre ; et lorsque *sûr* signifie *certain* : *cette nouvelle est* sûre. — *Sur*, autre adjectif signifiant *aigre*, ne prend pas d'accent : *ce bouillon est* SUR.

4° Sur *dû*, *redû*, *mû* et *crû*, lorsqu'ils sont participes passés des verbes *devoir*, *redevoir*, *mouvoir* et *croître*, mais seulement lorsqu'ils sont au singulier.

248. *Remarque.* L'Académie écrit sans accent circonflexe *tu*, participe passé du verbe *taire*, sans doute parce que ce mot est bref :

et avec cet accent, et probablement parce qu'il est long, le mot *âme*, auquel plusieurs lexicographes le refusent.

L'accent circonflexe s'emploie encore dans cinq temps du verbe. (*Voyez* page 78.)

De l'apostrophe.

249. — L'*apostrophe* (') marque la suppression d'une des voyelles *a, e, i*. C'est une figure inventée pour ôter au langage tout ce qu'aurait de dur la rencontre trop fréquentre de deux voyelles; au lieu donc de dire et d'écrire, *le homme*, *le œuf*, *la armée*, *il me a écrit, tu te impatientes, si il vient*, etc.; on dit et on écrit, *l'homme*, *l'œuf, l'armée, il m'a écrit, tu t'impatientes*, *s'il vient*, etc.

L'usage, mieux que les règles, apprendra l'emploi de l'apostrophe. Cependant nous parlerons des points douteux.

250 — Il y a quelques mots dont l'*e* final se remplace par l'apostrophe; ces mots sont:

1° *Lorsque, puisque* et *quoique*, mais seulement avant *il, elle, on, ils, elles, un, une*; LORSQU'*il chante*, PUISQU'*elle l'exige*, QUOIQU'*un peu fatigué*, etc.

2° *Entre*, avant tout mot avec lequel il est intimement lié, comme dans *s'entr'aider*, *entr'ouvrir*, *entr'acte*, etc. Mais n'imitez pas ceux qui écrivent *entr'eux*, *entr'elles*; il faut *entre eux*, *entre elles*, parce qu'au lieu de présenter la même intimité, ces mots sont distincts: *on avait ménagé un abouchement* ENTRE EUX (ACAD.)

3° *Presque*, uniquement dans ce mot: PRESQU'*île*.

4° *Quelque*, mais uniquement devant *un*, *une*: QUELQU'*un*, QUELQU'*une*; *de plusieurs dames que nous attendons*, *peut-être en viendra-t-il* QUELQU'*une*. (ACAD.) Et si elle étend la règle à *une*, puisqu'elle dit *quelqu'une*, elle la restreint quant au mot *autre*, car elle dit, *adressez-vous à* QUELQUE *autre personne*, *à* QUEQUE *autre*; QUELQUE *autre vous le dira mieux que moi*.

5° *Grande*, dans *grand'mère*, *grand'tante*, *grand'-*

chambre, *grand'salle*, *grand'chose*, *grand'chère*, *grand'croix*, *grand'peine*, *grand'peur*, *grand'route*, *grand'pitié*, *grand'messe* (on dit aussi *grande messe*).

I de *si* se remplace par l'apostrophe, mais seulement avant *il*, *ils* : s'*il veut*, s'*ils veulent*.

De la cédille.

251. — La *cédille* (¸) est un petit signe qui se met sous le *c* suivi de *a*, *o*, *u*, et seulement lorsqu'il doit avoir le son d'un *s*.

Nous écrivons donc ainsi, *façade*, *reçu*, *annonçant*, *j'aperçois*, qui se prononcent *fassade*, *ressu*, *annonsant*, *j'apersois*. C'est aussi à une raison d'harmonie que la cédille doit son existence dans notre langue.

Du tréma.

252. — Le *tréma* (¨) est un double point qui se met sur une des voyelles *e*, *i*, *u*, pour avertir qu'on doit prononcer cette voyelle séparément de ce qui précède, comme dans *naïf*, *Saül*, etc., qui forment chacun deux syllabes : *na-if*, *Sa-ul*, etc.; et quelquefois séparément de la voyelle qui suit, comme dans *ïambe*, *ïambique*.

253. — Écrivez encore avec le tréma les noms *ciguë*, *besaiguë*, et les adjectifs féminins *ambiguë*, *aiguë*, *contiguë*, *exiguë*, pour empêcher qu'on n'en prononce la terminaison comme celle de *fatigue*.

On écrit avec le tréma, *païen*, *païenne*; ou sans le tréma, *payen*, *payenne*.

254. — *Remarque*. Quoi qu'on en ait dit, le tréma est régulièrement placé sur *poëme* et sur *poëte*; quant aux autres dérivés de ces mots, ils prennent, conformément à la manière dont on les prononce, l'accent aigu sur le même *e* : *poésie*, *poétique*, etc. (Acad.)

Du trait d'union.

255. — Le *trait d'union* sert à unir les parties d'un même mot, comme *vis-à-vis*, *peut-être*; ou à marquer

la liaison qui existe entre les mots, comme dans *partirez-vous, ira-t-elle?*

Il n'est pas possible d'établir des règles à l'aide desquelles on puisse distinguer quels sont ceux des mots formés de plusieurs parties, qui prennent le trait d'union, car on écrit avec cette figure, *c'est-à-dire, par-dessus, au-devant, arc-en-ciel, sur-le-champ, contre-coup, cou-de-pied*, et sans elle, *tout à fait, bout d'aile*, etc.

256. — Cependant le trait d'union se met toujours,

1° Entre les parties d'un nom propre : *Clermont-Ferrand, Châlons-sur-Saône, Boulogne-sur-mer, Michel-Ange*: excepté ceux qui commencent par *le* ou *la* : *le Poussin, la Fontaine, la Ferté.*

2° Entre le verbe et les pronoms, *je, moi, tu, toi, nous, vous, il, elle, ils, elles, le, la, les, lui, leur, en, y, ce, on*, mais seulement lorsque ces pronoms sont après le verbe, et qu'ils en sont le sujet ou le régime : *que dis-je? réponds-moi, pars-tu? approche-toi*, etc. Il ne faut donc pas de trait d'union dans *allons nous promener, venez le chercher*, les pronoms *nous* et *le* étant les régimes des verbes suivants *promener, chercher.*

257. — *Remarque.* Si, après le verbe, il y a deux pronoms qui en soient les régimes, il faut deux traits d'union : *rendez-le-moi, donnez-les-lui.* Il n'en faut qu'un dans *viendrez-vous nous prendre? irons-nous vous chercher?* parce que *nous* est le régime de *prendre* et *vous* celui de *chercher.*

3° Avant et après le *t* euphonique : *a-t-il réussi? a-t-elle de la fortune?*

258. — Ne confondez pas le pronom *te* (écrit *t'*) qui se rencontre à l'impératif des verbes pronominaux, comme dans *assure-t'en, occupe-t'en, approche-t'en, souviens-t'en, va-t'en*, etc., avec le *t* euphonique de *s'occupe-t-il? s'assure-t-elle?* etc. *T*, ainsi suivi de *en*, ne peut-être que pronom, et demande conséquemment l'apostrophe.

4° Avant ou après la particule *ci* et l'adverbe *là*, lorsqu'ils sont intimement liés au mot précédent ou suivant : *celui-ci, celui-là, ces jours-ci, cette année-là, ci-contre, là-dessus*, etc.

5° Après *très* : TRÈS-*humble*, TRÈS-*obéissant*, TRÈS-*bien*.

6° Entre les adjectifs de nombres composés, comme *dix-huit*, *vingt-quatre*, *quatre-vingt-dix-neuf*, etc.

259. — Cependant, *cent*, *mille* et *million*, ne veulent être ni immédiatement précédés ni immédiatement suivis du trait d'union. Écrivez donc ainsi, *vingt-quatre millions neuf cent soixante-quinze mille francs*, *l'an mil sept cent cinquante-quatre*, *deux cent quatre-vingt-douze*, etc. (ACAD.)

L'emploi du trait d'union cesse entre les parties d'un nombre unies par *et* : *vingt et un*, *trente et un*, etc.

260. — L'Académie n'écrit plus ainsi l'adverbe *long-temps*; non-seulement elle en a fait disparaître le trait d'union, mais encore elle en a contracté (c.-à-d. *réuni*) les deux parties, et a fait *longtemps* : *cela dure* LONGTEMPS, *trop* LONGTEMPS.

De la parenthèse.

261. — La *parenthèse* sert à renfermer quelques mots, une note, qui forme un sens distinct et séparé de la période où elle est insérée, ou qui s'y intercale pour y jeter quelque clarté.

A ce choc (et j'en frémis encore), le vaisseau s'entr'ouvrit et disparut à tout jamais. En cueillant cette rose (tant il est vrai qu'il n'en est point sans épines), je me suis blessé assez pour ne pouvoir écrire de quelques jours.

Remarque.

A la place de la terminaison *ois* qu'elle avait maintenue dans ses éditions précédentes, l'Académie a adopté AIS dans *français*, *anglais*, *portugais*, *je parais*, etc.; et dans les imparfaits et les conditionnels de tous les verbes : *je chantais*, *je chanterais*, *tu finissais*, *il recevrait*, etc. C'est une concession dont il faut la louer ; de même il faut l'applaudir d'avoir conservé le *t* dans les mots terminés par *ant* ou par *ent* : *les enfants*, *les monuments*.

SECONDE PARTIE.

DE LA SYNTAXE.

CHAPITRE PREMIER.

262. — Le mot *syntaxe* signifie *arrangement*, *construction*.

On appelle donc *syntaxe* cette partie de la grammaire qui traite de l'arrangement, de la construction des mots et des phrases.

263. — On nomme *phrase* l'assemblage des mots dont on se sert pour exprimer une idée; comme quand on dit, *Dieu est bienfaisant*, *donc il est bon*. Mais la phrase se subdivise *en propositions*.

264. — Il y a dans une phrase autant de propositions qu'il s'y rencontre de verbes à un mode personnel (1). Or la phrase suivante, *l'homme qui travaille plaît à Dieu même*, renferme deux propositions indiquées par *travaille* et *plaît*.

265. — Toute proposition est l'énonciation d'un jugement. Lorsque je dis, *votre frère est aimable*, je juge que la qualité *d'aimable* convient à votre *frère*.

266. — Une proposition peut être considérée, soit grammaticalement, et alors elle contient autant de parties que de mots; soit logiquement, et dans ce cas, elle n'en renferme que trois : le *sujet*, le *verbe* et l'*attribut*.

Le *sujet logique* n'est guère autre chose que le *sujet* dont nous avons parlé *page* 35; c'est toujours l'objet, l'idée principale (2).

(1) Il n'y a que l'*infinitif* qui ne soit pas un mode personnel.

(2) La seule différence qu'il y ait entre le sujet *logique* et le sujet *grammatical*, c'est que ce dernier s'exprime par un seul mot, et que le sujet logique embrasse encore les expressions qui se rattachent à ce sujet. Si je dis, *tout homme qui vit sans ordre se ruine bientôt*, le sujet grammatical est *homme*, et le sujet logique *tout homme qui vit sans ordre*.

L'*attribut*, c'est l'adjectif même, la qualité qu'on *attribue* au sujet; ce n'est donc que l'idée accessoire.

Le *verbe* sert à marquer l'existence de l'attribut dans le sujet, ou, en d'autres termes, à exprimer que telle qualité réside, existe dans tel objet. Dans cette proposition,

La terre est fertile,

La *terre* est le sujet, parce que c'est le mot essentiel, l'idée principale; *fertile* est l'attribut, parce que c'est la qualité que j'attribue à la terre; *est* est le verbe, c'est par lui que j'exprime l'existence de fertilité que j'aperçois, que je juge être dans la terre.

267. — Le *sujet*, comme nous l'avons déjà dit *page* 36, ne saurait être qu'un *nom* ou un *pronom*, ou un *verbe* à l'infinitif : IL *est malade*, *le* TEMPS *est précieux*, VIVRE *implique la nécessité de mourir*.

268. — Le verbe est toujours le verbe *être*, soit qu'il apparaisse par lui-même, comme quand je dis *la journée* EST *belle;* soit qu'il résulte de la décomposition de tout autre verbe, comme dans ces exemples : *je parle*, c.-à-d. *je suis parlant; tu chantais*, c.-à-d. *tu étais chantant; j'ai écrit*, c.-à-d. *j'ai été écrivant; j'aurais réussi*, c.-à-d. *j'aurais été réussissant*.

269. — L'*attribut* est le plus souvent exprimé par un adjectif ou un participe présent, ou un participe passé, et quelquefois par un nom ou un pronom : *la vertu est* AIMABLE, *ces enfants* TRAVAILLENT (c.-à-d. *sont travaillant*), *ils sont* HAÏS, *cette maison est ma* PROPRIÉTÉ, *ce chapeau est* LE SIEN.

Pour nous résumer donc, *sujet*, *verbe* et *attribut*, voilà les éléments constitutifs de la proposition.

270. — A ces trois parties, cependant, on en a ajouté avec raison une quatrième, qu'on a appelée *complément*, de ce qu'elle sert à *compléter* le sujet ou l'attribut. Quand je dis,

La flatterie des courtisans fait souvent le malheur des rois, j'exprime une idée que les trois parties constitutives seules (*sujet*, *verbe* et *attribut*) ne peuvent pas rendre, car elles n'en reproduisent que ceci : *la flatterie est faisant*. J'ai donc besoin, pour compléter ma pensée, d'ajouter au sujet *flatterie* les mots *des courtisans*, voilà le complément du sujet; et, pour compléter l'attribut *faisant*, d'y joindre *le malheur des rois*; voilà le complément de l'attribut.

Les gens oisifs sont le fléau des gens occupés.

Parties constitutives : *les gens sont le fléau.* — *Les gens*, sujet; — *oisifs*, complément du sujet; — *sont*, verbe; — *le fléau*, attribut; — *des gens occupés*, complément de l'attribut.

Ceux qui ont été gratifiés des dons de la nature l'outragent en ne les cultivant pas.

Parties constitutives : *ceux sont outrageant.* — *Ceux*, sujet; — *qui ont été gratifiés des dons de la nature*, complém. du sujet; — *sont*, verbe; — *outrageant*, attribut; mais outrageant quoi? *la nature*, exprimée par le pronom *l'*; ce pronom est donc un complément de l'attribut; — *en ne les cultivant pas*, autre complément de l'attribut.

Une femme éplorée, tenant un jeune enfant dans ses bras, parla au roi en ces termes :

Parties constitutives : *une femme fut parlant.* — *Une femme*, sujet; — *éplorée*, complément du sujet; — *tenant un jeune enfant dans ses bras*, autre complément du sujet; — *fut*, verbe; — *parlant*, attribut; — *au roi*, complément de l'attribut; — *en ces termes*, autre complément de l'attribut.

Par ces exemples, on voit que le sujet et l'attribut peuvent avoir plusieurs compléments; et que, quelque étendue que soit une proposition, les mots qui y entrent se rapportent, soit au sujet, soit à l'attribut.

271. — *Remarque.* — Le verbe *être*, lorsqu'il est exprimé par lui-même, ne saurait avoir de complément : *Je suis à Paris depuis vingt ans, il est dans l'embarras*, etc., sont des phrases où il manque un terme que le génie de notre langue permet de supprimer : *je suis à Paris depuis vingt ans*, se dit donc pour *je demeure*, c.-à-d. *je suis demeurant à Paris; à Paris* donc est le complément de l'attribut sous-entendu *demeurant*; — *il est dans l'embarras*, pour, *il se trouve*, c.-à-d. *il est* *trouvant lui* : *lui* et *dans l'embarras* sont donc les compléments de l'attribut *trouvant*.

272. — Désormais, et pour plus de brièveté, au lieu de dire *sujet ayant pour complément*, nous dirons par un seul mot qui à la même valeur, *sujet complexe*; au lieu de dire *sujet n'ayant point de complément*, nous dirons *sujet incomplexe*, et nous ferons de même pour l'attribut.

Un travail assidu triomphe des obstacles.

Parties constitutives : *un travail est triomphant.*

Un travail est le sujet; il est complexe à cause du complément *assidu*; — *est* est le verbe; — *triomphant* est l'attribut; il est complexe, à cause du complément *des obstacles*.

Paris est beau.

Paris est le sujet : il est incomplexe, parce qu'il n'a point de complément; — *est* est le verbe; — *beau* est l'attribut; il est incomplexe, parce qu'il n'a point de complément.

273. — Mais outre que les sujets et les attributs sont *complexes* ou *incomplexes*, ils sont encore *simples* ou *composés*.

274. — Le sujet sera *simple*, lorsqu'il sera exprimé par un seul nom, ou un seul pronom, ou un seul infinitif : *Mon père est aimable ; vos frères viendront ; secourir les malheureux est un devoir pour les riches.*

275. — Le sujet sera *composé*, lorsqu'il sera exprimé par plusieurs noms, ou plusieurs pronoms, ou plusieurs infinitifs : *mon père et ma mère sont arrivés, lui et moi nous partirons; lire et méditer* (1) *sont les moyens de former son jugement.*

276. — L'attribut est *simple*, lorsqu'il est exprimé par un seul adjectif, ou un seul participe présent : *ma mère est bonne*, *ma sœur lit*, c.-à-d. *est lisant*. L'at-

---

(1) Voir n° 456, les motifs qui nous déterminent à mettre *sont* et non *c'est*, quoique ce verbe n'ait pour sujets que les infinitifs *lire* et *méditer*.

tribut est *composé* lorsqu'il est exprimé par plusieurs adjectifs ou plusieurs participes présents : *ma tante est bonne et douce, cet enfant lit et étudie attentivement*, c.-à-d. *est lisant et étudiant*.

277. — Nous avons dit que la phrase se divise en *propositions*, nous ajouterons qu'il y a deux sortes de propositions : la *principale* et l'*incidente*.

278. — La proposition *principale* est celle qui exprime la principale idée, celle qui est l'idée mère de la phrase; elle peut exister par elle-même, c.-à-d. sans le secours d'aucune autre : *la terre est ronde*.

279. — La proposition *incidente*, au contraire, est toujours dépendante d'un des trois termes *sujet*, *attribut* ou *complément* de la proposition principale, auquel elle est nécessaire, tant pour en préciser que pour en compléter la signification. Dans *Dieu, qui est juste, rendra à chacun selon ses œuvres*, la principale est *Dieu rendra*; *qui est juste* est une incidente complétant le sujet *Dieu*.

280. — Le plus souvent la proposition *principale* n'est que le germe d'une idée, qui ne devient complète qu'à l'aide de l'incidente.

Les astronomes nous apprennent que la lune est éloignée de quatre-vingt-dix mille lieues de la terre, que le soleil en est à trente-deux millions de lieues, et que les étoiles fixes se trouvent à des distances incalculables.

La principale, *les astronomes nous apprennent*, toute principale qu'elle est, n'exprime qu'un commencement d'idée qu'achèvent les trois incidentes, *que la lune est éloignée de... que le soleil est à... que les étoiles fixes se trouvent à...* lesquelles sont relatives à l'attribut *apprenant*.

281. — Mais une phrase peut contenir plusieurs propositions principales, la première alors se nomme principale *absolue*, et les autres principales *relatives*. Quand je dis,

Les richesses, pour lesquelles se passionnent les hommes, sont fréquemment la cause de leurs chagrins; une

honnête aisance qui n'est point excitée par l'envie donne souvent plus de bonheur.

Je fais une phrase contenant quatre propositions :

1° *Les richesses sont la cause*, principale absolue ;

2° *Pour lesquelles se passionnent les hommes*, incidente complétant le sujet *richesses* ;

3° *Une honnête aisance donne souvent plus de bonheur*, principale relative ; elle est principale, parce qu'elle n'a de rapports intimes, de liaisons absolues, ni avec le sujet de la principale, qui est *richesses*, ni avec *la cause*, l'attribut de cette principale ; elle est *relative*, parce qu'elle vient après la principale absolue.

4° *Qui n'est point excitée par l'envie*, incidente complétant le sujet *aisance*.

282. — Il y a aussi deux sortes de propositions incidentes, l'incidente *déterminative* et l'incidente *explicative*.

283. — L'incidente *déterminative* est celle qui sert à *déterminer*, à spécifier les objets de manière à les faire distinguer d'autres objets de même nature.

Les animaux qui rendent le plus de services à l'homme, sont souvent les plus maltraités. La principale est *les animaux sont maltraités*. Et, à ne voir que le sujet *les animaux*, il semblerait qu'il fût question de tous les animaux ; mais l'incidente *qui rendent le plus de services*, restreint cette signification, en déterminant quels sont les animaux dont je parle, en appelant l'attention seulement sur tels et tels : c'est donc une incidente déterminative.

284. — L'incidente *explicative* est celle qui *explique*, qui révèle le plus souvent quelques qualités inhérentes à la généralité des êtres auxquels elle se rapporte, et quelquefois certaine circonstance, certain fait relatif à un ou plusieurs êtres déjà déterminés.

Les animaux, qui ne pensent point, ont pourtant un instinct plus sûr que notre raison. La principale est *les animaux ont*, et *qui ne pensent point*, est une incidente explicative, parce qu'elle exprime une circonstance qui est commune à tous les animaux.

Mais si, tout en me servant des mêmes termes, je dis, *les hommes qui ne pensent point ont peu de rectitude dans le jugement*, cette proposition *qui ne pensent point*, n'est plus, comme dans l'exemple précédent, une incidente explicative, mais bien une incidente déterminative, parce qu'elle énonce, non une circontance commune à tous les hommes, attendu qu'il y en a qui pensent, mais une circonstance qui s'applique seulement à ceux des hommes qui ne pensent point.

Que quelqu'un parlant du roi de France dise,

Le roi, qui s'entretint de ce fait d'armes, en parla avec admiration. La principale est *le roi parla avec admiration*, et *qui s'entretint* de ce fait d'armes, est une incidente explicative. Elle n'est pas déterminative, le roi étant tout déterminé, puisqu'on parle du roi de France; elle est explicative, parce qu'elle nous apprend un fait, une circonstance.

Un roi qui ne s'occupe que de ses plaisirs est indigne du trône.

La principale est *un roi est indigne du trône*, et *qui ne s'occupe que de ses plaisirs* est une incidente déterminative, parce que ce sont là les expressions mêmes qui m'aident à déterminer de quel roi je parle.

285. — Pour compléter ce que nous avons à dire de la phrase, nous ajouterons qu'elle est *pleine*, *elliptique*, *rédondante*, ou *implicite*.

286. — La phrase est *pleine*, lorsqu'il n'y manque aucun des mots rigoureusement nécessaires à la représentation de l'idée qu'elle énonce : *tout dans ce monde révèle une intelligence souveraine. Les premiers pas que fait un peuple vers la barbarie sont ordinairement marqués par la décadence de sa langue*.

287. — La phrase est *elliptique*, lorsque quelques-unes de ses parties constitutives sont sous-entendues. Quand, à cette question *que fait-il?* nous répondons *rien*, ce mot *rien* est une proposition tout

entière; il est mis pour *il ne fait rien*. — *Chantons* équivaut à *nous, soyons chantant*. Cette sorte de phrase se rencontre très-fréquemment dans notre langue, en voici d'autres exemples : *il réussira comme son père*, c.-à-d. *il réussira comme son père a réussi*. — *Ainsi que la mère, la fille est bonne et charitable*, c.-à-d. *est bonne et charitable, comme sa mère est ou était bonne et charitable*. — *Il est plus instruit que son ami*, c.-à-d. *il est plus instruit que son ami n'est instruit*. — *J'ai passé le jour et la nuit à lire cet intéressant ouvrage*, c.-à-d. *j'ai passé le jour et j'ai passé la nuit*.

288. — La proposition est *rédondante*, lorsqu'elle contient quelque mot qui n'est que la répétition surabondante de quelqu'une de ses parties constitutives. Dans je *vous dis*, MOI, *que vous avez tort*, le pronom *moi* est un sujet rédondant, le verbe *dire* ayant déjà pour sujet le pronom *je*. Les pronoms *lui* et *nous* sont également des sujets rédondants dans cette phrase : *il soutient*, LUI, *qu'il en est ainsi, mais nous prétendons*, NOUS, *qu'il en est tout autrement*.

289. — La proposition est *implicite*, toutes les fois que, sans dépendre de nulle autre, et sans les montrer en termes exprès et formels, elle renferme néanmoins les trois parties constitutives. Quand je dis, *ha! j'aperçois ma mère*, le seul mot *ha!* fait une proposition complète équivalant à *je suis surpris*. Il n'y a guère que les interjections qui soient des phrases implicites (1).

---

(1) C'est à tort qu'on a rangé dans la classe de la proposition implicite d'autres propositions essentiellement elliptiques, comme celles qui résultent des adverbes *oui, non*. Quand nous disons, *étudiez-vous? oui; pleut-il? non;* ces mots *oui* et *non* sont des phrases elliptiques, parce qu'elles répondent, parce qu'elles correspondent à une proposition précédemment énoncée : *oui* signifie *j'étudie*, *non* est mis pour *il ne pleut pas*.

Pour être conséquent, il eût fallu y joindre *demain, aujourd'hui, hier, jamais, toujours*, etc., dont on fait des phrases elliptiques, quoiqu'il y ait une parfaite identité entre *étudiez-vous? oui;* et *quand viendrez-vous? demain*.

MODÈLE D'ANALYSE LOGIQUE.

La France est puissante.

Proposition principale absolue, parce que toute phrase où il n'entre qu'une proposition ne saurait être que princ. abs. Le sujet est *la France* ; il est simple et incomplexe ; simple, parce qu'il est exprimé par un seul nom ; et incomplexe, parce qu'il n'a point de complément. *Est* est le verbe. L'attribut est *puissante ;* il est simple et incomplexe ; simple, parce qu'il est exprimé par un seul adjectif ; et incomplexe, parce qu'il n'a point de compl.

La charité est la vertu par excellence.

Prop. princ. abs. Parce que toute phrase où il n'entre qu'une proposition ne saurait être que princ. abs. Le sujet est *la charité ;* il est simple et incomplexe ; simple, parce qu'il est exprimé par un seul nom ; et incomplexe, parce qu'il n'a point de compl. *Est* est le verbe. L'attribut est *la vertu ;* il est simple et complexe ; simple, parce qu'il est exprimé par un seul nom ; et complexe, parce qu'il a pour compl. *par excellence.*

Une bonne éducation est un bien solide.

Prop. princ. abs. Le sujet est *une éducation* ; il est simple et complexe ; simple, parce qu'il est exprimé par un seul nom ; et compl., parce qu'il a pour compl. *bonne. Est* est le verbe. L'attribut est *un bien* ; il est simple et complexe ; simple, parce qu'il est exprimé par un seul nom ; et compl., parce qu'il a pour compl. *solide.*

Les grands et les princes souffrent et meurent aussi.

Prop. princ. abs. Le sujet est *les grands et les princes ;* il est composé et incomplexe ; composé, parce qu'il est exprimé par plusieurs noms ; et incompl., parce qu'il n'a point de compl. *Sont* est le verbe. L'attribut est *souffrant et mourant :* il est composé et complexe ; composé, parce qu'il est exprimé par plusieurs participes présents ; et compl., parce qu'il a pour compl. *aussi*.

Médire de ses bienfaiteurs est un acte infâme.

Prop. princ. abs. Le sujet est *médire* ; il est simple et complexe ; simple, parce qu'il est exprimé par un seul infinitif ; et compl., parce qu'il a pour compl. *de ses bienfaiteurs*. *Est* est le verbe. L'attribut est *un acte* ; il est simple et complexe ; simple, parce qu'il est exprimé par un seul nom ; et compl., parce qu'il a pour compl. *infâme*.

L'ignorance dégrade l'homme ; le savoir l'ennoblit.

Cette phrase contenant deux verbes à un mode personnel, renferme conséquemment deux propositions : 1° *L'ignorance dégrade l'homme*. Prop. princ. abs. Le sujet est *l'ignorance* ; il est simple et incomplexe ; simple, parce qu'il est exprimé par un seul nom ; incompl., parce qu'il n'a point de compl. *Est* est le verbe. L'attribut est *dégradant* ; il est simple et complexe ; simple, parce qu'il est exprimé par un seul participe présent ; et compl., parce qu'il a pour compl. *l'homme*.

2° *Le savoir l'ennoblit*. Prop. princ. relative ; elle est principale et non incidente, parce que, d'une part, elle a par elle-même un sens complet, et que, de l'autre, elle n'a de liaison intime, ni avec le sujet *ignorance*, ni avec l'attribut *dégradant* de la principale absolue ; elle est relative, parce que, dans la même phrase, il existe déjà une première principale. Le sujet est simple et incompl. ; simple, parce qu'il est exprimé par un seul nom ; et incompl., parce qu'il n'a point de compl. *Est* est le verbe. L'attribut est *ennoblissant* ; il est simple et complexe ; simple, parce qu'il est exprimé par un seul participe présent ; et compl., parce qu'il a pour compl. le pronom *l'* mis pour *l'homme*.

Les soldats et les officiers exécutèrent bravement l'ordre qui leur fut donné.

Cette phrase contient deux propositions :

1° *Les soldats et les officiers exécutèrent bravement l'ordre*. Prop. princ. abs. Le sujet est *les soldats et les officiers*; il est composé et incompl. ; composé, parce qu'il est exprimé par deux noms; et incompl., parce qu'il n'a point de compl. Le verbe est *furent*. L'attribut est *exécutant* ; il est simple et complexe ; simple, parce qu'il est exprimé par un seul part. prés. ; et complexe, parce qu'il a pour complément *bravement* et *l'ordre*.

2° *Qui leur fut donné*. Prop. incidente déterminative ; elle est incidente, parce que, 1° par elle-même, elle n'a pas un sens complet ; 2° et qu'elle a une liaison intime avec *ordre*, qui est le compl. de la princ. ; elle est déterminative et non explicative, parce qu'elle détermine, elle spécifie un certain ordre. Le sujet est *qui* (*lequel ordre*) ; il est simple et incompl. ; simple, parce qu'il est exprimé par un seul pronom ; et incompl., parce qu'il n'a point de compl. Le verbe est *fut*. L'attribut est *donné* ; il est simpl. et compl., simple, parce qu'il est exprimé par un seul partic. passé ; et compl., parce qu'il a pour compl. *leur*.

L'homme, qui tient tout de Dieu, qui ne respire que par lui, l'oublie souvent, et le méconnaît quelquefois. Quelle ingratitude !

Cette phrase contient quatre propositions :

1° *L'homme l'oublie souvent et le méconnaît quelquefois*. Prop. princ. abs. Le sujet est *l'homme* ; il est simple et incomp. *Est* est le verbe. L'attribut est *oubliant et méconnaissant* ; il est composé et complexe ; composé, parce qu'il est exprimé par deux partic. prés. ; et compl., parce qu'il a pour compl. *l'*, *souvent*, *le* et *quelquefois*.

2° *Qui tient tout de Dieu*. Prop. incid. explicative ; elle est incid., parce que, par elle-même, elle n'a pas un sens complet ; elle est expl. et non détermin., parce qu'au lieu de désigner tel ou tel homme, elle exprime une circonstance commune à l'homme en général, c.-à-d.

à tous les hommes. Le sujet est *qui*; il est simple et incompl. *Est* est le verbe; l'attribut est *tenant*; il est simple et complexe; compl., parce qu'il a pour compl. *tout* et *de Dieu*.

3° *Qui ne respire que par lui*. Autre prop. incid. expl.; elle est incid., parce que, par elle-même, elle n'a pas un sens complet; elle est explicative et non détermin., parce qu'au lieu de désigner tel ou tel homme, elle exprime une circonstance commune à tous les hommes.

4° *Quelle ingratitude!* Phrase elliptique qu'il faut rendre par *combien grande est son ingratitude!* Prop. princ. relative; elle est principale, parce qu'elle a par elle-même un sens complet; elle est relative, parce que, dans la phrase, il existe une première principale. Le sujet est *ingratitude*; il est simple et complexe; simple, parce qu'il est exprimé par un seul mot; et compl., parce qu'il a pour compl. *son*. *Est* est le verbe; l'attribut est *grande*; il est simple et complexe; simple, parce qu'il est exprimé par un seul adjectif; et complexe, parce qu'il a pour compl. *combien*.

Un homme de mérite ne salue, ne s'assied, ne crache, ni ne se mouche comme un sot.

Cette phrase contient deux propositions :

1° *Un homme de mérite ne salue, ne s'assied, ne crache, ni ne se mouche*. Prop. princ. abs. Le sujet est *un homme*; il est simple et complexe; simple, parce qu'il est exprimé par un seul nom; et compl., parce qu'il a pour compl. *de mérite*. *Est* est le verbe; l'attribut est *saluant*, *asseyant*, *crachant*, *mouchant*; il est composé et complexe; composé, parce qu'il est exprimé par plusieurs partic. prés.; et compl., parce qu'il a pour compl. *s'* et *se*.

2° *Comme un sot*. Prop. elliptique, signifiant *comme un sot salue, s'assied, crache et se mouche*, et de plus, incidente déterminative. Elle est elliptique, parce que quelques-unes de ses parties sont sous-entendues; incidente, parce que, par elle-même, elle n'a pas un sens complet ; déterminative, parce qu'elle détermine, elle désigne un certain homme. Le sujet est *un sot* ; il est simple et incompl. *Est* est le verbe. L'attribut est *saluant*, *asseyant*, *crachant*, *mouchant* ; il est composé, parce qu'il est exprimé par plusieurs partic. prés. ; et compl., parce qu'il a pour compl. *s'* et *se*.

Quand viendrez-vous nous voir ?

Cette phrase contient deux propositions :

1° *Je demande* (1) Prop. princ. abs. Le sujet est *je* ; il est simple et incompl. Le verbe est *suis*. L'attribut est *demandant* ; il est simple et compl. ; il est simple, parce qu'il est exprimé par un seul partic. ; et compl., parce qu'il a pour compl. *quand vous viendrez nous voir*.

2° *Quand vous viendrez nous voir*. Prop. incid. déterm. Le sujet est *vous* ; il est simple et incompl. Le verbe est *serez*. L'attribut est *venant* ; il est simple et complexe ; simple, parce qu'il est exprimé par un seul participe présent ; et compl., parce qu'il a pour compl. *quand et nous voir*.

Fi ! *mon fils, vous fréquentez ce mauvais sujet !*

Cette phrase contient deux propositions.

1° Fi ! *mon fils*. Prop. implicite et rédondante, et de plus princip. abs. ayant la valeur de *vous, soyez honteux, mon fils*. Elle est implicite, parce que, sans en montrer aucune, ce mot *fi !* correspond aux trois parties constitutives *vous, soyez honteux* ; elle est rédondante, parce que le sujet *vous* se reproduit une seconde fois dans *mon fils* ; elle est principale, parce qu'elle énonce une idée complète ; et absolue, parce qu'elle est la première principale de la phrase.

2° *Vous fréquentez ce mauvais sujet !* Prop. princ. relative ; elle est principale, parce que, par elle-même, elle exprime une idée complète ; relative, parce que,

---

(1) Toute phrase interrogative a pour principale absolue : *je demande* ou *nous demandons*.

dans la phrase, il existe déjà une première principale. Le sujet est *vous*; il est simple et incompl.; simple, parce qu'il est exprimé par un seul pronom; incompl., parce qu'il n'a pas de compl. *Est* est le verbe. L'attribut est *fréquentant*; il est simple et compl.; il est simple, parce qu'il est exprimé par un seul participe présent; et compl., parce qu'il a pour compl. *ce mauvais sujet.*

CHAPITRE III.

DU NOM.

290. — Il y a des noms qui ont les deux genres; voici les plus usités :

291. — Aide est féminin lorsqu'il signifie secours, assistance : *vous trouverez en lui une aide prompte et assurée.* Il est du masculin lorsqu'il représente celui qui travaille sous les ordres d'un autre : *un aide de camp, un aide chirurgien*; cependant, si la personne était une femme, il serait du féminin : *cette sage-femme est l'une des aides de cet accoucheur, son aide la mieux entendue.* (Acad.)

292. — Aigle, oiseau, est masculin; *un grand aigle.* Aigle, terme d'armoirie, est du féminin : *les aigles impériales, les aigles romaines.*

293. — Amour est masculin au singulier, et féminin au pluriel : *un vif amour, les premières amours.* Cependant, *amour* signifiant les amours que font les sculpteurs ou les peintres, est masculin au pluriel comme au singulier : *sculpter, peindre de petits amours.* (Acad.)

294. — Couleur, dans son acception la plus commune, est féminin : *des couleurs fraîches et vermeilles.* Mais *couleur* est masculin dans *le couleur de feu, le couleur de rose; un beau couleur de cerise, un couleur de chair*, etc., parce qu'il y a ellipse du mot *ton*; c'est comme si l'on disait, *un ton couleur de feu, un ton cou-*

leur de chair, etc. C'est d'après le même principe que *feuille* est du masculin dans cette expression : *étoffe d'un beau feuille morte.* (Acad.)

295. — Couple, signifiant deux, est féminin : *une couple de serviettes.* Mais *couple* est du masculin, 1° quand il marque l'intimité : *un couple d'amis* ; ou l'intelligence entre deux personnes qui agissent de concert : *un couple de fripons* ; 2° quand il exprime l'union de l'homme et de la femme : *un beau couple, un vilain couple* ; ou l'appareillement entre les animaux : *un couple de tourtereaux.* (Acad.)

296. — Délice et orgue sont du masculin au singulier, et du féminin au pluriel : *c'est un délice, quel délice ! L'étude fait ses plus chères délices, fait toutes ses délices ; un orgue excellent, des orgues portatives.*

297. — Enfant est masculin s'il représente un garçon : *un joli enfant* ; il est du féminin s'il se dit d'une fille : *quelle charmante enfant ! la pauvre enfant !*

298. — Exemple est du masculin dans toutes ses acceptions : *Les bons exemples conduisent plus efficacement à la vertu que les préceptes ; ce maître d'écriture fait de beaux, de jolis exemples à ses élèves.* (Acad.)

299. — Foudre, feu du ciel, est féminin : *la foudre sillonne les nues.* Cependant en poésie et dans le style soutenu, on le fait quelquefois du masculin : *être frappé du foudre, expirer sous les foudres vengeurs.* (Acad.) Mais *foudre* est toujours masculin, 1° dans *un foudre de guerre*, c.-à-d. un grand général ; *un foudre d'éloquence*, c.-à-d. un grand orateur ; 2° et dans la représentation que les peintres et les sculpteurs font de la foudre, lorsqu'ils la donnent pour attribut, soit à Jupiter, soit à quelques armes, etc. : *un foudre ailé, les armes de l'empire français étaient une aigle tenant un foudre dans ses serres.* (Acad.)

300. — Gens veut au féminin les adjectifs ou les participes qui le précèdent, et au masculin ceux qui le suivent : *ce sont de fines gens, voilà des gens bien fins ; de fort dangereuses gens, des gens fort dangereux,*

quelles gens! Ce sont les meilleures gens que j'aie jamais vus; ils.... L'adjectif *tout* fait exception : *tous les gens de bien, tous les honnêtes gens, tous les braves gens.* (Acad.)

Cependant, s'il se trouvait un adjectif entre *tout* et *gens*, et que cet adjectif eût une terminaison féminine différente de sa terminaison masculine, *tout* et cet adjectif se mettraient l'un et l'autre au féminin : *toutes ces bonnes gens, toutes ces vilaines gens; toutes les vieilles gens.* Mais on dirait en mettant *tout* au masculin, *tous les habiles gens*, parce qu'au masculin et au féminin, l'adjectif *habile* a une même terminaison. (Acad.)

Ce n'est pas tout encore. Le mot *gens*, suivi de la préposition *de* et d'un nom de profession ou d'état, est toujours masculin : *certains gens d'affaires* et non *certaines gens*. (Acad.)

301. — Hymne, chant d'église, est du féminin : *une belle hymne*; dans ses autres acceptions, il est du masculin : *un hymne national.* (Acad.)

302. — Orge est du féminin : *de belle orge, de belles orges*; excepté dans ces deux expressions : *orge perlé, orge mondé.* (Acad.)

303. — Lorsque les noms de professions d'hommes, tels que *peintre, ministre, auteur*, etc., sont donnés à des femmes, il faut leur laisser le genre masculin : *madame de Sévigné est un auteur distingué; madame Deshoulières est un poëte aimable.*

De certains noms considérés sous le rapport du pluriel.

304. — Quoique en général les noms propres ne s'emploient guère qu'au singulier, il est quelques cas, cependant, où ils expriment des idées de pluralité, comme quand nous disons, *les deux Rousseau, les deux Corneille*, etc.

Mais ils ne prennent la marque du pluriel que quand ils sont employés comme noms communs, c.-à-d., lorsqu'on les donne à des personnes qui ressemblent par le mérite, les vertus ou les vices à ceux qui les ont portés. On écrira donc sans le signe du pluriel, *les deux Cicéron ne se sont pas également illustrés, les deux Rousseau se sont rendus célèbres*, parce que ces noms

Cicéron et Rousseau représentent les personnes mêmes ainsi appelées.

305. — Et on écrira avec le signe du pluriel, *les Alexandres*, *les Césars*, *les Napoléons*, *les Cicérons*, *seront toujours rares*, c.-à-d., des hommes semblables à Alexandre, à César, à Napoléon, à Cicéron.

306. — L'Académie écrit avec *s* au pluriel les noms suivants, que notre langue a empruntés de la langue latine : *des altos*, *des bravos*, *des duos*, *des trios*, *des factums*, *des folios*, *des factotums* (prononcez *factotome* (ACAD.) ; *des numéros*, *des opéras*, *des pensums* (prononcez *pensome* ACAD.) ; *des récépissés*, *des reliquats*, *des spécimens*, *des zéros*, *des impromptus* ou *impromptu*, *des accessits* ou *des accessit*. Nous pensons qu'on peut y ajouter des *albums*.

307. — Et sans le signe du pluriel : *des alibi*, *des alinéa*, *des duplicata*, *des errata*, *des in-folio*, *des in-quarto*, *des in-octavo*, *des quatuor*, *des post-scriptum*, *des quiproquo*, *des vivat*.

308. — Les mots d'une nature invariable, tels que les *si*, les *car*, les *oui*, les *non*, etc., ainsi employés sous la forme du substantif, ne prennent pas la marque du pluriel. Il faut y joindre les noms des notes de musique qui composent la gamme : des *ut*, des *ré*, des *mi*, etc.

309. — Lorsque deux noms sont unis par *de*, comme dans *gâteau d'amande*, *sirop de groseilles*, l'Académie met indifféremment le second au singulier ou au pluriel : *pavillon couvert d'ardoise*, *maison de brique* ou *de briques*, *compote de poires*, *de pommes*, *graine de chou*, *huile d'amande*, *pâte d'amandes*, etc.

310. — Il y a des noms qui ne s'emploient qu'au singulier; tels sont le *bonheur*, l'*activité*, le *zèle*, la *prudence*, l'*éternité*, etc.; d'autres qui ne s'emploient qu'au pluriel, comme les *ancêtres*, les *entrailles*; les *matériaux*, les *mœurs*, les *pleurs*, les *ténèbres*, etc.; l'usage les apprendra.

Des noms collectifs.

311. — On appelle *collectifs* des noms qui, tout étant au singulier, expriment une collection, c.-à-d. un certain nombre d'objets ; tels sont *une multitude, une foule, une infinité, une troupe, une quantité, un grand nombre*, etc.

On en distingue de deux sortes : les collectifs *généraux* et les collectifs *partitifs*.

312. — On appelle collectifs *généraux* ceux qui expriment un certain tout, et collectifs *partitifs* ceux qui n'expriment qu'une partie. Quand je dis, *le nombre des personnes invitées était de vingt*, ce collectif *le nombre* est général, parce qu'il exprime la totalité des personnes invitées ; *un grand nombre de personnes invitées à ce bal ne s'y présentèrent pas* ; ici ce même collectif *nombre* est partitif, parce qu'il n'exprime plus la totalité, mais seulement une partie des personnes invitées.

313. — *Remarque.* — En général, un collectif précédé de *un*, *une*, est partitif ; *une foule, une infinité, une quantité*, etc.

Il importe de s'approprier cette distinction, attendu que le collectif *général* est le mot essentiel de la phrase, c.-à-d., celui auquel se rapportent l'adjectif, le pronom, le verbe et le participe ; tandis que le collectif *partitif* n'y a aucune importance, sa valeur correspondant toujours à l'un des adverbes *peu, beaucoup*.

Ex. — *La multitude des curieux fut refoulée par la troupe, qui ouvrit un passage au roi.* Ici *la multitude* signifiant *la totalité*, est un collectif général ; or, le verbe *fut* et le participe *refoulée* se rapportent à ce collectif et non au mot *curieux*.

Une multitude de femmes se trouvaient mêlées aux perturbateurs, c.-à-d. *beaucoup* de femmes ; or, *multitude* étant un collectif partitif, *se trouvaient* et *mêlées* s'accordent non avec ce collectif, mais avec le nom *femmes*, qui le suit.

314. — Le collectif *la plupart* et les adverbes *peu*,

beaucoup, assez, trop, *moins*, etc., expriment toujours un sens partitif : *la plupart de ses amis l'abandonnent, peu de soldats ont suffi pour rétablir l'ordre.*

315. — *Remarque.* — *La plupart* et *plusieurs*, mais non les adverbes *peu* et *beaucoup*, peuvent se dire absolument, c.-à-d. sans relation à aucun nom précédent : *la plupart écrivent ce mot de telle manière ; la plupart croient que le bonheur est dans la richesse, ils se trompent ; il ne faut pas que plusieurs pâtissent pour un seul ; plusieurs tiennent, prétendent, s'imaginent...* (ACAD.)

316. — Disons en particulier un mot du collectif *nombre*, cause de tant d'erreurs. Ainsi que tous les autres collectifs, *nombre* est collectif général, lorsqu'il est précédé de *le, la, les*, ou d'un adjectif déterminatif : *le plus grand nombre était de cet avis.* (ACAD.) Il devient partitif, lorsqu'il peut se remplacer par *beaucoup* : conséquemment l'accord a lieu, non avec *nombre*, mais avec le nom ou le pronom suivant : *un nombre considérable de personnes sont mortes du choléra*, c.-à-d. *beaucoup* de personnes ; jusqu'ici donc le collectif *nombre* n'offre rien de particulier.

Mais *nombre* est le mot essentiel de la phrase, lorsqu'il ne peut se remplacer par *beaucoup* ; la raison en est qu'alors cette phrase exprime quelque chose essentiellement en rapport avec ce nom : *un nombre de cinq cents soldats* A ÉTÉ FORMÉ *des débris de diverses compagnies ; un nombre de quatre cents hommes* FUT AJOUTÉ *à ce régiment*, parce qu'ici on ne pourrait dire *beaucoup* de cinq cents soldats, *beaucoup* de quatre cents hommes.

Des noms composés.

317. — On appelle *noms composés* ceux qui se forment de plusieurs parties ; telles sont *corps-de-garde*, *avant-scène.*

Les parties qui entrent dans un nom composé sont variables ou invariables ; les seules parties variables sont le nom et l'adjectif. Mais ce principe général reçoit des modifications qui nécessitent les règles suivantes :

318. — 1re RÈGLE. — Un nom composé de deux noms immédiatement suivis l'un de l'autre, prend la marque du pluriel aux deux parties composantes :

Un chef-lieu, des chefs-lieux ; une malle-poste, des

malles-postes ; *une rose-pompon* , *des roses-pompons* ; *un chou-rave*, *des choux-raves* , etc.

Excepté un *appui-main*, des *appuis-main* , c.-à-d. des appuis pour *la main*. — Un *Hôtel-Dieu*, des *Hôtels-Dieu*, c.-à-d. des hôtels *de Dieu*. — Un *brèche-dents*, des *brèche-dents* (1).

Becfigue, qui faisait autrefois exception, s'écrit aujourd'hui en un seul mot : un *becfigue*, des *becfigues*. (ACAD.)

319. — 2e RÈGLE. — Un nom composé de deux noms unis par une préposition ne prend la marque du pluriel qu'au premier des noms.

Un *ver à soie*, des *vers à soie*; un *chef-d'œuvre*, des *chefs-d'œuvre*; un *pot-de-vin*, des *pots-de-vin*; un *cul-de-sac*, des *culs-de-sac*, etc.

Excepté un *coq-à-l'âne*, des *coq-à-l'âne*; un *pied-à-terre*, des *pied-à-terre* ; un *pot-au-feu*, des *pot-au-feu* ; un *tête-à-tête*, des *tête-à-tête*; un *vol-au-vent*, des *vol-au-vent*.

Remarque. — Quoique au pluriel ces mots soient invariables, les adjectifs qui pourraient s'y rapporter prendraient un *s* : de *fréquents tête-à-tête* ; d'*excellents pot-au-feu*.

320. — 3e RÈGLE. — Un nom composé d'un nom et d'un adjectif prend la marque du pluriel à ses deux parties : une *claire-voie*, des *claires-voies*; un *coffre-fort*, des *coffres-forts*; une *belle-mère*, des *belles-mères* ; une *plate-bande*, des *plates-bandes*.

Excepté des *terre-pleins*, c.-à-d. des lieux *pleins de terre* ;

Des *chevau-légers* (autrefois compagnie de cavalerie);

(1) Toutefois l'Académie, fidèle au principe qu'elle semble s'être fait de ne donner, sauf quelques cas très-rares, le signe du pluriel qu'au pluriel même, écrit ainsi ce mot : *un brèche-dent*, et ne s'explique pas sur le pluriel. Il serait peut-être préférable de mettre toujours un *s* à *dent*, parce que cette expression se dit d'une brèche qui ne peut être qu'entre *plusieurs dents*.

Des *blanc-seings*, c.-à-d. des seings, des signatures en blanc (1);

Grand'mère, *grand'tante*, *grand'messe*; ce dernier fait aussi *grande messe*, *grandes messes*. (Acad.)

Remarque. — Lorsque dans un nom composé il se trouve un mot qui ne s'emploie pas seul, comme *cervier* dans *loup-cervier*, ce mot, le plus souvent, prend le nombre du nom auquel il est joint :

Un *loup-cervier*, des *loups-cerviers*;
Une *épine-vinette*, des *épines-vinettes*, etc.

Excepté 1° un *havre-sac*, des *havre-sacs*, un *pique-nique*, des *pique-niques*; 2° et tous les noms commençant par *vice* : des *vice-présidents*, des *vice-consuls*, etc. (Acad.)

321. — 4e règle. — Un nom composé d'un nom joint à un verbe ou à un adverbe, ou à une préposition, ne prend la marque du pluriel qu'à sa partie variable, c.-à-d. au nom. Et ici le pluriel se détermine moins par l'article que par l'idée que présente le nom par lui-même.

On écrira donc, parce qu'il y a pluralité dans l'idée,

Un *tire-bottes*, un *cure-dents*, un *essuie-mains*; c.-à-d. objets qui servent à tirer *les bottes*, à curer *les dents*, à essuyer *les mains*;

Une *garde-robes*, c.-à-d. une chambre où l'on garde *les robes*.

322. — Mais il faut écrire sans *s*, parce qu'il y a unité dans l'idée, un ou des *coupe-gorge*, c.-à-d. lieux où l'on coupe *la gorge*, et non *les gorges*. — Un ou des *crève-cœur*, c.-à-d. douleurs qui crèvent *le cœur*, et non *les cœurs*. — Un ou des *porte-drapeau*, c.-à-d. ceux qui portent *le drapeau*, et non *les drapeaux*. — Un ou des *casse-cou*, c.-à-d. lieux où l'on se casse *le cou*, et non *les cous*, etc.

323. — Les noms composés formés d'un nom et

(1) L'Académie écrit ainsi ce mot : *un blanc-seing*, *des blancs-seings*.

d'une préposition ou d'un adverbe, suivent la même règle que les précédents.

On écrira donc avec le signe du pluriel :

Un *avant-coureur*, des *avant-coureurs*, c.-à-d. un coureur ou des coureurs qui vont *en avant* ;

Un *sous-fermier*, des *sous-fermiers*, c.-à-d. un fermier ou des fermiers qui sont *sous un autre* ou *sous d'autres*, etc. ;

Et, sans le signe du pluriel, un *à-compte*, des *à-compte*, c.-à-d. une somme donnée ou des sommes données sur *un compte ;*

Un *contre-poison*, des *contre-poison*, c.-à-d., des remèdes contre *le poison*, etc. (1).

324. — 5e RÈGLE. — Un nom composé formé de parties invariables, ne prend conséquemment la marque du pluriel à aucune de ses parties :

Des *garde-manger*, des *passe-partout ;*
Des *on dit*, des *ouï-dire*.

---

(1) Mais cette quatrième règle, nous devons le dire, n'est pas en harmonie avec le sentiment de l'Académie, qui ne donne l'*s* au singulier que dans le cas d'une nécessité absolue, comme dans un *porte-mouchettes*, mot composé du nom *mouchettes*, qui ne s'emploie pas au singulier; comme encore dans *serre-papiers*, parce que, pris dans le sens de notes, mémoires, le mot *papier* ne s'emploie qu'au pluriel.

Elle écrit donc :
Un *couvre-pied,* des *couvre-pieds ;*
Un *cure-dent,* un *cure-oreille ;*
Des *cure-dents,* des *cure-oreilles ;*
Un *emporte-pièce,* des *emporte-pièces ;*
Un *essuie-main,* des *essuie-mains ;*
Un *garde-meuble,* des *garde-meubles ;*
Un *tire-botte,* des *tire-bottes*, etc., etc.

Cette façon d'orthographier a le mérite de rentrer dans la règle générale, qui ne veut d'*s* qu'au pluriel, et conséquemment d'être d'une application plus facile. Il est à regretter que quelques exemples, peu nombreux, il est vrai, mais parfaitement identiques, viennent empêcher d'en faire un principe absolu.

CHAPITRE III.

DE L'ARTICLE.

325. — Outre que l'article marque le genre et le nombre des noms communs, il leur donne encore ou concourt à leur donner un sens déterminé.

326. — Seuls et sans le secours d'aucun autre mot, les articles simples *le, la, les,* déterminent le nom, 1° lorsqu'il s'agit de la généralité des personnes ou des choses exprimées par ce nom : LES *hommes sont créés à l'image de Dieu*, c.-à-d. *tous les hommes;* LES *Français sont vifs et gais*, c.-à-d. les Français en général; 2° lorsqu'il est question de désigner un seul homme, une seule chose : LE *général donna* LE *signal de* L'*attaque;* LA *mer couvre les deux tiers de* LA *terre.*

327. — Ils concourent à déterminer une certaine classe de personnes ou de choses : LES *enfants qui perdent leur temps se préparent bien des regrets.* Ici l'article *les* concourt, avec ces mots *qui perdent leur temps*, à déterminer une certaine classe d'enfants.

328. — Les articles *du, des, de l', de la*, avant un nom commun, n'ont pas, comme on nous le dit, pour seule fonction d'exprimer un sens partitif; ils désignent la généralité des personnes et des choses toutes les fois qu'ils se trouvent entre deux noms, et qu'aucune expression ne modifie le dernier. Quand je dis, *la vie* DES *hommes est plus courte que celle* DES *cerfs et* DES *corneilles*, j'emploie trois fois l'article *des* dans un sens général, car je parle de tous les hommes, de tous les cerfs et de toutes les corneilles : l'emploi de l'article est alors de rigueur.

329. — On fait encore usage de l'article *du, des,* etc., avant un nom auquel on veut donner un sens partitif : *voilà* DU *pain*, DE *l'eau,* DES *cerises*, etc., c.-à-d. une certaine quantité de pain, d'eau, de cerises, etc.

330. — Cependant, si le nom ayant un sens partitif est précédé d'un adjectif, l'article se remplace par *de* :

6.

voilà DE *jolis enfants*, DE *beaux jardins*, DE *beau blé*, DE *belle avoine*, DE *bon vin*, D'*excellent pain*, etc.

331. — Remarquons que si l'adjectif fait partie d'un nom composé, comme dans *belle-mère*, *beau-père*, *petits-pois*, etc.; ou si tel adjectif joint à un nom en fait pour ainsi dire un nom composé, comme dans *jeunes gens*, *jeunes personnes*, *grand homme*, *beau temps*, *beau monde*, *bon temps*, *mauvais temps*, etc., il faut maintenir l'article : *il y a* DES *beaux-pères*, DES *belles-mères, qui valent de véritables pères, de vraies mères; voilà* DES *jeunes gens et* DES *jeunes personnes passionnés pour l'étude; avoir* DU *beau temps*, DU *mauvais temps, fréquenter la société* DU *beau monde.*

332. — Mais l'article se supprime et se remplace par *de* toutes les fois que le nom qui suit doit être indéterminé, c.-à-d. n'indiquer la personne ou la chose que d'une manière vague et générale ; c'est ce qui arrive,

1° Lorsque le nom est précédé d'un collectif partitif : *un concours* DE *personnes, une société* DE *petits-maîtres* ou DE *petites-maîtresses*, *une réunion* DE *grands hommes*, *un pensionnat* DE *jeunes personnes*, *peu* DE *beau monde*, *beaucoup* DE *mauvais temps.* Excepté 1° les collectifs *bien* et *la plupart* : *bien* DES *peines* (1), *la plupart* DES *hommes* ; 2° et le cas où le nom serait déterminé par les expressions qui le suivent : *nous ne revîmes qu'un petit nombre* DES *amis* de notre enfance. — *J'ai encore un peu* DU *vin que vous m'avez vendu.* — *Je n'aime point* DES *travaux trop faciles*, DES *occupations qui ne disent rien à l'esprit.*

C'est par la même raison qu'on dit *montre* D'*or, tabatière* D'*argent*, *bas* DE *soie*, *compote* DE *poires*, *maison* DE *bois*, etc. En effet, ces noms *or, argent*, etc., ne déterminent ni tout l'or, ni tout l'argent, ni certain or, ni certain argent.

333. — *Remarque.* — Ne dites pas *montre* EN *or, tabatière* EN *argent, table* EN *marbre*, *maison* EN *bois*, etc.;

---

(1) Cependant il faut dire, *bien* D'*autres*, et non *bien* DES *autres*; c'est la seule exception relativement à *bien*.

mais *montre* D'*or*, *tabatière* D'*argent*, *table* DE *marbre*, *maison* DE *bois*, etc. Le sentiment de l'Académie est que deux noms, dont le dernier exprime la matière qui entre dans le premier, s'unissent par *de* et non par *en*.

2° L'article se supprime et se remplace encore par *de*, lorsque le nom est régime d'un verbe actif accompagné d'une négative, ou qu'il se place après un impersonnel employé négativement. (*De*, alors, équivaut à peu près à *nul*, *aucun*) : *la musique et la peinture ne souffrent point* DE *médiocrité*; *je ne connais pas* D'*homme plus importun que lui*, *aussi ne lui reste-t-il plus* D'*amis*; *souffrir une injure sans en témoigner* DE *ressentiment*.

334. — Mais remarquons que si la phrase, tout ayant un tour négatif a un sens affirmatif, alors il faut l'article : *je n'ai pas* DE L'*argent pour le dépenser follement*, c'est-à-dire, *j'ai* DE L'*argent*, non pour le dépenser; *vous vous inquiétez, dites-vous; mais n'avez-vous pas* DE LA *santé*, DE LA *fortune*, DES *amis?* c'est-à-dire vous avez *de la santé*, *de la fortune*, *des amis*, ne vous inquiétez pas. (ACAD.)

Ainsi l'on dirait avec l'article, parce que le sens est affirmatif, *il ne peut parler sans faire* DES *fautes*, c'est-à-dire il fait *des fautes* toutes les fois qu'il parle; et avec *de*, parce que le sens reste négatif, *cet étranger parle sans faire* DE *fautes*, c'est-à-dire *il ne fait pas* DE *fautes*. (ACAD.)

335. — De là il résulte, 1° que quand *ne... que* signifie *seulement*, il doit être suivi de l'article, parce qu'alors il a un sens positif : *cette mère* N'*a* DES *yeux* QUE *pour son fils aîné*. (ACAD.) *Il* N'*a* DES *fruits*, *il* NE *récolte* DU *vin* QUE *pour sa maison*, c.-à-d., cette mère a des yeux *seulement* pour son fils aîné; il a des fruits, il récolte du vin *seulement* pour sa maison. (ACAD.)

336. — 2° Que quand *ne... que* signifie *nul autre*, il demande *de*, parce qu'alors il a un sens négatif : *il* N'*a de fruits* QUE *des poires et des pommes*, c.-à-d., *il n'a nul autre* fruit que...; *il* N'*a de soutien* QUE *son fils*, c.-à-d., *nul autre soutien*.

337. — On dira donc avec l'article, parce qu'on parle au positif, *cet enfant n'a* DU *plaisir que quand il travaille*, c.-à-d. a du plaisir *seulement* quand il travaille.

338. — Et avec *de*, parce que la phrase a un sens négatif, *il n'a* DE *plaisir que celui qu'il trouve à l'étude*, c.-à-d., *il n'a* NUL AUTRE *plaisir que celui...*

339. — Avec les adverbes *plus*, *moins*, *mieux*, on se sert de l'article lorsqu'il y a comparaison : *votre sœur est* LA *plus aimable personne que je connaisse*. On emploie simplement *le* lorsqu'il n'y a point de comparaison : *ne pensez pas que quelque impolitesse les fasse sortir de leur caractère ; c'est alors, au contraire, qu'ils se montrent* LE PLUS *aimables*.

340. — Avant *plus*, *moins*, *mieux*, l'article est invariable, lorsque ces adverbes se rapportent à un verbe ou à un autre adverbe : *c'est la personne que j'aime* LE MIEUX ; *voilà les généraux qui ont combattu* LE PLUS *vaillamment*.

De la répétition de l'article.

341. — De ce que les noms ne sauraient être déterminés sans le secours de l'article ou des adjectifs déterminatifs *mon*, *ton*, *ce*, *cet*, *un*, *deux*, *premier*, *second*, etc., l'article donc ou l'adjectif déterminatif doit se répéter :

1° Avant tout nom pris dans un sens déterminé :

Il faut donc dire, LE *père et* LA *mère*, SON *frère et* SA *sœur*, LE *maire et* LE *préfet*, et non LES *père et mère* SES *frère et sœur*, LES *maire et préfet* ;

2° Avant deux adjectifs unis par *et*, lorsqu'ils ne se rapportent pas à un même nom : *les philosophes anciens et les modernes*, *j'occupe le premier et le second étage*. Mais le plus souvent, et c'est l'oreille qui doit en décider, il est mieux de répéter le nom. Ainsi, au lieu de dire *l'intérêt général et* LE *privé*, *l'histoire profane et* LA *sacrée*, LA *cote foncière*, LA *mobilière* et LA *personnelle*, dites, *l'intérêt général et l'intérêt privé* ;

l'histoire profane et l'histoire sacrée; la cote foncière, la cote mobilière et la cote personnelle (1).

542. — Au contraire, ce serait une faute de répéter l'article ou l'adjectif déterminatif avant chacun des adjectifs qui se rapportent à un même nom; il faut donc dire *le bon et brave Henri IV, mon digne et fidèle ami*, et non *le bon et* LE *brave Henri IV, mon digne et* MON *fidèle ami*.

(1) C'est ainsi que la Grammaire exige qu'on s'exprime pour être correct. Mais l'usage ne tient pas toujours compte de cette règle; et d'une part, l'effet désagréable qui résulte pour l'oreille de la répétition de l'article avant l'adjectif; et, de l'autre, les lenteurs que cause la répétition du nom, sont probablement les motifs qui ont fait que l'Académie elle-même s'en écarte assez fréquemment pour qu'on ne puisse pas trop regarder comme une faute la suppression de l'article ou la non répétition du nom; elle dit :

A la préface de son Dictionnaire, page 24, *les langues grecque et latine*;

au mot *bigarrer* : bigarrer ses ouvrages de *mots grecs et latins*;

au mot *assigner* : une rente sur *ses biens présents et à venir*;

au mot *ban* : un prince déchu de *ses dignités, droits et privilèges*;

au mot *flux* : la fortune a *son flux et reflux*;

au mot *philosophie* : science qui a pour objet la connaissance *des choses physiques et morales*;

au mot *aludel* : *leurs parties supérieures et inférieures*;

au mot *rite* : *les rites gallican, mozarabe, gothique*;

au mot *agent de change* : entre *les négociants et banquiers*;

au mot *carbone* : substances *végétales et animales*;

au mot *allant* : maison ouverte *aux allants et venants*;

au mot *banquet* : tous *les princes et princesses* du sang;

au mot *cérémonial* : *cérémonies politiques et civiles*;

au mot *chef* : *des officiers et sous-officiers*;

au mot *chape* : *chanoines séculiers et réguliers*;

au mot *descendant* : *les ascendants et descendants*;

au mot *connaître* : connaître *des matières civiles et criminelles*;

au mot *royal* : *les enfants et petits-enfants*;

au mot *substitution* : aux ascendants et *aux frères et sœurs*;

au mot *gélatine* : *parties molles et solides*;

au mot *armée* : maréchal *des camps et armées* du roi;

au mot *aliment* : les enfants doivent des aliments à LEURS *père et mère*;

au mot *majeur* : *consentement de* SES *père et mère*;

au mot *révérencielle* : leurs pères et mères, etc., etc.

343. L'emploi de l'article est facultatif avec *certain* : *j'ai ouï dire à* CERTAIN *homme*, ou *à* UN *certain homme*; *il y a* CERTAINES *choses ou* DE *certaines choses pour lesquelles on éprouve de la répugnance.* (ACAD.)

344. — La suppression de l'article est de rigueur après *comme* signifiant *en qualité de* : *le pape peut être considéré* COMME *chef de l'Église, ou* COMME *prince temporel*; COMME *ouvrage de circonstance, cette pièce a du mérite*, c.-à-d. *en qualité de chef, en qualité d'ouvrage*; COMME *président de l'assemblée, il doit y maintenir l'ordre*, et non *comme* LE *président*, etc. (ACAD.)

De l'emploi ou de la suppression de l'article avant les noms propres.

345. — Il y a des noms propres qui demandent toujours à être précédés de l'article : *vin* DU *Rhin*; d'autres de la préposition *de* : *vin* DE *Bourgogne*; et d'autres encore qui ne prennent ni article, ni préposition : *quai Voltaire*.

346. 1re RÈGLE. — Il faut donner l'article,

1° A tout nom propre formé d'un nom commun : *le jardin* DES *Tuileries, le royaume* DES *Pays-Bas, l'avenue* DES *Champs-Élisées, le sommet* DU *Mont-Blanc*.

2° Aux noms de monuments : *l'élégance* DU *Panthéon, le style* DE *Notre-Dame* (Le déterminatif *notre* équivaut à l'article); *le palais du Louvre*.

Excepté les noms de monuments venant du nom d'*un seul homme*, comme *saint Pierre, saint Paul*, qui appartiennent à la deuxième règle ci-dessous.

3°. Aux noms de fleuves, de rivières, de montagnes : *les vins* DU *Rhin, les bords* DE *la Loire, la chaîne* DES *Alpes*, et conséquemment aux noms de départements formés de noms de rivières ou de montagnes, *département* DE LA *Seine; département* DES *Vosges*.

4° Aux noms propres d'hommes employés au pluriel : *l'ancienneté* DES *Bourbons, le règne* DES *Stuarts, la famille* DES *la Rochefoucault, quai* DES *Augustins*.

347. — 2e RÈGLE. — Au lieu de l'article, on met *de* avant le nom propre d'un seul homme, avant les noms de villes, de villages, de dieux de la fable, et avant les prénoms : *la profondeur* DE *Rousseau*, *l'esprit* DE *Voltaire*, *la conversion* DE *saint Paul*, *la ville* DE *Paris*, *le château* DE *Vincennes*, *les foudres* DE *Jupiter*, *le père* DE *Sophie*.

348. — Remarquez 1° que ceux de ces noms qui sont formés d'un nom commun appartiennent à la première règle, c.-à-d. qu'ils prennent l'article : *la ville* DU Havre, *les îles* DE la Trinité.

2° Que, lorsqu'une rue, un passage, un boulevard, un carrefour, un quai, un pont, un hospice, une place publique, ou un établissement quelconque, a pour nom propre le nom d'un homme, il est mieux, pour éviter toute ambiguïté, de supprimer la préposition *de*, et de dire : *rue Richelieu*, *passage Choiseul*, *boulevard Saint-Antoine*, *quai Voltaire*, *église Saint-Roch*, *rue Saint-Augustin*, etc. Dans ces circonstances, l'emploi de la préposition *de* donnerait lieu à une équivoque. En effet, si je dis *le passage* DE *Choiseul*, on ignore si je parle d'un passage appartenant à Choiseul, ou d'un passage appelé du nom de Choiseul : la suppression de la préposition fait disparaître ce double sens.

349. — Les noms de royaumes, d'états, comme la *France*, l'*Angleterre*, etc., de provinces, comme la *Bourgogne*, la *Champagne*, etc., forment une catégorie à part. Placés après un autre nom, ils demandent quelquefois à être précédés de l'article, comme dans *les forces* DE LA *France*, *la dette* DE L'*Angleterre*, et quelquefois de la préposition *de*, comme dans *les vins* DE *France*, *la dentelle* D'*Angleterre*

350. — Il faut l'article, 1° lorsqu'on parle de toute l'étendue du territoire, comme quand on dit, *les limites*, *la longueur*, *la largeur*, *la circonférence*, *la situation*, *la forme géographique de la France*, c.-à-d. de l'étendue de terre appelée *France* ; 2° lorsque le mot *France* est mis pour la *nation française*. *Les revenus*, *les ressources*, *les colonies*, *la puissance*, *la conduite*, *l'attitude*, *la dignité*, *les armées*, *la gloire de la France*, c.-à-d. *de la nation française*.

351. — Mais avant ces mêmes noms, il faut se servir non de l'article, mais de la préposition *de*, lorsqu'ils ne sont cités que comme lieux d'extraction : *vin* DE

France, *dentelle* D'*Angleterre*, *toile* D'*Hollande* (1), *bœuf* DE *Normandie*, *vin* DE *Bourgogne*, *cuir* DE *Russie*.

352. — Remarquez 1° que si le lieu d'extraction est exprimé par un nom de rivière, de montagne, ou formé d'un nom commun, il rentre dans la première règle que nous avons donnée, page 134, c.-à-d. qu'il prend l'article : *mouton* DES *Ardennes*, *vin* DU *Rhin*, *vin* DE LA *Côte-d'Or*, *vin* DU *Cher*, *charbon* DE L'*Yonne*.

2° Qu'il est quelques noms propres auxquels le caprice seul de l'usage donne toujours l'article, et qui se soustraient à toutes les règles ; tels sont, *le Pérou*, *la Guadeloupe*, *le Brésil*, *le Beaujolais*, *l'Anjou*, *le Poitou*, *la Brie*, *le Nivernais*, etc. ; *les mines* DU *Pérou*, *l'empire* DU *Brésil*, *les blés* DE LA *Brie*, etc.

CHAPITRE IV.

DE L'ADJECTIF.

De l'accord de l'adjectif.

353. — Un adjectif marquant en général une qualité, n'entre régulièrement dans une phrase qu'autant qu'il y existe un objet auquel cette qualité soit attribuée : *satisfait du succès de son fils, le père lui procure du plaisir*. (La même règle s'applique au participe présent.)

354. — Mais ce serait s'exprimer irrégulièrement que de dire, *depuis longtemps occupé de grands travaux, sa fortune s'est accrue considérablement*, parce qu'il n'existe dans la phrase aucun mot auquel se rapporte *occupé* ; il faudrait alors y faire entrer un pronom, et dire, *comme* IL *est occupé*, etc.

355. — Il faut encore que le rapport d'un adjectif ou d'un participe présent soit sans équivoque ; on ne pourrait donc dire, *connaissant sa langue, le principal chargea ce jeune homme d'un classe du collége*, parce que *connaissant sa langue*, peut s'entendre du principal et

(1) L'usage a prévalu sur la règle, qui exigerait *toile* DE *Hollande*.

du jeune homme : il faudrait dire, *ce jeune homme connaissant sa langue*, ou *comme ce jeune homme connaissait sa langue*, le principal le chargea d'une classe.

356. — Un adjectif s'accorde en genre et en nombre avec le nom ou le pronom auquel il se rapporte : *un père instruit, une mère instruite, des enfants aimables, nous sommes faibles*.

357. — Cependant il faut mettre au singulier l'adjectif se rapportant aux pronoms *nous, vous,* lorsque ces pronoms ne représentent qu'une seule personne : *mon fils,* VOUS *serez* RECHERCHÉ *si* VOUS *êtes* INSTRUIT ; NOUS SOUSSIGNÉ *maire de Lyon,* NOUS PRÉFET *de la Seine*.

358. — Si l'adjectif se rapporte à plusieurs noms ou à plusieurs pronoms, il se met au pluriel : *le père et le fils* PRUDENTS, *la mère et la fille* VERTUEUSES.

359. — Et si les noms ou les pronoms sont de différents genres, l'adjectif se met au masculin : *le frère et la sœur sont* POLIS.

360. — *Remarque*. — Lorsque les deux noms auxquels se rapporte l'adjectif n'ont pas le même genre, l'oreille demande qu'on mette le nom masculin le dernier. Ainsi, au lieu de dire *un cabinet et une chambre petits*, on dira *une chambre et un cabinet petits*. Cependant la place du nom serait indifférente, si l'adjectif n'avait qu'une terminaison pour les deux genres : *le père et la mère* AIMABLES, ou *la mère et le père* AIMABLES.

EXCEPTIONS.

361. — 1re *exception*. — Un adjectif se rapportant à plusieurs noms ne s'accorde qu'avec le dernier :

1° Lorsque les noms sont synonymes, c'est-à-dire lorsqu'ils ont à peu près la même signification : *cet élève apporte dans ses devoirs un* ZÈLE, *une assiduité bien* ÉTONNANTE, ou une ASSIDUITÉ, un ZÈLE bien ÉTONNANT ; *nous eûmes pendant quelques jours un* SOUCI, *une* ANXIÉTÉ, *une* INQUIÉTUDE MORTELLE.

Dans ce cas, l'adjectif se met au singulier, parce qu'il n'y a qu'une seule idée ; c'est le désir, le besoin de mieux faire ressortir la chose dont on parle, qui fait qu'on insiste ainsi, qu'on la reproduit sous un autre mot.

En pareille circonstance, le peuple, moins habitué aux termes, répète le nom et dit, par exemple : *il y avait une* FOULE, *une* FOULE *extraordinaire*, expression qui correspond à *il y avait un* MONDE, *une* FOULE *extraordinaire*.

362. — Il en serait de même de l'accord du relatif *lequel*, *laquelle*, et du verbe en rapport avec plusieurs noms synonymes ; on dirait, *c'est un homme d'une* VOLONTÉ, *d'une* FORCE DE CARACTÈRE A LAQUELLE *tout doit céder ; il a une* ADRESSE, *une* DEXTÉRITÉ *qui le* REND *propre à tous les exercices du corps.*

363. — *Remarque*. De ce qui précède on doit conclure qu'il ne faut pas se servir de la conjonction *et* entre des noms ni entre d'autres mots synonymes ; ne dites pas, *il a une grande force* ET *une grande énergie de caractère* ; mais *une grande force, une grande énergie*.

364. — 2° Lorsque les noms sont unis par la conjonction *ou* : *il faut une* FORCE OU *une* ADRESSE *bien* RARE *pour sortir de cette difficulté*. Ce qui motive ici le singulier, c'est que la conjonction *ou* exclut l'un des noms ; en effet, la phrase ne dit pas qu'il faut *une force* ET *une adresse réunies*, mais seulement l'une ou l'autre.

365. — 2e *exception*. — Les adjectifs *nu*, *demi*, *excepté*, *supposé*, *compris*, *passé*, placés avant les noms, sont invariables : NU-*tête*, DEMI-*heure*, EXCEPTÉ *ces dames*, SUPPOSÉ *telle circonstance*, *sa terre s'est vendue cent mille francs*, COMPRIS, Y COMPRIS, NON COMPRIS *sa maison de campagne* ; PASSÉ *cette époque*, *vos réclamations ne seront pas admises*. Une raison d'harmonie seule a donné lieu à ces exceptions Mais ces mêmes mots, placés après les noms, s'accordent avec ces noms, parce qu'alors il y a ellipse du mot *étant* : *la tête nue*, *ces dames exceptées*, *cette circonstance supposée*, etc., c'est-à-dire *la tête étant nue*, *ces dames étant exceptées*.

366. — *Remarque*. *Demi*, après un nom, reste toujours au singulier, parce qu'il ne s'agit que de la moitié d'une seule chose : *quatre heures et* DEMIE. Cet adjectif ne se met au pluriel que quand il s'emploie comme substantif : *dans la nuit, j'ai entendu sonner deux heures et plusieurs* DEMIES.

367. — *Ci-inclus, ci-joint* sont invariables dans deux cas : 1° lorsqu'ils sont les premiers mots de la phrase : CI-JOINT *la copie*, CI-INCLUS *l'expédition* ; 2° lorsqu'étant au milieu des phrases, le nom auquel ils se rapportent n'est point précédé de l'article : *vous trouverez* CI-JOINT, CI-INCLUS *copie*.

Mais *ci-inclus, ci-joint*, au milieu des phrases, et suivis d'un nom précédé de l'article, s'accordent avec ce nom : *vous trouverez* CI-JOINTE, CI-INCLUSE *la copie de sa lettre*. (Cette bizarrerie est encore une concession à l'harmonie.)

Placés après les noms, ces adjectifs s'accordent toujours : *les pièces ci-incluses, les billets ci-joints*.

368. — De tous les adjectifs dont le son final fait *eu*, il n'y a que *bleu* et *feu* qui ne prennent point d'*x* : *un habit bleu, une robe bleue, des yeux bleus*.

369. — *Feu* ne prend pas la terminaison féminine, lorsqu'il est avant l'article ou un adjectif déterminatif : FEU *la reine*, FEU *sa mère* ; mais placé après, c'est le contraire : *la* FEUE *reine*, *sa* FEUE *mère* ; cet adjectif n'a pas de pluriel.

370. — Parmi les adjectifs composés de deux adjectifs réunis, comme *châtain clair, bai clair, rose tendre, bai brun*, il n'y a guère que ceux qui sont affectés à la représentation d'une couleur quelconque qui ne varient point, parce qu'il y a ellipse du mot *ton* : *des mousselines* ROSE TENDRE, *des cheveux* CHATAIN CLAIR ; c.-à-d. *des mousselines d'un* TON *rose tendre*, etc. Mais lorsqu'il n'y a point d'ellipse, il faut faire accorder les deux parties de l'adjectif composé : *des oranges* AIGRES-DOUCES, c.-à-d. tout à la fois aigres et douces. (ACAD.)

371. — Il y a des adjectifs qui ne conviennent qu'aux personnes, comme *intentionné*, *consolable* ; d'autres qui ne conviennent qu'aux choses, comme *applicable* ; *inapplicable*, *pardonnable* ; il n'y a que la lecture et l'usage qui puissent apprendre à faire cette distinction (1).

---

(1) Nous ne pouvons admettre ce principe de Girault-Duvivier,

372. — C'est encore la lecture et l'usage qui apprennent 1° quels sont ceux de nos adjectifs qui se placent avant les noms, comme dans ces exemples : *grand local*, *gros livre*, *beau cheval*, ou après le nom, comme dans *robe blanche*, *pantalon gris*, etc.

2° Quels sont les adjectifs qui donnent au nom une signification différente, selon qu'ils le précèdent ou qu'ils le suivent.

En voici néanmoins quelques exemples :

Femme grosse signifie femme enceinte ;
Grosse femme, — qui a de l'embonpoint ;
Sage-femme, — une accoucheuse ;
Femme sage, — femme vertueuse ;
Bonhomme (en un seul mot), signifie 1° peu avisé, 2° homme d'un âge déjà avancé : *un vieux bonhomme, le bonhomme se porte encore bien.*
Bon homme (en deux mots), homme plein de droiture, de candeur, d'affection ; dans ce sens, on dit plutôt *un homme bon* ;
Brave homme signifie homme probe, homme bon, obligeant,
Homme brave, — qui affronte les dangers ;
Honnête homme, — qui a de la probité ;
Homme honnête, — qui est poli ;
Pauvre homme, — qui manque d'industrie, d'esprit, de cœur pour ses affaires ;
Homme pauvre, — qui n'a point de fortune, etc., etc.

373. — Quelquefois l'adjectif se transforme en nom

---

reproduit par un grammairien suivi, et auquel on ne donne point d'exception, que les adjectifs dérivés des verbes se disent des personnes, lorsque ces verbes ont pour régime direct un nom de personne, qu'ils se disent des choses, lorsqu'ils ont pour régime direct un nom de chose; car

Offensant, consolant, insultant, imitable, inestimable, attaquable, et cent autres, dérivent des verbes *offenser*, *consoler*, *insulter*, *imiter*, *estimer*, *attaquer quelqu'un*, sans qu'on puisse dire d'une personne qu'elle est *offensante, consolante, insultante, imitable, inestimable, attaquable.*

D'un autre côté, on dit *un homme* VARIABLE dans ses opinions, *un homme* INEXPLICABLE, IRRÉPROCHABLE, INSIGNIFIANT, etc., etc., quoiqu'on ne dise point *varier un homme, expliquer, reprocher, signifier une personne.*

Et, pour les choses, on dit *un ouvrage* INTÉRESSANT, *une haine* IRRÉCONCILIABLE, LECTURE ENNUYEUSE, etc., etc., quoiqu'on ne dise point *intéresser, réconcilier une chose, ennuyer une lecture.*

commun, et conséquemment il représente, soit des personnes, soit des choses ; alors il est précédé de l'article ou d'un adjectif déterminatif : *les cris des* BLESSÉS *et des* MOURANTS, *l'opinion de ce* SAVANT est que..., *elle n'aime que le* ROSE *et le* BLANC. De même, le nom devient adjectif, lorsque sa fonction se réduit à exprimer la qualité, l'état : *il est* AVOCAT, *elle est* PEINTRE.

374. — Quelquefois aussi les adjectifs de nombres s'emploient sous la forme de substantifs : *c'est aujourd'hui le* DEUX, *le* QUATRE, *le* QUINZE *du mois.* (ACAD.)

375. — Ne confondez pas les trois adjectifs *extravagant*, *fatigant* et *intrigant*, qui s'écrivent par *ga*, avec les participes présents *extravaguant*, *fatiguant*, *intriguant*, qui prennent *gua* : *discours extravagant*, *travail fatigant*, *homme intrigant; on nuit aux progrès en* FATIGUANT *trop l'esprit.*

376. — Il faut terminer par *ent* les neuf adjectifs suivants : *adhérent*, *affluent*, *différent*, *divergent*, *excellent*, *négligent*, *président*, *résident*, *violent*, et leurs composés, et ne pas les confondre avec les participes présents *adhérant*, *affluant*, etc., lesquels, ainsi que tous les participes présents, se terminent part *ant*.

CHAPITRE V.

Des adjectifs déterminatifs.

377. — De tous les adjectifs de nombres, il n'y a que *vingt*, *cent* et *mille* qui soient susceptibles de prendre la marque du pluriel.

Vingt et *cent* ne prennent un *s*, que lorsqu'il y a plusieurs fois vingt ou cent, et qu'ils ne sont point suivis d'un autre nombre : on écrit donc avec *s quatre*-VINGTS *hommes*, *deux* CENTS *francs*, et sans *s quatre*-VINGT-*trois hommes*, *deux* CENT *quatre francs*.

378. — Cependant si *vingt* et *cent* ne sont que des abréviations des nombres ordinaux *vingtième*, *cen-*

tième, ils ne prennent dans aucun cas le signe du pluriel, parce qu'alors il n'y a qu'une seule chose exprimée. Quand je dis, *ce passage est au chapitre quatre*-VINGT, *cette découverte se fit l'an huit* CENT, je ne parle que du seul chapitre *quatre-vingtième*, que de la seule année *huit centième*. Ce serait différent, si je disais *l'ouvrage se divise en quatre*-VINGTS *chapitres*; *de telle époque à telle autre*, *il y a huit* CENTS *ans*.

379. — *Mille* s'orthographie des trois manières suivantes :

1° MIL, lorsqu'il est question du millésime, c.-à-d. de la date ordinaire des années : *la révolution de* MIL *huit cent trente s'est opérée en trois jours*. Rien ne peut justifier la bizarrerie de cette orthographe.

2° MILLE, pour signifier dix fois cent : *dix* MILLE *hommes*, *deux* MILLE *francs*; dans ces deux cas, écrivez toujours sans *s*.

MILLE, au singulier, MILLES, au pluriel, pour exprimer une mesure itinéraire, c.-à-d. une longueur de chemin : ce cheval a parcouru *trente* MILLES *en deux heures*.

380. — En général, il faut supprimer les adjectifs possessifs, lorsque le sens fait assez connaître l'objet possesseur. Au lieu donc de dire, *j'ai mal à* MA *main droite*, *je me suis coupé* MES *ongles*, dites, *j'ai mal à* LA *main droite*, *je me suis coupé* LES *ongles*. Nous disons *en général*, parce qu'il y a des cas où l'adjectif possessif, bien que rédondant, est de rigueur, comme dans ces exemples : *tous les ans*, *les animaux perdent* LEUR *poil*; *la poule chante après avoir pondu* SON *œuf*, *depuis quelque temps*, *je fais mal* MES *digestions*, etc., quoique les animaux ne perdent d'autre poil que le leur, qu'une poule ne puisse pondre l'œuf d'une autre poule, et que je ne fasse point d'autres digestions que les miennes.

On trouve même dans l'Académie *n'avoir de quoi mettre sous* SA *dent* ou *sous* LA *dent*; *cet enfant fait* SES *dents*, *nous étions mal à* NOTRE *aise*, etc.

381. — *Notre, votre, leur*, avant un nom, veulent ce nom au singulier ou au pluriel.

Au singulier, 1° lorsque l'objet possédé ne peut, par sa nature, avoir de pluriel : *c'est à* LEUR *prudence, à* LEUR *sagesse que vous devez ce résultat* ; 2° lorsqu'il n'indique distinctement qu'une seule personne ou une seule chose : *tous les hommes de cette compagnie sont dévoués à* LEUR *capitaine, les habitants d'une commune ont pour premier magistrat* LEUR *maire*.

Au pluriel, lorsque l'objet possédé exprime une idée de pluralité : *les soldats de cette compagnie sont dévoués à* LEURS *officiers*.

382. — Toutefois, dans certains cas, et lors même qu'il y a idée de pluralité, l'Académie met indifféremment le singulier ou le pluriel ; elle écrit : *les enfants doivent du respect à* LEUR *père, à* LEUR *mère, à* LEURS *parents ; des lettres à* LEUR *adresse* ou *à* LEURS *adresses ; les ouailles connaissent la voix de* LEUR *pasteur*. Elle se fonde, pour le singulier, sur ce que chaque lettre n'a qu'une seule adresse ; et pour le pluriel, sur la collection des adresses, etc.

383. — Mais il est des cas où l'objet possédé présente un sens au singulier, et au pluriel un autre sens. Il faudrait dire, en mettant le singulier, *à la vue de* LEUR ENFANT, *les mères oublient les douleurs de l'enfantement ; les poules chantent lorsqu'elles ont fait* LEUR ŒUF, etc., parce qu'ici l'idée est que les mères oublient leurs douleurs à la vue de l'enfant auquel elles viennent de donner le jour, et non à la vue des deux, trois ou quatre enfants qu'elles peuvent déjà avoir ; que les poules chantent, non après avoir fait tous les œufs que la nature leur a donné de pondre, mais chaque fois qu'elles font un œuf.

384. — *Son, sa, ses, leur, leurs*, sont toujours régulièrement employés lorsque l'objet possesseur est un nom de personne : *les hommes sensés mettent* LEUR *devoir au-dessus de* LEURS *plaisirs*.

385. — Mais lorsque l'objet possesseur est un nom de chose, l'emploi de *son, sa, ses*, ne peut avoir lieu que dans deux cas :

1° Lorsque cet objet possesseur est le sujet de la même proposition, comme dans cet exemple : *ce vin a perdu* SA *couleur*, où l'objet possesseur *vin* est le sujet. On dira de même, *ces roses ont conservé* LEUR *fraîcheur; chaque chose a* SON *bon et son mauvais côté*, etc. Mais on ne pourrait dire, *il n'y a qu'un instant que j'ai cueilli ces roses, et déjà* LEUR *fraîcheur a disparu*, parce que l'objet possesseur (*les roses*) n'est pas le sujet de la proposition où se trouve *leur*.

2° Lorsque l'objet possédé est le régime d'une préposition : *la terre, par* SON *mouvement de rotation, nous donne successivement le jour et la nuit; la langue française a dans* SES *formes*, SES *tours*, SON *harmonie, une physionomie distincte et libre.*

386. — Il y a des adjectifs dont la signification exclut le pluriel; tels sont, *nul*, *aucun*, *chaque*: *nul homme, aucun individu, chaque soldat.* Il en est de même des expressions *pas un, plus d'un*: PAS UN *n'en revint*, PLUS D'UN *y laissa ses guêtres.* (ACAD.)

387. — Forcément, toutefois, les adjectifs *aucun* et *nul* se mettent au pluriel, 1° lorsque les noms auxquels ils se rapportent n'ont point de singulier : *il ne nous reste* AUCUNS MATÉRIAUX; *cette maison donne de beaux revenus sans* AUCUNS FRAIS; *je ne connais* NULLES GENS *plus heureux que ces villageois*; 2° lorsque, tout ayant un singulier, le nom se prend dans une acception différente au pluriel, et qu'on a besoin de le présenter dans cette acception. Par exemple, on dirait, NULLE TROUPE *de comédiens n'eut un chef comme Molière*, parce que, dans cette acception, *troupe* se dit au singulier; et NULLES TROUPES *ne résistaient aux grenadiers de Napoléon*, parce que, pris dans cette acception, *troupes* se dit au pluriel.

388. — MÊME est adjectif ou adverbe.

Il est adjectif 1° quand il est avant le nom : *voici les* MÊMES *hommes*; 2° quand il est après un pronom ou un seul nom : *ils vinrent* EUX-MÊMES; *ses ennemis* MÊMES *l'estiment.*

Même est adverbe dans deux cas : 1° lorsqu'il est

après un verbe et qu'il n'est point précédé de l'article : *leurs occupations durent tout le jour, ils travaillent* MÊME *la nuit*; 2° lorsqu'il est après plusieurs noms : *les riches, les princes, les rois* MÊME ont des peines. Ici *même* signifie *aussi*.

389. — QUELQUE est assujetti à trois règles :

1° Lorsqu'il est suivi d'un verbe, il s'écrit en deux mots, et *quel* s'accorde avec le nom auquel il se rapporte : QUELS QUE *soient ses moyens,* QUELLE QUE *soit sa fortune, seul il ne peut suffire aux exigences d'une telle entreprise.*

Dans ces exemples, *quel* est adjectif, et conséquemment variable, parce qu'il a la valeur de *quelque grand*. Effectivement, quand je dis, QUELS *que soient ses moyens*, QUELLE *que soit sa fortune*, j'exprime des idées équivalant à *quelque grands* que soient ses moyens, *quelque grande* que soit sa fortune.

2° Quand *quelque* est avant un nom, il s'écrit en un seul mot, et s'accorde avec le nom : *nous ne vîmes que* QUELQUES *personnes,* QUELQUES *avis qu'on lui donnât, il les repoussait*. Ici *quelque* est encore un adjectif qui exprime un nombre vague, une quantité indéterminée.

3° Et si *quelque* est avant un adjectif immédiatement suivi de *que*, il est invariable, parce qu'alors il correspond à la conjonction *quoique :* QUELQUE *difficiles que soient ces questions, il les résoudra ;* QUELQUE *pressés,* QUELQUE *rusés qu'ils soient.*

Remarque. — Si l'adjectif qui suit *quelque* n'est pas immédiatement suivi de *que*, *quelque*, alors, est regardé comme adjectif : QUELQUES *grands hommes que possèdent les autres nations, sur ce point, la France n'a rien à leur envier*.

390. — TOUT est adjectif ou adverbe.

Il est adjectif et s'accorde, quand il est avant un nom, ou qu'il exprime la totalité des personnes ou des choses : TOUTE *âme est capable de quelques vertus ; ils sont* TOUS *absents; ces enfants sont* TOUS *aimables*, c.-à-d. sont aimables tous sans exception; *les demoiselles de votre frère sont* TOUTES *instruites*, c.-à-d. toutes sans exception.

Tout est adverbe, quand il signifie *tout à fait* ou *quoique;* alors il est assujetti aux deux règles suivantes :

1° *Tout*, adverbe, reste invariable quand il est avant un adjectif qui commence par une voyelle ou un *h* muet : *elle est* TOUT *endormie*, TOUT *heureuse; elles sont* TOUT *endormies*, TOUT *heureuses.*

2° *Tout*, adverbe, prend néanmoins le genre et le nombre, mais alors il faut ces deux circonstances réunies : 1° qu'il soit avant un adjectif féminin; 2° que cet adjectif commence par une consonne ou un *h* aspiré : *elles restèrent* TOUTES *saisies*, TOUTES *honteuses.* Ici encore c'est une concession à l'harmonie; l'oreille, en effet, ne supporterait guère, *elles restèrent* TOUT *saisies*, TOUT *honteuses.*

CHAPITRE VI.

DU PRONOM.

Des pronoms PERSONNELS *et de leur place dans les phrases.*

391. — Les pronoms *personnels*, employés comme sujets, se mettent en général avant les verbes : JE *parle*, TU *chantes*, IL *rit.*

Excepté 1° lorsque le verbe est interrogatif : *viendra-t*-IL? *partirons*-NOUS?

2° Excepté quelques phrases exclamatives : *mange-t*-IL *pour un enfant de son âge! Est*-IL *barbare!*

3° Quand on intercale le verbe dans une phrase pour en attribuer les paroles à telle personne : *Acceptez-vous, me* DIT-IL, *l'offre que je vous fais? Non, lui* RÉPONDIS-JE.

4° Après quelques verbes qui se mettent au subjonctif sans conjonction : PUISSÉ-je *le revoir un jour!* FÛT-IL *aux antipodes, je saurai le trouver*; DUSSÉ-JE *périr, j'essaierai de le sauver.*

5° Après *à peine, aussi, encore, au moins, du moins, peut-être, toujours, vainement, en vain* : *à peine étions*-NOUS *sortis, qu'il plut; aussi en est*-IL *mort.* Après ces mêmes mots, on peut aussi mettre le pronom avant le verbe, mais alors l'expression n'a plus la même grâce.

392. Employés comme régimes, les pronoms personnels se placent aussi avant le verbe : *je* L'*entends, il* M'*appelle.*

Excepté 1° lorsqu'ils sont le régime de verbes à l'impératif : *promène*-TOI, *attends*-LE.

393. — *Remarque.* — Lorsqu'un verbe à l'infinitif, ayant pour régime un pronom personnel, est sous la dépendance d'un verbe neutre, ce pronom se met indifféremment avant l'un ou l'autre verbe, parce qu'alors il ne saurait y avoir équivoque : *je voudrais lui dire un mot,* ou *je lui voudrais dire un mot.* Mais quand ce premier verbe n'est pas neutre, il faut nécessairement mettre le pronom avant le verbe qui le régit : *je désire* L'*entretenir un instant*; *il demande à s'expliquer.*

294. — *Remarque.* — Lorsqu'un verbe à l'impératif a deux pronoms pour régimes, l'un direct, l'autre indirect, le régime direct se place le premier : *apporte*-LA-*nous, menez*-NOUS-*y.*

395. — Cependant, lorsque le régime direct est un des pronoms *le, la, moi, toi,* et le régime indirect le relatif *y*, il vaut mieux prendre un autre tour que de se servir de *m'y, t'y, l'y*; la transposition de *y* avant ces pronoms n'est pas plus heureuse; une langue qui fait tant de sacrifices à l'harmonie ne peut pas plus s'accommoder de *mènes-y-la, achettes-y-le, attends-y-moi*, que de *mène-l'y, achette-l'y, attends-m'y*; il faut alors éviter l'emploi de l'impératif.

396. — Quelquefois aussi l'impératif a deux régimes

indirects, savoir : un pronom personnel et le relatif *en* ; dans ce cas, *en* se place le dernier : *donnez-nous*-EN, *apportez-lui*-EN *quelques-uns*, etc.

De la répétition des pronoms personnels.

397. — Les pronoms personnels employés comme sujets peuvent toujours se répéter : IL *travaille et* IL *s'instruit sans cesse.* Ils ne se suppriment guère qu'entre les propositions liées par une des conjonctions *et*, *ou*, *ni* : *je le cherche* ET *ne le trouve pas.*

398. — La répétition des pronoms personnels employés comme régimes est de rigueur avant les temps simples : *il ne* VOUS *loue et ne vous flatte que pour vous tromper* ; mais avant plusieurs temps composés qui se suivent, on peut ne l'exprimer qu'avec le premier : *nous* L'*avons acheté et revendu le même jour.*

399. — Cependant, la répétition du pronom serait indispensable si l'un des temps composés voulait un régime direct, et l'autre un régime indirect. On dirait, *il* NOUS *a plu et* NOUS *a enchantés*, et non *il* NOUS *a plu et enchantés*, parce que le premier *nous* est régime indirect, et le second régime direct.

400. — SOI, pronom de la troisième personne du singulier, se dit des personnes et des choses ; mais il faut remarquer qu'on ne l'applique aux personnes qu'autant qu'elles sont exprimées par un terme vague, indéterminé, comme *on*, *chacun*, *nul*, *quiconque*, *pas un*, *personne*, etc. : *chacun travaille pour* SOI ; ou après un infinitif : PRENDRE *garde à* SOI. On peut toujours le dire des choses : *un bienfait porte sa récompense en* SOI ; *les remords que le crime traîne après* SOI ; *de* SOI *le vice est odieux.* ACAD.

401. — Cependant, *soi* peut être en rapport avec un nom de personne, lorsqu'il s'agit d'éviter une équivoque : *l'avare qui a un fils prodigue n'amasse ni pour* SOI *ni pour lui* ; dans ce cas, le pronom *soi* se rapporte au sujet de la phrase. *Un homme de bien ne saurait empêcher qu'on ne dise de lui ce qu'un malhonnête homme fait dire de* SOI.

402. — *Lui*, *leur*, se disent principalement des personnes : *je* LUI *parle*, *je* LEUR *écris* ; et quelquefois des animaux et des plantes : *ces chevaux sont rendus, faites*-LEUR *donner l'avoine ; ces orangers périront si on ne* LEUR *donne de l'eau.* Avec ces derniers, cependant, il est toujours mieux, quand cela est possible, de remplacer *lui, leur*, par un autre pronom. Ainsi, au lieu de dire, *pour qu'un arbre s'élance, il faut* LUI *couper les branches du bas,* dites *il faut* EN *couper les branches.*

403. — *Eux*, *elle*, *elles*, précédés d'une préposition, ne se disent que des personnes : *ceci est* POUR EUX, POUR ELLES.

404. — *Le*, *la*, *les*, se rapportent ou à un nom, ou à un adjectif, ou à un verbe.

1° En rapport avec un nom, ils n'en prennent le genre et le nombre que quand ce nom est déterminé. (Un nom propre est toujours déterminé, un nom commun ne l'est que quand il est précédé de l'article ou de l'un des déterminatifs *mon*, *ton*, *ce*, *cet*, etc.)

Est-ce vous qui êtes JULIE ? — *Je* LA *suis.*

Êtes-vous LA MÈRE *de cet enfant ? — Je ne* LA *suis pas.*

Êtes-vous SA TANTE ? — *Je* LA *suis.*

Mais à ces questions *êtes-vous* MÈRE ? *êtes-vous* SŒURS ? il faut répondre, sans faire accorder le pronom, *je* LE *suis*, *nous ne* LE *sommes pas,* parce que ces noms *mères*, *sœurs*, ne sont point déterminés.

2° En rapport avec un adjectif, ils prennent l'accord si cet adjectif fait la fonction d'un nom, c'est-à-dire s'il est précédé de l'article, ou de l'un des déterminatifs *mon*, *ton*, *ce*, *cet*, etc.

Êtes-vous LA MALADE *que j'ai déjà traitée ? — Je* LA *suis.*

Et à cette question, *mesdames, êtes-vous* MALADES ? on doit répondre, sans faire accorder le pronom, *nous* LE *sommes*, *nous ne* LE *sommes pas*, parce que l'adjectif *malades* n'est pas déterminé

Il en est de même quand ces pronoms se rapportent à un verbe: *nous devons défendre l'honneur et l'intérêt de nos parents, quand nous* LE *pouvons sans injustice.*

405. — C'est encore parce que le nom n'est point déterminé, c'est-à-dire parce qu'il n'est point précédé de l'article ni de l'un des déterminatifs, *mon, ton, ce, cet,* etc., qu'on ne peut dire, *il leur a* FAIT GRACE, *et nous* LA *refuse; il vous* REND *bien* JUSTICE *sous tel rapport; mais il ne vous* LA *rend pas sous tel autre.* Alors *grâce* et *justice* ne sauraient avoir de rapport avec des pronoms; ils forment avec les verbes auxquels ils sont joints un sens indivisible. On ne peut guère redresser ces phrases qu'en y ajoutant ou en en changeant quelques termes. On dirait, par exemple, *il leur a donné leur grâce, et nous a refusé la nôtre,* ou *il leur a fait grâce et il a agi différemment avec nous; il vous rend bien justice sous tel rapport, et ne fait pas de même sous tel autre.*

406. — Le rapport d'un pronom personnel et d'un pronom en général doit être distinct, et sans équivoque. Or, on ne pourrait dire, *La Fontaine a été aussi loin qu'Ésope dans tout ce qu'*IL *a fait de meilleur,* parce qu'on ne sait si le pronom *il* se rapporte à *Ésope* ou à *La Fontaine.* En mettant *celui-ci* à la place de *il,* on fait disparaître l'ambiguité : *La Fontaine a été aussi loin qu'Ésope dans ce que* CELUI-CI *a fait de meilleur.*

Des pronoms démonstratifs.

407. — CE, au commencement d'une phrase, se répète dans le second membre de la phrase, lorsque ce second membre commence par le verbe *être*, et qu'il est suivi d'un autre verbe. *Ce qu'il y a de plaisant, c'est qu'il croit... Ce qui me fâche le plus, c'est que...*

408. — Il est mieux de répéter *ce* avant le second membre de la phrase, lorsque ce membre peut se placer le premier : *une des premières qualités d'un roi, c'est la fermeté; la cause de ce malheur, c'est vous.* Ici la

seconde partie de la phrase peut se placer au commencement : *la fermeté est une des premières qualités ; c'est vous qui êtes la cause.*

409. — Mais *ce*, joint à un pronom relatif et suivi du verbe *être* et d'un nom pluriel, doit nécessairement se répéter ; il faut donc dire, *ce que vous dites là* CE SONT *des puérilités*, et non *ce que vous dites là* SONT. Partout ailleurs, c'est le goût et l'oreille qui décident de la répétition ou de la suppression de *ce*.

Le seul moyen d'obliger les gens à dire du bien de nous, est d'en faire ou *c'est d'en faire*.

410.—L'emploi de *celui*, *ceux*, *celle*, *celles*, est plus régulier lorsqu'ils sont suivis d'un relatif ou d'un autre nom qui détermine l'objet que ces pronoms concourent à représenter : *celui qui parle*, *celle qui écoute*, *ces livres sont ceux de mon ami*. Ainsi, au lieu de dire, *celles achetées hier et celles vendues aujourd'hui*, *ceux livrés*, *ceux reçus*, il est mieux de rétablir le relatif et de dire, *celles qui ont été achetées*, *celles qui ont été vendues*, etc.

411. — *Celui-ci*, *celle-ci*, *ceci*, se disent des objets les plus rapprochés de la personne qui parle ; *celui-là*, *celle-là*, *cela*, des choses les plus éloignées : *je préfère* CELLE-CI *à* CELLE-LA ; *Héraclite et Démocrite étaient d'un caractère bien différent :* CELUI-CI *riait toujours*, CELUI-LA *pleurait sans cesse.*

Des pronoms possessifs.

412. — Un pronom *possessif* n'est régulièrement employé que quand il se rapporte à un nom précédemment énoncé dans la même phrase : *voilà* VOTRE *bien*, *voici le* NÔTRE. N'imitez donc pas ce style trop fréquemment barbare du commerce : *j'ai reçu* LA VÔTRE, *conformez-vous à* LA NÔTRE (1).

---

(1) Ne dites pas non plus, *j'ai reçu votre honorée*, mais simplement *votre lettre* ; vous gagnerez en régularité plus que vous ne perdrez en courtoisie ; ou, tout au moins, dites *votre honorée lettre*.

413. — *Le mien, le tien, le sien, le nôtre, le vôtre, le leur*, ne se disent absolument que quand ils sont employés comme noms, LE TIEN *et* LE MIEN *sont la source de bien des querelles, n'ajoutons rien du* NÔTRE ; *vous serez bien reçus vous et* LES VÔTRES, *êtes-vous* DES NÔTRES ?

Des pronoms relatifs.

414. — Le pronom relatif doit toujours être du même genre, du même nombre et de la même personne que son antécédent : *c'est* MOI QUI *ai vu et* QUI *suis venu ;* TOI QUI *as vu et* QUI *es venu ;* LUI QUI *a vu et* QUI *est venu ;* NOUS QUI *avons vu et* QUI *sommes venus ; c'est* VOUS QUI *avez vu et* QUI *êtes venus*, etc. Ainsi, ce vers de Racine n'est pas correct :

Il ne voit à son sort que MOI QUI *s'intéresse.*

Le relatif *qui* étant comme son antécédent *moi*, de la première personne, il faut *qui* M'*intéresse.*

415. — Lorsque l'antécédent du relatif est un adjectif précédé d'un article, c'est cet adjectif qui détermine le nombre et la personne du relatif : *vous êtes* LE SEUL QUI *l'*AIT *fait*, et non *qui l'ayez fait.* (ACAD.) — *Vous êtes* LE PREMIER QUI AIT OSÉ *faire une telle entreprise*, et non *qui ayez osé ; faites-vous partie des* CENT CINQUANTE QUI ONT VOTÉ *contre le projet ?* Parce que, dans ce cas, il y a ellipse de quelque nom ; c'est comme s'il y avait, *vous êtes le seul homme qui l'*AIT FAIT, *le premier homme qui* AIT *osé*, etc.

416. — Mais si l'adjectif conservait sa qualité d'adjectif, c'est-à-dire s'il n'était point précédé de l'article, le relatif prendrait le genre, le nombre et la personne, non du sujet du verbe précédent, comme le dit un grammairien suivi, mais du nom ou du pronom auquel se rapporte cet adjectif : *cette nouvelle fut foudroyante pour nous* TROIS, QUI DEVIONS *renoncer à l'espoir de revoir notre patrie ; il n'y avait que nous* DEUX QUI ÉTIONS, *que vous* TROIS QUI ÉTIEZ ; *vous êtes ici* PLUSIEURS QUI POUVEZ...

417. — De ce principe il résulte qu'il faut dire : *nous sommes* LES DEUX QUI ONT ÉCHAPPÉ *au naufrage, et nous sommes* DEUX QUI AVONS ÉCHAPPÉ *au naufrage.*

De la place des pronoms relatifs.

418. — Dans une phrase bien faite, le pronom relatif doit être immédiatement après son antécédent. Il ne serait donc pas correct de dire, *il se trouvait un homme au milieu de l'assemblée* QUI *cria d'une voix tonnante..*; il faudrait tourner la phrase de manière que le relatif suivît son antécédent, et dire, *au milieu de l'assemblée se trouvait un homme* QUI *cria...*

419. — Cependant, quoique le relatif ne suive pas immédiatement l'antécédent, on dit bien, *ce sont les quatre points de l'horizon* AUXQUELS *on rapporte tous les autres*, parce que la conformation du pronom *auxquels* en indique clairement la relation.

420. — QUI, précédé d'une préposition, ne se dit que des personnes ou des choses personnifiées : *la dame* A QUI *je parle ; bois* A QUI *je compte mes peines.*

421. — DONT marque la relation : *l'affaire* DONT *je vous ai entretenu, la maladie* DONT *il est mort.*

422. — D'où marque plus spécialement le lieu : *le pays* d'où *je viens ; le péril* d'où *l'on m'a sauvé.*

423. — Mais quand il s'agit de l'origine des personnes, il faut préférer *dont* à *d'où : la famille* DONT *elle sort, le héros* DONT *elle descend.* (ACAD.)

Remarques diverses sur les pronoms relatifs.

424. — QUE est presque toujours régime direct : *le livre* QUE *je lis.* Quelquefois, cependant, il contient une préposition, comme dans ces phrases : *l'hiver* QU'*il fit si froid*, c.-à-d. *pendant lequel ; les six mois* QU'*il a voyagé*, c.-à-d. *pendant lesquels ;* QUE *sert-il*, QU'*est-il nécessaire de crier*, c.-à-d. *à quoi sert-il*, etc. (ACAD.)

425. — Y se supprime avant le futur *j'irai*, et le conditionnel *j'irais* : on dit donc, *je suis invité à cette soirée*, *mais je* N'IRAI *pas*, et non *je n'*Y IRAI *pas* : c'est une raison d'harmonie qui a donné lieu à cette suppression.

426. — *Le*, pronom, est quelquefois elliptique ; c'est lorsqu'il représente un membre de phrase, comme dans *ces personnes sont plus instruites que vous ne* LE *pensez*, c.-à-d. plus instruites que vous ne pensez *qu'elles sont instruites*. Quoique l'exactitude grammaticale exige que ce pronom soit exprimé, l'Académie, d'accord avec l'usage, le supprime souvent ; elle dit indifféremment, *il pense être plus habile homme qu'il* N'EST ou *qu'il* NE L'EST ; *il n'en ira pas de cela comme* VOUS PENSEZ, pour *comme* VOUS LE PENSEZ ; *il faut avoir la berlue pour juger comme* VOUS FAITES, pour *comme* VOUS LE FAITES, etc.

Des pronoms indéfinis.

427. — CHACUN demande à être suivi tantôt de *son*, *sa*, *ses*, tantôt de *leur*, *leurs*.

428. — *Chacun* est suivi de *son*, *sa*, *ses*, dans deux cas :

1° Lorsqu'il n'y a point de pluriel énoncé : *remettez à chacun* SA *part* ; 2° lorsqu'il est précédé d'un pluriel, et qu'il se trouve après le régime direct : *remettez ces livres*, *chacun à* SA *place* ; *ils apportèrent des offrandes*, *chacun selon* SES *moyens*. (ACAD.)

429. — *Chacun* prend *leur*, *leurs*, dans deux cas :

1° Lorsqu'il précède le régime direct : *donnez-leur à chacun* LEUR *part* ; *ils ont rempli chacun* LEUR *devoir*.

2° Lorsque le verbe n'a point ou ne saurait avoir de régime direct : *ces trois généraux commandaient alternativement chacun* LEUR *jour*. (ACAD. au mot *jour*.) *Ils s'en sont allés chacun de* LEUR *côté*. (ACAD., au mot *chacun* (1).

---

(1) Les principes de Girault-Duvivier et d'un grammairien suivi

430. — L'UN ET L'AUTRE signifie une personne et une autre personne, ou un objet et un autre objet; *apportez* L'UN ET L'AUTRE, *j'ai parlé à* L'UN ET A L'AUTRE.

431. — L'UN L'AUTRE s'emploie pour exprimer la réciprocité : *ils s'aident*, *ils s'aiment* L'UN L'AUTRE.

Mais la réciprocité n'autorise pas à supprimer la préposition qu'exige le verbe par lequel ce pronom peut être régi. Il faut donc dire, *ils se nuisent l'un* A *l'autre*, *ils se succèdent l'un* A *l'autre*, etc., et non, *ils se succèdent*, *ils se nuisent l'un l'autre*.

432. — Lorsque les objets représentés par ces pronoms sont divisés seulement en deux parties, il faut dire, *les uns*, pour la première partie, et *les autres*, pour la seconde : LES UNS *étudiaient et* LES AUTRES *jouaient*.

433. — Pour les divisions en plus de deux parties, il faut représenter la première partie par *les uns*, et chacune des parties suivantes par *d'autres* : LES UNS *allaient directement devant eux*, D'AUTRES *à droite*, D'AUTRES *à gauche*, *et* D'AUTRES *encore restaient immobiles*.

434. — *Remarque*. — Lorsqu'il s'agit de plus de deux objets, il est mieux d'employer ce pronom au pluriel : *les poissons se mangent* LES UNS LES AUTRES, et non *l'un l'autre*. Cependant on trouve dans l'Académie, *on va appeler tous les soldats* L'UN APRÈS L'AUTRE (au mot *appeler*).

435. — ON, quoique ordinairement du masculin et du

---

sont en contradiction avec ces exemples de l'Académie. L'opinion de ces grammairiens est que *chacun*, précédé d'un pluriel, prend *son, sa, ses*, quand il n'a pas de régime direct; ils disent donc, *ils ont opiné chacun à* SON *tour*.

Mais outre que l'Académie est opposée à ce principe, ne serait-ce pas une bizarrerie inexplicable que de dire, *nous vivons chacun en* NOTRE *particulier, vous vivez chacun de* VOTRE *côté*, en mettant les adjectifs possessifs *notre* et *votre* en relation avec le sujet *nous, vous*; et *ils vivent chacun de* SON *côté*, en mettant l'adjectif possessif en relation non avec le sujet *ils*, mais avec *chacun*?

singulier, désigne dans quelques circonstances si précisément une femme, qu'alors il est féminin : ON *n'est pas toujours* JEUNE *et* BELLE ; *quand* ON *est* DOUCE *et* PRÉVENANTE, *on obtient tout de son mari.*

436. — *On*, peut aussi se prendre dans une idée de pluralité, mais seulement avant un nom, et à l'aide de l'article *des* : ON *n'est pas* DES *esclaves pour essuyer de si mauvais traitements.* (ACAD.) (1).

436 *bis.* — On dit quelquefois *l'on* pour *on*, et particulièrement après *et*, *si*, *ou*. Mais on a été trop loin en en faisant un principe absolu : l'Académie dit aussi souvent *si on*, *et on*, que *si l'on*, *et l'on*, etc., etc. (*Voir* page 61).

437. — QUICONQUE signifiant *qui que ce soit qui*, n'imitez pas ceux qui disent QUICONQUE *d'entre eux* QUI *oserait*, QUICONQUE *de votre famille ou de vos amis* QUI *viendra nous voir sera bien reçu*; ces deux *qui* sont de trop, il faut *quiconque d'entre eux oserait*, *quiconque viendra.*

438. — RIEN est le plus souvent pronom indéfini : RIEN *n'est beau comme le ciel. Rien* est nom commun lorsqu'il signifie *chose de nulle importance*; alors il prend le signe du pluriel : *s'arrêter*, *s'amuser à des* RIENS, *grand diseur de* RIENS.

CHAPITRE VII.

DU VERBE.

1° *Du sujet.*

439. — Il n'y a que les verbes à un mode personnel qui puissent avoir des sujets :

---

(1) L'Académie rejette donc ce principe d'un grammairien suivi, que quand le sens de *on* indique évidemment qu'il désigne plusieurs personnes, ce qui arrive bien souvent, l'adjectif et le participe qui s'y rapportent prennent la marque du pluriel.

Mon frère ÉCRIT, *votre ami vous* APPELLE.
L'impératif seul fait exception.
Viens, courons, marchez.

440. — De ce principe il résulte qu'un sujet placé avant un temps de l'infinitif est le sujet, non de ce temps, mais de quelque autre verbe suivant.

Il faut donc dire, *Alexandre* AYANT SAISI *les meurtriers de Darius, son ennemi, les* FIT *périr*, et non IL *les fit périr*, parce que *Alexandre* étant le sujet de *fit*, il serait incorrect de donner à ce verbe le pronom *il* pour second sujet.

Nous avons vu, *page* 36, qu'un verbe ayant plusieurs sujets, se met au pluriel : *mon frère et ma sœur jouent.*

441. — Cependant, quoiqu'il ait plusieurs sujets, le verbe reste au singulier :

1° Lorsque ces sujets sont synonymes : *une équité, une probité intacte* FAIT *le fond de son caractère.* — *Dans tous les âges de la vie, l'amour du travail, le goût de l'étude* EST *un bien.*

442. — *Remarque.* Répétons encore qu'entre les expressions synonymes, il ne faut pas se servir de la conjonction *et* : il serait donc incorrect de dire, *l'amour du travail* ET *le goût de l'étude est un bien.*

443. — 2° Lorsque les sujets sont placés par gradation : *la détonation d'une arme à feu, le cri des animaux, l'obscurité, le silence même l'*EFFRAIE, *Ne reculez pas devant ce sacrifice : votre intérêt, votre honneur, Dieu vous le* COMMANDE.

Commande reste au singulier, parce que le dernier sujet, *Dieu*, est l'expression dominante : l'intérêt s'efface devant l'honneur, l'honneur humain devant Dieu. Dieu seul reste, et seul fait la loi au verbe. (DOMERGUE.)

444. — 3° Lorsque les sujets sont résumés par une des expressions *personne, nul, rien, tout.*

Vous n'êtes point à vous, le temps, les biens, la vie,
Rien ne vous *appartient, tout* est à la patrie.

Ni grands, ni riches, ni petits, *nul* enfin ne *peut* se soustraire à la mort.

Dans ces sortes de phrases, il y a ellipse d'un verbe au pluriel ; c'est comme si l'on disait, ni les grands, ni les riches *ne peuvent*, *nul* enfin ne *peut*.

445. — 4° Lorsqu'un seul des sujets unis par la conjonction *ou* doit faire l'action exprimée par le verbe, ce qui arrive toujours lorsqu'il s'agit de faits particuliers :

Votre père OU *votre oncle* SERA *maire de cette ville;*
Mon frère OU *mon ami vous* SERVIRA *d'interprète,*
La douceur OU *la violence en* VIENDRA *à bout;*
Ou l'amour OU *la haine en* EST *la cause;*

446. — Dans ce cas même, cependant, si les sujets sont de différentes personnes, il faut mettre le verbe au pluriel, et à celle des personnes qui a la priorité : *mon frère* OU *moi* FERONS *la réponse à cette lettre.* (ACAD.)

447. — Mais lorsqu'il s'agit de faits généraux, d'une sorte de maxime, *ou* a la valeur de *et;* le verbe alors s'accorde avec tous les sujets et non avec un seul.

La peur OU *la misère* ONT FAIT *commettre bien des fautes.* (ACAD.) Ici il ne s'agit plus d'un fait particulier, auquel, dans le doute, on donne pour motif *la peur* OU BIEN *la misère;* on pose en principe général, que *la peur* ET *la misère ont fait commettre bien des fautes.*

Le bonheur OU *la témérité* ONT PU *faire des héros.* (MASSILLON.)

La peur OU *le besoin* FONT *tous les mouvements de la souris.* (BUFFON.)

Le temps OU *la mort* SONT *nos remèdes.* (J.-J. ROUSSEAU.)

Le roi boit! est une acclamation usitée dans les repas du jour des Rois, *lorsque le roi* OU *la reine de la fève* BOIVENT. (ACAD., au mot *boire.*)

Bredouille signifie *jeton* OU *pavillon qui* SERVENT *à marquer que...* (ACAD.)

On dirait donc :

La bravoure OU *la vanité lui* A FAIT *tenir ce langage*, parce qu'il s'agit d'un fait isolé qu'on attribue à la bravoure *ou* à la vanité.

La bravoure OU *la vanité* ENFANTENT *parfois des traits sublimes*, parce qu'on parle en général, parce qu'il est du propre de ces deux sentiments d'enfanter, de produire des traits sublimes.

La cupidité OU *la vengeance l'*A *porté à ce crime.*

La cupidité OU *la vengeance* PORTENT *souvent aux crimes.*

Du reste, lorsque les deux sujets concourent l'un et l'autre à faire l'action, il vaut mieux se servir de *et.*

448. — 1re *Remarque.* — Lorsque les sujets sont liés par *ni*, le verbe s'accorde avec tous les sujets :

NI *l'amour* NI *la haine ne nous* SUIVENT *dans le tombeau.*

NI *l'or* NI *la grandeur ne nous* RENDENT *heureux.*

NI *l'un* NI *l'autre* N'ONT *fait leur devoir* (1).

449. — Cependant, si la phrase exprime une idée telle que l'un des sujets seulement doive faire l'action exprimée par le verbe, ce verbe alors ne s'accorde qu'avec le dernier de ces sujets :

NI *l'un* NI *l'autre n'*EST *l'homme qu'il me faut.*

NI *le maire* NI *le préfet ne* PRÉSIDA *l'assemblée.*

450. — 2e *Remarque.* — *L'un et l'autre* EST *bon ou*

---

(1) L'Académie dit aussi *ni l'un ni l'autre n'*A FAIT *son devoir.* Et en cela elle se fonde probablement sur ce que ni l'un ni l'autre correspond au mot latin *neuter,* avec lequel on met le verbe au singulier. Et sur ce point on trouve dans nos plus grands auteurs une foule d'exemples tour à tour au pluriel et au singulier.

Racine a dit : NI *cet asile* NI *mon courroux n'*ONT PU ;
Et ailleurs : NI *crainte* NI *respect ne m'en* PEUT *détacher.*
Boileau : NI *l'un* NI *l'autre ne* DOIT *être mis en parallèle.*
Voltaire : *La vertu* NI *le temps ne l'*ONT *point* EFFACÉE ;
Et ailleurs : NI *l'une* NI *l'autre manière n'*EST *élégante.*
La Fontaine : NI *l'or* NI *la grandeur ne nous* RENDENT *heureux* ;
Et ailleurs : NI *mon grenier* NI *mon armoire ne se* REMPLIT *à babiller.*

Après de telles autorités, le singulier ne peut certainement pas être regardé comme une faute; mais ce qui nous fait préférer le pluriel, c'est que nous voyons dans *ni* un terme correspondant à la conjonction *et,* accompagnée d'une négative. Or, le même principe qui nous fait dire *Pierre* ET *Paul viendront,* nous fait préférer le pluriel dans *ni Pierre ni Paul ne viendront,* idée qui correspond à cette phrase irrégulière *Pierre* ET *Paul ne viendront pas.*

SONT *bons*, dit l'Académie. Ici encore nous préférons le pluriel : *l'un et l'autre vous aiment* (1).

451. — 3e *Remarque.* — De deux noms unis par *comme*, *de même que*, *ainsi que*, *aussi bien que*, le premier seul est sujet, parce que ces conjonctions, au lieu de réunir les personnes et les choses, ne font que les comparer :

Le fils, COMME *le père*, EST *doux et affable*, c.-à-d. est doux et affable comme son père est ou était doux et affable.

La force de l'âme AINSI QUE *celle du corps*, EST *le fruit de la tempérance*, c.-à-d. la force de l'âme *est* le fruit de la tempérance, AINSI QUE celle du corps *est* le fruit de la tempérance.

452. — 4e *Remarque.* — Si le sujet d'un verbe est un collectif. (Voyez page 124.)

453. — 5e *Remarque.* — Le verbe *être*, précédé de *ce*, ne se met à la troisième personne du pluriel que lorsqu'il est immédiatement suivi d'un nom pluriel ou d'un pronom de la troisième personne du pluriel :

CE *sont ces messieurs*, c'*étaient elles* (2).

On dirait donc, en mettant le verbe *être* au singulier :

C'est l'avarice et l'ambition qui troublent le monde; c'est la gloire et les plaisirs qu'il recherche, parce que le nom qui suit immédiatement le verbe *être* n'est pas au pluriel. (ACAD.)

454. — Cependant nous ferons remarquer, 1° que le verbe *être* resterait au singulier, si le nom pluriel était le régime indirect du verbe suivant : c'*est des Arabes que nous vient cet usage*; c'*est des principes de liberté que naissent la plupart des révolutions*. Cet usage nous vient de qui? *des Arabes*. Ce nom est donc le régime indirect de *vient*; la plupart des révolutions naissent de

---

(1) En mettant le singulier avec *l'un et l'autre*, l'Académie se fonde vraisemblablement sur ce que ce mot vient de *uterque*, expression latine avec laquelle le verbe latin se met au singulier.

(2) L'Académie met indifféremment le singulier ou le pluriel, lorsque le verbe *être* est précédé d'une négative; elle dit donc, *ce n'était* ou *ce n'étaient* que festins; et, pour l'harmonie, elle ne met que le singulier lorsque la prononciation amènerait deux fois le son *ce*; au lieu donc de dire, FUSSENT-*ce nos propres biens qu'il fallût sacrifier, nous ne reculerons point*, elle dit FUT-*ce nos propres biens*.

quoi ? *des principes* de liberté : *principes* est donc le régime indirect de *naissent*.

455. — 2° Que dans *si ce n'est* ayant la signification de *excepté*, le verbe *être* reste toujours au singulier : *si ce n'*EST EUX, *quels hommes eussent osé faire cette entreprise?* c.-à-d. *excepté eux*. ACAD.

456. — Plusieurs infinitifs étant sujets d'un verbe ne peuvent, a-t-on dit, vouloir le pluriel : *boire, manger et dormir, c'est leur seule occupation.*

Nous ne saurions partager cet avis, nous dirons *chasser, pêcher, faire de la musique*, et *monter à cheval*, CONSTITUENT, FONT, COMPOSENT *tous leurs exercices*, c.-à-d. l'action de monter à cheval, l'action de pêcher, etc., *constituent, font*, etc.; *manger sans discrétion et boire avec intempérance*, DÉTRUISENT *la santé* (1).

*Etre né grand, et vivre en chrétien n'*ONT *rien d'incompatible.* MASSILLON.

Instruire, persuader, émouvoir SONT *la tâche de l'éloquence.* MASSILLON.

Promettre et tenir SONT *deux.* (ACAD.)

Régime des verbes.

457. — Ce serait exprimer deux fois le même rapport que de dire :

C'est A *vous* A QUI *je veux parler,*
C'est POUR *vous* POUR *qui je travaille,*
C'est EN *cela* EN *quoi j'espère.*

Il faut dire :

C'est *à vous que* je veux parler,
C'est *pour vous que* je travaille,
C'est *en cela que* j'espère.

---

(1) Quand on nous dit, *boire, manger* et *dormir*, C'EST *leur seule occupation*, non-seulement on fait un exemple qui n'a nullement trait à la règle, mais encore qui tourne contre elle, qui la détruit. *C'est* s'y trouvera au singulier ou au pluriel, selon qu'on voudra mettre *occupation* à l'un ou à l'autre de ces nombres : *boire, manger et dormir* CE SONT *leurs seules occupations*. Pourquoi encore n'adopter que le seul verbe *être* après les infinitifs? *Faire, composer, constituer*, etc., ne peuvent-ils pas s'y placer tout aussi bien, sinon mieux ?

Ou encore :
C'est *vous à qui* je veux parler,
C'est *vous pour qui* je travaille,
C'est *cela en quoi j'espère.* (ACAD.)
Il faut préférer la première de ces façons de parler.

458. — *Remarque.* — L'adverbe, comme nous l'avons vu, *page* 86, renfermant en lui une préposition, on ne pourrait dire, *c'est* là où *je demeurais*; la phrase alors contiendrait le vice même que nous venons de signaler; car *là* signifiant *dans cet endroit-là*, et *où*, *dans lequel endroit*, il s'ensuivrait qu'on aurait dit, c'est *dans cet endroit-là*, *dans lequel endroit* je demeurais. Il faut, *c'est là que* je demeurais.

Par la même raison, dites :

C'est DE là QUE *je tire mes marchandises*,
C'est DE *là* QUE *nous vient tel objet*;

Et non, c'est *de là d'où* je tire, *de là d'où* nous vient...

459. — Un nom ou un pronom peut être régi par plusieurs verbes, si ces verbes ne veulent pas un régime différent : *je hais*, *je déteste*, *je méprise le menteur.*

Mais si, de deux verbes, l'un veut un régime direct et l'autre un régime indirect, il faut que chacun d'eux ait son régime.

Le souverain Créateur préside AU *mouvement des astres* et LE *règle*, et non *préside et règle* le mouvement des astres.

460. — Cette règle s'applique aux adjectifs et aux prépositions. On dirait bien :

C'est un bonheur d'être UTILE *et* CHER A *sa patrie*;
Il parle tout à la fois POUR *et* CONTRE *le projet*;

Parce que les adjectifs *utile* et *cher* demandent l'un et l'autre la préposition *à*, et que *pour* et *contre* veulent être immédiatement suivis de leur régime.

Mais *il est* UTILE *et* CHÉRI DE *sa famille*,
Il a parlé CONTRE *et en* FAVEUR DU *projet*,
seraient des phrases incorrectes, parce que *utile* de-

mande la proposition *à*, et *chéri* la proposition *de*. Pour les redresser, il faudrait dire :

Il est utile à sa famille et EN *est* CHÉRI,

Il a parlé CONTRE *le projet et* EN FAVEUR DU *projet.*

De la place du régime à l'égard du verbe.

461. — Lorsqu'un verbe a un régime direct et un régime indirect, le plus court se place le premier :

Donnons à l'étude les loisirs que nous laissent les affaires. En portant la guerre sous les murs de Carthage, Scipion délivra sa patrie d'une ruine probable.

462. — Si les régimes sont d'égale longueur, il vaut mieux placer le régime direct le premier :

Ne sacrifiez pas un présent certain à un avenir douteux.

463. — Cet ordre, cependant, est quelquefois interverti par la nécessité d'être clair. Au lieu donc de dire, *j'ai payé la vaisselle plate qu'on m'a faite avec l'argent que j'ai reçu à valoir sur ma maison*, dites, en commençant la phrase par sa partie la plus longue, *j'ai payé, avec l'argent que j'ai reçu à valoir sur ma maison, la vaisselle plate qu'on m'a faite.*

464. — Quant à la place des mots en général, il faut, pour éviter les équivoques, prendre pour principe de placer les mots régis près des mots régissants.

Ainsi, pour redresser ces phrases de Wailly, *croyez-vous pouvoir ramener ces esprits égarés par la douceur; les maîtres qui grondent ceux qui les servent avec emportement sont les plus mal servis*, il faut, dans la première, placer le nom régi *la douceur* près du regissant *ramener*, et par conséquent dire, croyez-vous *ramener par la douceur* des esprits égarés ; et, dans la seconde, rapprocher la locution adverbiale *avec emportement* du verbe *grondent*, dont elle détermine la signification : les maîtres qui *grondent avec emportement* sont les plus mal servis.

465. — En général, il est mieux, lorsqu'un adjectif

ou un verbe a plusieurs régimes unis pas une des conjonctions *et*, *ni*, *ou*, d'exprimer ces régimes par des mots de même espèce; où, si ce sont des verbes, de les mettre au même temps. Au lieu donc de dire,

Il aime l'étude et à jouer, il est nécessaire de FAIRE *ce voyage*, *et que vous* PARTIEZ *promptement*, dites, *il aime* L'ÉTUDE *et le* JEU *aussi*, *ou il aime à* JOUER *et à* ÉTUDIER; *il est nécessaire que vous* FASSIEZ *ce voyage*, *et que vous* PARTIEZ *promptement*.

466. — Mais on ne peut en faire un principe absolu, c'est le goût seul qui doit en décider. Nous pensons donc avec une foule de bons auteurs, avec Wailly et l'abbé d'Olivet, qu'on ne peut blâmer ces phrases :

Il emploie ses revenus AUX BESOINS *de sa maison et* A VÊTIR *les pauvres de son quartier*; *il faut pour la moitié de votre cavalerie* UN NOMBRE *suffisant d'autres navires*, *et* QUE TOUT SOIT *à portée de s'opposer aux irruptions soudaines*, etc.

Pour moi qu'en santé même un autre monde étonne,
Qui crois l'*âme* immortelle et *que c'est Dieu qui tonne*.
(BOILEAU.)

467. — Le verbe *passif* s'emploie ou sans régime,

Nous avons été trompés;

468. — Ou avec des régimes à l'aide des prépositions *de* et *par*. On met *de* lorsque le verbe exprime un sentiment, et *par* s'il exprime une action du corps ou de l'esprit, ou une action faite par les choses :

Il EST HAÏ DE *ses voisins*.

Ce travail A ÉTÉ CONÇU PAR *une bonne tête*.

Cette jeune personne A ÉTÉ DOTÉE *par son oncle*.

Ce pont A ÉTÉ EMPORTÉ *par les eaux*.

469. — *Remarques*. — L'usage a quelquefois substitué, mais à tort, le régime indirect, *lui*, *leur*, au régime direct *le*, *les*, dans des phrases du genre de celles-ci :

Je LUI *ai vu faire des tours qui me le font mépriser*; *je* LEUR *ai entendu dire des choses fort inconvenantes sur votre compte*.

Lui et *leur* de ces exemples sont des irrégularités. Il faut dire : *je* L'*ai vu faire des tours*, parce que le sens de la phrase est que j'ai vu *lui faisant* des tours, et non j'ai vu *faire à lui* des tours; *je* LES *ai entendus dire des choses*, parce que le sens est j'ai entendu *eux disant* des choses fort inconvenantes.

En n'employant pour tous les cas que *lui*, *leur*, on donnerait fréquemment à la phrase un sens double. Que quelqu'un, par exemple, nous dise, *je* LUI *ai vu faire des offres avantageuses; les fleurs que nous* LEUR *avons vu offrir*, nous ne saurons si la personne dont il est question a fait les offres, ou si c'est à elle qu'on les a faites, etc.

Il faut donc dire, si c'est la personne qui fait des offres,

Je L'*ai vue faire des offres avantageuses*; et si *c'est* à elle qu'on en fait, *je* LUI *ai vu faire des offres*, etc.

De l'emploi des auxiliaires.

470. — Le verbe AVOIR marque l'action : *j'ai frappé*, *j'ai couru*; le verbe ÊTRE, l'état, la situation : *je suis blessé*, *il est mort*. Il s'ensuit donc,

1° Que les verbes ACTIFS exprimant tous une action ou un sentiment, se conjuguent tous avec AVOIR : *j'ai lu*, *j'ai estimé*;

2° Que les verbes PASSIFS exprimant tous un état, une situation, se conjuguent tous avec ÊTRE : *je suis étonné*, *elle est chérie*.

471. — Cependant, quoiqu'il y ait action, une raison d'euphonie a fait préférer *être* à *avoir* pour tous les verbes qui se conjuguent avec deux pronoms de la même personne. On dit donc, *je me* SUIS *habillé*, *il s'en* EST *allé*, *nous nous* SOMMES *promenés*, pour éviter ce qu'il y aurait de dur dans *je* M'AI *habillé*, *il s'en* A *allé*, *nous nous* AVONS *promenés*. Jusqu'ici, il n'y a aucune exception.

472. — Mais le principe est loin d'être aussi général à l'égard des verbes *neutres*, que nous diviserons en quatre catégories : 1° en verbes neutres marquant

l'action, et néanmoins se conjuguant avec *être*; 2° en verbes neutres marquant tour à tour l'action et l'état, et prenant alors tantôt *avoir* et tantôt *être*; 3° en verbes neutres prenant indifféremment *avoir* ou *être*; 4° et en verbes neutres dont la signification varie selon l'auxiliaire qui les accompagne.

1° *Des verbes neutres marquant l'action et se conjuguant néanmoins avec* ÊTRE.

473. — La plupart des verbes neutres marquant l'action prennent l'auxiliaire AVOIR : *j'ai marché, tu as couru, il a voyagé, nous avons ri*, etc.

474. — Il faut en excepter *aller, arriver, décéder, éclore, entrer, mourir: naître, venir*, et ses composés *intervenir, parvenir, revenir*, qui prennent l'auxilaire *être*, par la raison que, dans leurs temps composés, au lieu de marquer la transition d'un état à un autre, ces verbes expriment tout simplement une action accomplie, un fait consommé : *il* EST ALLÉ *à Rome* ; *je* SUIS ARRIVÉ *d'hier* ; *il* EST DÉCÉDÉ *à quatre-vingt-dix ans* : *les petits* SONT ÉCLOS; *il* EST MORT *d'apoplexie*.

475. — Quant aux verbes *convenir, contrevenir, subvenir*, autres composés de *venir*, voyez *page* 171.

2° *Des verbes neutres marquant tour à tour l'action et l'état, et prenant conséquemment tantôt* AVOIR *et tantôt* ÊTRE.

476. — Parmi les verbes neutres ayant cette double fonction, nous citerons ceux qui pourraient être la cause de quelque doute, en les faisant suivre d'exemples tirés de l'Académie, et en signalant encore les dissentiments qui règnent entre elle et quelques grammairiens suivis.

477. — Ces verbes sont *cesser, croître, décroître, déchoir, dégénérer, descendre, échoir, empirer, expirer, partir, passer, sortir, tomber, vieillir.*

478. — Selon qu'on l'a déjà dit, *page* 165, s'agit-il d'exprimer une action, la transition d'un état à un

autre, il faut l'auxiliaire *avoir* ; est-il question d'exprimer simplement l'état, la situation, il faut l'auxiliaire *être*.

479. — **CESSER** prend *avoir* quand on a en vue d'indiquer qu'une chose a passé d'un état d'activité à un état de repos : *la goutte* A CESSÉ *de le tourmenter : sa fièvre* A CESSÉ, c.-à-d. a passé d'un état d'activité à un état de repos. Il prend *être* si l'on a intention de marquer le repos : *sa fièvre* EST CESSÉE. (ACAD.)

480. — **CROITRE**. *La rivière* A CRÛ *de deux pouces,* c.-à-d. le niveau de l'eau s'est porté d'un point à un point plus élevé : il y a là une action qui motive l'emploi du verbe *avoir*.

La rivière EST CRUE marque une augmentation de l'eau, abstraction faite de toute idée d'action. (ACAD.)

C'est encore par les mêmes considérations qu'on dit, *la rivière* A DÉCRU *de deux pouces dans la nuit; les eaux* SONT *bien* DÉCRUES.

481. — **DÉCHOIR**. *Depuis ce moment, il* A DÉCHU *de jour en jour,* c.-à-d. il a passé d'un état, d'une position plus avantageuse, à un état, à une position moins avantageuse. Il y a donc action.

Il EST *bien* DÉCHU de son crédit, c.-à-d. il *est*, il se trouve dans la situation d'un homme dont le crédit a diminué.

C'est par les mêmes motifs qu'on dit, *cette race* A *bien* DÉGÉNÉRÉ, *cette race* EST *bien* DÉGÉNÉRÉE. (ACAD.)

482. — **DESCENDRE**. *Il* A DESCENDU *bien promptement,* c.-à-d. il s'est transporté d'un lieu plus haut dans un lieu plus bas. *Il était monté, mais il* EST *descendu,* c.-à-d. il *est*, il *se trouve* en bas. (ACAD.)

483. — **DISPARAITRE**. *Il* A DISPARU *de sa cour, ce banqueroutier* A DISPARU, c.-à-d. a passé d'un lieu à un autre. *Sa femme* EST DISPARUE, c.-à-d. est absente. (ACAD.)

484. — **EMPIRER**. *Sa maladie* A *beaucoup* EMPIRÉ dans la nuit, c.-à-d. a passé d'un état mauvais à un état pire : il y a donc action. *Sa maladie* EST EMPIRÉE, c.-à-d. il *est*, il se *trouve* dans un état pire.

485. — **EXPIRER**, signifiant mourir, rendre l'âme, se conjugue avec *avoir* : *il* A EXPIRÉ *dans mes bras.*

Dans le sens de prendre fin, arriver à un terme, *expirer* se dit des choses. Dans ce cas, il prend *avoir* pour marquer la transition d'une époque non terminée au moment où elle prend fin : *son bail*

A EXPIRÉ *à la Saint-Jean, et le mien* A EXPIRÉ *hier* (1). — Il prend *être*, s'il est question d'un bail, d'une trève, d'une époque quelconque arrivée à son terme : *les délais* SONT EXPIRÉS ; *ce temps* EXPIRÉ, *aucune réclamation ne pourra être admise*. (ACAD.)

486. — **ÉCHOIR.** Quoiqu'on ne trouve point dans l'Académie d'exemple où ce verbe soit conjugué avec *avoir*, nous pensons qu'il est correct de dire, *mon billet* A *échu hier*, pour dire a passé d'une époque non terminée à une époque préfixe ; et *mon billet* EST ÉCHU *d'hier*, c.-à-d. *est, se trouve* au terme fixé de son échéance.

487. — **PARTIR** se conjugue en général avec *être* : *je* SUIS PARTI, *elles* SONT PARTIES.

Cependant, il prend *avoir* lorsqu'il se dit d'une arme à feu dont le coup part : *le fusil* A *parti* tout à coup. (ACAD.)

PASSER. *Il* A PASSÉ *par Lyon ; l'armée* A PASSÉ *par ce pays-là ; il* A PASSÉ *comme un éclair ; le coup lui* A PASSÉ *sous le bras ; le boulet lui* A PASSÉ *près de la tête ; il* A PASSÉ *en Amérique en tel temps ; ce mot* A PASSÉ *de l'italien dans le français*, A PASSÉ *dans notre langue*, etc. Dans ces exemples, PASSER est avec *avoir*, parce qu'il y a transport d'un lieu à un autre.

Il EST PASSÉ *en Amérique depuis un an*, c.-à-d. il *est, il se trouve* en Amérique depuis un an ; *il* EST PASSÉ *de l'autre côté de l'eau* ; c.-à-d. il *est*, il se *trouve* de l'autre côté de l'eau.

PASSER, dans le sens de *mourir*, prend *avoir* pour marquer la transition de la vie à la mort : *il* A *passé* comme une chandelle ; et *être* pour marquer l'état : *il* EST *passé*, c.-à d. *il est mort*.

PASSER signifiant finir, cesser, prend indifféremment *avoir* ou *être* : *les paniers de femmes* ONT *depuis longtemps* PASSÉ *de mode*, ou SONT PASSÉS *de mode* ; *la fantaisie m'en* EST PASSÉE ; *l'envie m'en* EST PASSÉE ; *la faim lui* A PASSÉ. (ACAD.)

PASSER, en termes de palais, ne prend que l'auxiliaire *avoir* : *cette affaire* A PASSÉ *contre l'avis du rapporteur*, c.-à-d. *a été jugée* ; *la loi* A PASSÉ, c.-à-d. *a été portée, a été rendue*. (ACAD.)

488. — **SORTIR** prend *avoir* lorsqu'il y a eu sortie et retour : *il* A SORTI *plusieurs fois avant déjeuné*.

☞ SORTIR prend *être*, lorsque celui qui est sorti n'est pas encore de retour : *il* EST SORTI, *mais il va rentrer* ; *je suis seul à la maison, tout le monde* EST SORTI.

---

(1) Ce principe d'un grammairien suivi, que le verbe *expirer* se conjugue avec *avoir* pour les personnes, et avec *être* pour les choses, manque donc d'exactitude.

SORTIR est quelquefois actif, et peut conséquemment avoir u régime direct ; *il est temps de* SORTIR *les orangers des serres;* SORTE*z* *ce cheval de l'écurie; on l'a* SORTI *d'une affaire fâcheuse.* (ACAD.)

489. — **TOMBER** se conjugue le plus souvent avec *être : il a voulu courir, et il* EST TOMBÉ; *le tonnerre* EST TOMBÉ; *toutes les dents lui* SONT TOMBÉES.

Mais lorsque avec *tomber* on détermine la durée de la chute, ce verbe prend l'auxiliaire *avoir*; la raison en est qu'on peint une action en train, et non une action consommée : *les poëtes disent que Vulcain* A TOMBÉ *du ciel pendant un jour entier.* (ACAD.)

En conséquence de cet exemple de l'Académie, on peut dire : *ce ballon, après s'être élevé à perte de vue,* A TOMBÉ *pendant dix minutes sans toucher à terre, et s'est ensuite porté à une hauteur ordinaire; la pluie* A TOMBÉ *pendant deux jours.*

490. — **VIEILLIR.** *Il* A VIEILLI *dans le service ; cet homme* A VIEILLI, c.-à-d. a passé d'un âge, d'un air plus jeune, à un âge, à un air plus vieux; *je le trouve bien* VIEILLI, *il* EST *bien* VIEILLI, c.-à-d. il *est*, il *a l'air* plus vieux. (ACAD.)

3° *Des verbes neutres prenant indifféremment* AVOIR *ou* ÊTRE.

491. — L'Académie conjugue indifféremment avec *avoir* ou avec *être* les verbes *accourir, apparaître* et *résulter*.

ACCOURIR. *Je* SUIS ACCOURU *au bruit, je* SUIS ACCOURU *pour la fête, ses amis* ONT ACCOURU *pour le féliciter.*

492. — **APPARAITRE** se conjugue comme *paraître*, mais avec cette différence, dit l'Académie, que *apparaître* prend indifféremment les deux auxiliaires : *elle croyait qu'un spectre lui* ÉTAIT APPARU, ou *lui* AVAIT APPARU ; *cet homme m'*EST APPARU *au moment où je le croyais très-loin.* (ACAD.)

493. — **RÉSULTER.** *Qu'*A-*t*-il RÉSULTÉ *de là?* ou *Qu'en* EST-*il* RÉSULTÉ?

4° *Des verbes neutres dont la signification varie selon l'auxiliaire qui les accompagne.*

494. — Il est des verbes neutres qui changent de signification en changeant d'auxiliaire; tels sont *convenir, demeurer, échapper, rester.*

495. — **CONVENIR**, dans le sens de demeurer d'accord, se conjugue avec *être* ; *il* EST CONVENU *lui-même de sa méprise*; *ils* SONT CONVENUS *de se trouver en tel lieu.*

CONVENIR, dans le sens de *plaire, agréer, être convenable*, prend *avoir* : *cette maison m'*A CONVENU, *et je l'ai achetée; ce domestique ne m'*AYANT *pas* CONVENU, *je ne l'ai point arrêté; cette place lui* AURAIT *bien* CONVENU. (ACAD.)

496. — **DEMEURER** ne prend l'auxiliaire *avoir* que pour signifier *habiter, tarder, employer du temps* : *il* A DEMEURÉ *dans cette rue; j'*AI DEMEURÉ *à Paris, à Lyon; il* A DEMEURÉ *longtemps à ce travail; sa plaie* A DEMEURÉ *trois mois à se fermer.*

DEMEURER, dans tous les autres cas, se conjugue avec *être* : *nous* SOMMES DEMEURÉS *là deux heures sur nos jambes; deux mille hommes* SONT DEMEURÉS *sur le carreau; les choses en* SONT DEMEURÉES *là* (ACAD.) (1).

497. — **S'ÉCHAPPER DE**, c'est *s'évader, s'esquiver*; dans ce sens, il a une signification active : *il* S'EST ÉCHAPPÉ *des mains des ennemis, il s'*EST ÉCHAPPÉ *du feu, du naufrage, de la prison*, etc.; et, au figuré, *des pleurs* S'ÉCHAPPÈRENT *de mes yeux, des sanglots* S'ÉCHAPPAIENT *de ma poitrine.* (ACAD.)

Partout ailleurs, il faut dire *échapper à* : ÉCHAPPER A *la fureur, à la poursuite des ennemis;* ÉCHAPPER *à la tempête, au danger.*

Ne dites donc jamais, comme si ce verbe était actif, *j'*AI ÉCHAPPÉ *une belle occasion, une belle affaire; j'*AI ÉCHAPPÉ *ce vase, et il s'est brisé;* mais *une belle occasion une belle affaire m'*A ÉCHAPPÉ, *ce vase m'*A ÉCHAPPÉ.

Quant à l'auxiliaire de ce verbe, souvent l'Académie lui donne indifféremment *avoir* ou *être* ; *cela m'*AVAIT ou *m'*ÉTAIT ÉCHAPPÉ *de la mémoire; sa canne lui* A ÉCHAPPÉ ou *lui* EST ÉCHAPPÉE *des mains; un cri lui* EST ÉCHAPPÉ, *lui* A ÉCHAPPÉ.

Mais elle fait une nécessité de le conjuguer seulement avec *être*, lorsqu'il s'applique à une chose dite ou faite par imprudence, par indiscrétion, par négligence : *à peine cette parole me* FUT-*elle* ÉCHAPPÉE, *que je sentis mon imprudence; son secret lui* EST ÉCHAPPÉ; *quelques fautes vous* SONT ÉCHAPPÉES *par-ci par-là.*

---

(1) Selon un grammairien suivi, *demeurer* se conjugue avec *avoir*, lorsque le sujet passe d'un état à un autre; et ce principe est suivi de cet exemple : *il a demeuré dix ans en province.* Mais il n'y a là aucune transition d'un état à un autre. De plus, la personne, ainsi que cela arrive pour quelques millions d'âmes, aurait pu ne pas demeurer ailleurs qu'en province, et pourtant il faudrait également l'auxiliaire *avoir* : *il* A DEMEURÉ *toute sa vie en province.* La seule raison, c'est que *demeurer* prend indispensablement *avoir*, lorsqu'il a la signification de *habiter, tarder, employer du temps.*

498. — **RESTER**. *Il* EST RESTÉ *le seul de son parti ; on l'attendait à Paris, mais il* EST RESTÉ *à Lyon*, c.-à-d. il *est*, il *se trouve* à Lyon.

RESTER, dans le sens de *demeurer, séjourner, passer quelque temps* dans un lieu, ne se conjugue qu'avec *avoir* : *il* A RESTÉ *deux mois, il* A RESTÉ *deux jours à Lyon*. (ACAD.)

499. — Quant aux verbes neutres *comparaître, paraître, périr, subvenir* et *contrevenir*, l'Académie ne les conjugue qu'avec *avoir* :

500. — **COMPARAITRE** : *il* A COMPARU.

501. — **PARAITRE** : *Les ennemis* ONT PARU *sur la frontière* : *la troisième livraison* A PARU, et non EST PARUE, comme le dit abusivement la librairie.

502. — **PÉRIR** : *Tous ceux qui étaient sur ce navire* ONT PÉRI.

503. — **SUBVENIR** : *On* A SUBVENU *à ses besoins.*

De l'emploi des temps de l'indicatif et du conditionnel.

504. — Le *présent* se met à la place du *passé*, lorsqu'on veut rendre l'expression plus vive.

Quoique attaqué à l'improviste, il ne se DÉCONCERTE *point*, ACCEPTE *le combat, et* CULBUTE *son ennemi.*

Mais alors il faut que tous les verbes qui expriment l'action qu'on a en vue de peindre soient au même temps ; ils serait donc irrégulier de dire : Il ne se *déconcerte* point, *accepte* le combat, et CULBUTA son ennemi

L'*imparfait* ne pouvant dans aucun cas qu'exprime un fait terminé au moment où l'on parle, il est donc irrégulier de dire, pour une vérité qui est de tous les temps :

Je vous ai prouvé que Dieu ÉTAIT *bon* ;
Je vous ai démontré que la terre ÉTAIT *ronde.*

Car ce serait faire entendre que Dieu a été bon, et qu'il a cessé de l'être, que la terre a été ronde et qu'elle ne l'est plus. Dans ce cas, il faut employer le présent de l'indicatif, et dire :

Je vous ai prouvé que Dieu EST *juste* ;
Je vous ai démontré que la terre EST *ronde.*

On dira donc encore, parce qu'il est question de faits qui existent au moment où l'on parle :

J'ai appris que votre frère EST *préfet*,
On m'a dit que vous ÊTES *ici pour un mois,*

Et non que votre frère *était* préfet, et non que vous *étiez* ici pour un mois.

Le *passé défini* et le *passé indéfini* expriment l'un et l'autre des faits accomplis, une époque écoulée, mais avec cette différence que

Le *passé défini* exige que le jour où l'on parle ne fasse point partie du temps dans lequel on circonscrit l'action :

Il VINT *ici l'an dernier ; je le* VIS *hier au soir.*

Dans ces exemples, le jour où l'on parle ne fait point partie du temps exprimé par *l'an dernier* et *hier* (1).

Quant au *passé indéfini*, il s'emploie pour un temps entièrement passé ou non : *je l'*AI VU *hier, je l'*AI VU *aujourd'hui.*

Le *plus-que-parfait*, comme l'imparfait, donne souvent lieu à un emploi abusif.

Le *plus-que-parfait* n'entre régulièrement dans une phrase que quand, 1° il s'y trouve une autre action relative ; 2° et que l'action exprimée par le plus-que-

(1) C'est donc à tort qu'on pose en principe que le *passé défini* ne se dit que d'un temps *éloigné au moins d'un jour* de l'instant où l'on parle. Par cette expression *un jour*, il semble qu'il soit question de *vingt-quatre heures*. Cependant je puis dire à quatre ou cinq heures du matin, *nous* SORTÎMES *hier du spectacle à onze heures*, quoiqu'il y ait là l'intervalle non d'un jour, mais seulement de quelques heures.

parfait était consommée au moment de l'action relative, comme dans

*J'*AVAIS FINI *quand il entra; ce soldat, qui* AVAIT *bravement* COMBATTU, *tomba frappé d'une balle,* où les plus-que-parfaits *j'avais fini, avait combattu,* expriment des actions consommées, achevées, au moment des actions relatives *entra, tomba.*

Il y a souvent lieu d'employer le *conditionnel* sans qu'il y ait condition : *il pensait qu'on lui* FERAIT *grâce; il s'était imaginé qu'on le* CROIRAIT *sur parole ; on supposait qu'il* REJETTERAIT *cette condition, cependant il y a souscrit; vous nous aviez fait espérer que vos demoiselles vous* ACCOMPAGNERAIENT, etc.

Mais quand il s'agit d'un fait certain, il faut employer le futur : *il nous a donné l'assurance qu'il* AMÈNERA *ses demoiselles, j'ai appris que vous* VOYAGEREZ *cet été,* et non qu'il *amènerait,* que vous *voyageriez.*

De l'emploi des temps du subjonctif.

504 *bis.* — On ne se sert des temps du subjonctif qu'après les verbes qui marquent le *doute,* l'*incertitude,* le *souhait,* le *désir,* la *crainte,* la *volonté,* le *commandement,* la *nécessité,* l'*utilité,* la *permission,* le *consentement,* après les verbes *impersonnels,* après les verbes qui marquent l'interrogation, après les verbes accompagnés d'une négation, et après certaines conjonctions.

505. — Avant d'établir les règles relatives aux temps du subjonctif, rappelons que le *présent* et l'*imparfait du subjonctif* marquent l'un et l'autre un temps *présent* ou un temps à *venir,* que le *passé* et le *plus-que-parfait* marquent l'un et l'autre un temps écoulé.

Mais quoique le *présent* et l'*imparfait* du subjonctif expriment un temps présent ou un temps à venir, que le *passé* et le *plus-que-parfait* marquent un temps écoulé, on ne peut indifféremment employer l'un de ces temps pour l'autre; il existe à ce sujet les cinq règles suivantes.

506. — Avant de les poser, disons toutefois qu'il est indispensable, pour en faire l'application, de remarquer, 1° à quel temps est le premier verbe, sous la dépendance duquel se trouve toujours celui qu'on se propose de mettre au subjonctif; 2° de s'assurer si celui-ci exprime une action présente, ou une action à venir, ou une action passée. En effet, après le *présent de l'indicatif et le futur,* le second verbe s'emploie tantôt au *présent,* tantôt à l'*imparfait,* tantôt au *passé,* tantôt au *plus-que-parfait* du subjonctif, selon le temps exprimé par ce second verbe.

507. — 1re RÈGLE. — Quand le premier verbe est au *présent* de l'indicatif ou au *futur,* il faut mettre le second au *présent* du subjonctif, *si toutefois ce second verbe marque un temps présent ou un temps à venir.*

Je doute qu'il SOIT *en France.*

*Je ne croirai pas qu'*IL VIENNE CE SOIR.

508. — 2e RÈGLE. — Quand le premier verbe est au *présent* de l'indicatif ou au *futur,* il faut mettre le second à l'*imparfait* du subjonctif dans deux cas. Dans le premier cas, il faut ces deux circonstances réunies : 1° que le second verbe marque un temps présent ou un temps à venir; 2° qu'il y ait dans la phrase une expression conditionnelle, *suivie d'un imparfait ou d'un plus-que-parfait.*

Je doute qu'il RESTÂT *à Paris,* SI *des affaires ne l'y* RETENAIENT.

Je ne CROIRAI PAS *que vous* FUSSIEZ *dans cet état,* SI VOUS AVIEZ SUIVI *les conseils de votre docteur.*

Dans le second cas, c.-à-d. après le *présent* de l'indicatif ou le *futur,* on met le second à l'*imparfait* du subjonctif, quand ce second verbe, quoique indiquant un temps passé, présente l'action dans le moment même où elle avait lieu.

Je ne crois pas qu'alors IL EÛT *raison sur ce point.*

Je n'assurerai pas que ce prince VÉCÛT *à l'époque que vous citez.*

509. — 3e RÈGLE. — Quand le premier verbe est au

présent de l'indicatif ou au *futur*, il faut mettre le second au *passé* du subjonctif, lorsque ce second verbe marque *un temps passé absolu*, c.-à-d. sans aucune autre circonstance de temps, sans aucune condition.

Je doute qu'ils AIENT RÉUSSI.
*Je ne présume pas qu'ils l'*AIENT TROUVÉ.
Croyez-vous qu'ils AIENT REÇU *ma lettre?*

510. — 4e RÈGLE. — Quand le premier verbe est au *présent* de l'indicatif ou au *futur*, le second ne se met au *plus-que-parfait* que lorsque 1° ce second verbe marque un temps passé, 2° et qu'il y a dans la phrase une expression conditionnelle.

Je ne pense point qu'ils EUSSENT OBTENU *cette faveur si vous ne les eussiez protégés.*

Je doute que vous EUSSIEZ GAGNÉ *votre procès, si votre avocat n'avait pas fait valoir ce moyen.*

Remarque. Il est bon de dire que *si* n'est pas l'unique expression conditionnelle; cette expression est quelquefois rendue par la préposition *sans,* suivie d'un nom ou d'un pronom, comme *sans vous, sans lui, sans cela, sans votre protection,* etc.

Je ne crois pas qu'ils EUSSENT RÉUSSI *sans vous.* Ces mots *sans vous* sont une expression conditionnelle qui équivaut ici à *si vous ne les eussiez protégés.*

Mais ces mots *sans vous, sans eux, sans cela,* etc., étant appelés à exprimer tour à tour des temps présents, ou des temps à venir, ou des temps passés, c'est par le verbe au subjonctif que cette circonstance de temps doit être rendue.

Exemple: *Je doute qu'il* RÉUSSISSE *sans vous;* ces mots *sans vous* équivalent au présent de l'indicatif *si vous ne le protégez.*

Je doute qu'il RÉUSSÎT *sans vous.* Ici, *sans vous* est mis pour l'imperfait *si vous ne le protégiez.*

Je doute qu'il EÛT RÉUSSI *sans vous.* Ici, *sans vous* est mis pour le plus-que-parfait *si vous ne l'eussiez protégé.*

511. — 5e RÈGLE. — Après l'*imparfait*, les *passés*, le *plus-que-parfait* de l'indicatif et les *conditionnels*, le second verbe se met à l'*imparfait* ou au *plus-que-parfait* du subjonctif. On le met à l'imparfait, s'il marque un *temps présent* ou un *temps à venir*; on le met au plus-que-parfait s'il marque un *temps passé*.

Il ne se doutait pas que vous DEMEURASSIEZ *ici.*

On a exigé qu'il PAYÂT *d'avance.*

Nous ignorions qu'il EÛT ÉTÉ BLESSÉ.

On n'avait d'abord pas cru que nous EUSSIONS *si complétement* RÉUSSI.

512. — Il y a des conjonctions qui veulent toujours les temps du subjonctif, et d'autres qui veulent tantôt le subjonctif, tantôt l'indicatif.

Voici les conjonctions qui veulent le subjonctif :

Afin que, à moins que, avant que, au cas que, en cas que, bien que, encore que, de crainte que, de peur que, jusqu'à ce que, posé que, supposé que, pour que, pourvu que, quelque... que, quoique, sans que, soit que.

Il ne travaille jamais à moins qu'on ne l'y CONTRAIGNE (1re règle).

*Encore que vous m'*AYEZ COMPTÉ *le capital, je réclame les intérêts* (3e règle).

Bien qu'il AIT ÉPROUVÉ *des pertes, il s'atisfait à tous ses engagements* (3e règle).

Ils lui conseillèrent de partir, afin que sa présence CONTRIBUÂT *à rétablir l'ordre* (5e règle).

Nous vous donnâmes ces informations, pour que vous vous MISSIEZ *en mesure* (5e règle).

Telle était son instruction, qu'il parlait de tout, quelle que fût la matière de la conversation, et quelque difficulté que PRÉSENTÂT *cette matière* (5e règle).

513. — Ne confondez pas *tout... que* avec *quel.... que* : *tout... que* veut toujours les temps de l'indicatif, et *quel... que* toujours les temps du subjonctif.

TOUT *savant* QUE *vous* ÊTES, *il vous reste encore bien des choses à apprendre.*

Il ne persuada personne, TOUT *éloquent* QU'*il était,* et non *tout éloquent qu'il* FÛT.

De la conjonction QUE.

514. — *Que* veut le subjonctif, lorsqu'il s'emploie pour éviter la répétition des conjonctions *si, à moins que, avant que, afin que, quoique, soit que, sans que.*

Si vous veniez nous voir, et QUE *vous voulussiez passer quelque temps avec nous, nous vous ferions connaître les curiosités de ce pays*, c.-à-d. SI *vous veniez et* SI *vous vouliez* (5e règle).

Il ne paiera pas QU'*on ne l'y contraigne*, c.-à-d. *à moins* QU'*on ne l'y contraigne* (1re règle).

Il ne partira pas QU'*il n'en ait reçu l'ordre*, c.-à-d. *avant* QU'*il en ait reçu l'ordre* (3e règle).

515. — Il est certaines phrases où les conjonctions sont sous-entendues, comme dans

VIENNE *qui voudra, je ne me dérange plus.*

DUSSIEZ-*vous ne passer avec nous que quelques instants, soyez assez bon pour venir*, c.-à-d. *bien que vous ne dussiez.*

Il vous restera fidèle, DÛT-*il lui en coûter la vie.*

VEUILLE *le ciel entendre mes vœux.*

516. — Les conjonctions qui veulent tantôt le subjonctif et tantôt l'indicatif, sont *sinon que, si ce n'est que, de façon que, de sorte que, de manière que*; elles veulent le subjonctif, si elles accompagnent un verbe qui marque quelque doute, quelque incertitude, quelque ordre; elles veulent l'indicatif, si ce verbe marque l'affirmation, la certitude.

Prenez-vous-y DE SORTE QUE *ces gens n'*AIENT *aucun soupçon de votre démarche.* Il faut le subjonctif *aient*, parce que l'on n'affirme pas que ces gens *ont* ni qu'ils *auront du soupçon* (1re règle).

Ces gens s'y prirent DE TELLE SORTE, QUE *l'on* PÉNÉTRA *leurs intentions. Pénétra* est à un temps de l'indicatif, parce qu'il y a affirmation.

Ce jeune homme obtiendra cet emploi, SI CE N'EST QU'*il y* SOIT *tout à fait étranger* (1re règle).

On ne lui fait aucun reproche à l'égard de ses combinaisons, SI CE N'EST QU'*il ne* SAIT *pas en tirer parti.*

Conduisez-vous DE FAÇON QUE *vous* OBTENIEZ *son estime.*

Il s'est conduit de FAÇON QU'*il* A OBTENU *son estime*,

Emploi des temps du subjonctif par rapport aux pronoms relatifs.

517. — Après les pronoms relatifs *qui, que, dont, lequel, laquelle, où*, on se sert des temps du subjonctif en deux cas :

1° Quand ces pronoms sont précédés de *le seul*, ou de *peu*, ou d'un *superlatif relatif*. On sait que le superlatif relatif n'est rien autre chose qu'un adjectif précédé des mots *le plus*, *le moins*. (*Voir* page 28.)

C'est LA SEULE *personne* QUE *je voie* (1re règle).

Il y avait PEU *de gens* QUI *le connussent* (5e règle).

C'est le livre LE PLUS INTÉRESSANT *que j'aie lu* (3e règle) (1).

2° Après les pronoms relatifs, on se sert des temps du subjonctif quand le verbe qui les suit marque quelque incertitude.

Je cherche quelqu'un QUI PUISSE ME *servir.*
Je vous enverrai un homme QUI SACHE *s'expliquer.*
Il demandait une personne qui VOULÛT *l'obliger.*

Dans ces phrases on ne s'exprime ainsi par les temps du subjonctif, que parce que la personne dont il est question n'étant pas connue, on ne peut affirmer d'elle

---

(1) Mais on ne saurait en faire un principe absolu; car l'Académie dit, avec l'indicatif au mot *fois* :

*C'est la seule fois que je l'*AI VU ou *que je l'*AIE VU.

Au mot *plus*,

LE PLUS *que je* PUIS *faire* ou *que je* PUISSE ; LE PLUS *que vous* POUVEZ *prétendre* ou *que vous* PUISSIEZ *prétendre*; etc.

Remarque. Il y a même des cas où, après les superlatifs relatifs, il faut toujours l'indicatif; c'est lorsqu'on détermine, lorsqu'on désigne telle personne ou telle chose : *c'est au plus grand des grenadiers qui* SONT *dans ce moment près* de vous que l'on attribue cet acte de bravoure.

qu'elle peut servir; qu'elle sait s'expliquer. Si, au contraire, elle est connue, il faudrait dire :

Je cherche quelqu'un qui PEUT *me servir;*
Je connais un homme qui SAIT *s'expliquer.*

Il [illegible]

Exceptions aux règles que l'on vient de donner sur les temps du subjonctif.

518. — 1re exception. — Après les verbes qui marquent l'interrogation, il faut, avons-nous dit, employer le subjonctif. Mais on doit en excepter le cas où l'interrogation n'est qu'un tour oratoire, ce qui arrive toujours lorsque celui qui parle, au lieu de chercher à savoir une chose qu'il ignore, la donne pour certaine.

Croiriez-vous, auriez-vous jamais cru que cet homme VENAIT *chez nous pour nous nuire?* c.-à-d. *cet homme* VENAIT *chez nous pour nous nuire*, le croiriez-vous? l'auriez-vous jamais cru?

Vous voulez blesser son amour-propre, dites-vous; mais OUBLIEZ-VOUS *donc que son ressentiment* PEUT *vous perdre?* c.-à-d. *son ressentiment* PEUT *vous perdre, l'oubliez-vous?*

519. — 2e exception. — Après les verbes *impersonnels*, il faut, avons-nous dit, employer les temps du subjonctif.

Il faut QUE VOUS *partiez.*
Il importait QUE VOUS *arrivassiez plus tôt.*
Il conviendrait QUE NOUS *le vissions.*
Il est nécessaire QUE VOUS *fassiez ce voyage* (1).
Il semble QU'IL SORTE *d'une boîte.* (ACAD.)

---

(1) 520. — *Ce*, avant le verbe *être* suivi d'un adjectif ou d'un nom et d'un *que* conjonctif, est employé pour le pronom impersonnel *il*; dans ce cas, le second verbe doit être à l'un des temps du subjonctif. Ex. c'*est* FACHEUX *pour lui* QUE *son protecteur* SOIT *absent,* c.-à-d. *il est fâcheux*; c'est un *bien que* telle chose *soit* arrivée; c'est dommage que vous n'*ayez* point *appris* cela plus tôt; c'est un miracle *qu*'il n'*ait* pas *été* tué dans cette bataille, qu'il *soit venu* si vite, qu'il *ait achevé* si promptement cet ouvrage; c'est

521. — Mais il est quelques verbes impersonnels après lesquels on ne doit mettre que les temps de l'indicatif ; tels sont, *il résulte, il arrive, il est certain, il paraît, il s'ensuit*, et tous ceux qui marquent affirmation. Il faut encore y joindre le verbe *sembler*, lorsqu'il est impersonnel et ainsi accompagné d'un pronom personnel : *Il* ME *semble*, il vous *semblait*, etc.

Il résulte de ces explications que vous AVEZ *tort.*
Il arriva que mes prévisions se TROUVÈRENT *justes.*
Il est certain que l'ennemi A ÉTÉ *battu.*
Il paraît que nous nous SOMMES *trompés.*
Il me semblait que vous ÉTIEZ *assis.*

522. — Cependant si ces mêmes verbes sont accompagnés d'une négation ou de la conjonction *si*, qui leur donne alors un sens douteux, ou s'ils sont employés sous la forme interrogative, ils demandent le subjonctif.

Il ne résulte pas de là que J'AIE *tort.*
*Il n'arrive pas toujours qu'*ILS SOIENT *contents.*
Était-il certain que l'ennemi EÛT ÉTÉ *battu!*
S'il vous semble QUE CELA SOIT. (ACAD.)
Vous semble-t-il que ce parti SOIT *préférable ?*

523. — 3e *exception*. — Les conditionnels des deux verbes *pouvoir, savoir* sont quelquefois employés pour le présent de l'indicatif : c'est lorsqu'on peut les rendre l'un et l'autre par *je ne puis* ou *je ne peux ;* dans ce cas, on doit les regarder comme des présents de l'indicatif, et non comme des conditionnels.

Je ne SAURAIS *croire qu'il* VEUILLE *vous tromper, ni qu'il le puisse*, c.-à-d. *je ne puis croire.*

Nous ne SAURIONS *croire qu'il* AIT *si mal agi, ni qu'il en* AIT EU *l'intention*, c.-à-d. *nous ne pouvons croire.*

---

merveille qu'il *soit* sitôt *sorti* d'embarras. (ACAD., aux mots *bien, dommage, miracle, merveille.*)

Or, La Fontaine n'est pas correct lorsqu'il dit :

C'est dommage, Garo, que tu n'*es* pas entré.

Il devait dire que tu ne *sois* pas entré.

Exceptions relatives à la cinquième règle des temps du subjonctif.

524. — Quoique en général après l'*imparfait*, les *passés*, le *plus-que-parfait* et les *conditionnels*, on doive se servir de l'*imparfait* ou du *plus-que-parfait* du subjonctif, il est pourtant des cas assez fréquents encore où il faut le *présent* du subjonctif.

La règle neuve que nous allons établir sur ce point à côté d'un principe donné comme général par toutes nos grammaires est appuyée de l'autorité de l'Académie. Ces exceptions, toutefois, ne se présentent guère qu'après les conjonctions *afin que*, *pour que*, *de crainte que*, *pour que*, *quoique*, *bien que*, *encore que*.

525. — RÈGLE. Lorsque le premier verbe est au *passé indéfini*, et qu'il est suivi de l'une des conjonctions *afin que*, *pour que*, *de crainte que*, *de peur que*, *quoique*, *bien que*, *encore que*, le second verbe doit être au *présent* du subjonctif, s'il marque un temps à venir au moment où l'on parle.

*Vous m'*AVEZ RENDU *trop de services* POUR QUE *je* PUISSE *douter de votre amitié.*

Je SUIS VENU *vous voir* POUR QUE *nous* PARLIONS *de nos affaires.*

*Il m'*A NÉGLIGÉ *trop longtemps* POUR QUE *j'espère rien de lui.*

QUOIQU'*il* RELÈVE *de maladie et qu'il* SOIT *encore très-faible, il* A VOULU *se mettre en route.* (ACAD. aux mots *pour que*, *quoique*.)

D'après ces exemples de l'Académie, d'après l'usage, d'après la nécessité, il faut dire :

Je lui AI ÉCRIT *afin qu'il* SOIT *ici demain*, c.-à-d. C'EST *afin qu'il soit ici demain que je lui ai écrit* (1).

---

(1) Ce qui détermine cette façon de parler, c'est que les conjonctions *afin que*, *pour que*, *de peur que*, *de crainte que*, peuvent toujours être rendues par C'EST ou C'ÉTAIT *afin que*, C'EST ou C'ÉTAIT

Nous lui AVONS ADRESSÉ *ce paquet par la poste, pour qu'il le* REÇOIVE *jeudi prochain*, c.-à-d. C'EST *pour qu'il reçoive.*

Ses amis lui ONT FAIT *connaître ses droits, de crainte qu'on ne le* TROMPE *dans l'arrangement qu'il doit faire*, c.-à-d. C'EST *de crainte qu'on ne le trompe.*

Or, si je dis, *je lui ai écrit afin qu'il* FÛT *ici à sept heures*, et *je lui ai écrit afin qu'il* SOIT *ici à sept heures*, il y a cette différence que, par l'emploi de l'imparfait *fût* du premier exemple, j'indique qu'à l'instant où je parle, les sept heures sont passées, tandis que le présent du subjonctif *soit* du second exemple exprime que, dans le moment de la parole, les sept heures dont il est question sont un temps à venir.

Autres exemples.— J'ai rentré mes orangers ce soir, DE CRAINTE QU'*il ne fasse froid cette nuit*, c.-à-d. *j'ai rentré mes orangers, parce que je* CRAINS *qu'il ne* FASSE *froid cette nuit.*

Mais il faut dire, en se servant de l'imparfait du sub-

---

pour que, etc., selon la circonstance de temps exprimée par le verbe qui les suit.

1° Si le verbe qui suit l'une de ces quatre conjonctions marque un temps présent ou un temps à venir, cette conjonction signifie C'EST *afin que*, C'EST *de peur que*, etc.

Exemple : Je lui remets mes lettres, AFIN QUE *vous les receviez plus promptement.* Ici, le verbe *recevoir* marquant un temps à venir, *afin que* signifie C'EST *afin que*. Effectivement, cette phrase dit : C'EST *afin que vous receviez* plus promptement mes lettres que je les lui remets.

2° Si le verbe qui suit *afin que, pour que, de peur que, de crainte que,* marque un temps passé *par rapport au moment où l'on parle,* ces conjonctions signifient C'ÉTAIT *afin que,* C'ÉTAIT *de crainte que,* etc.

Ex. : Il parlait très-haut, AFIN QUE *tout le monde l'entendit.* Le verbe *entendre* exprimant un temps passé, *afin que* signifie ici C'ÉTAIT *afin que* ; et c'est comme s'il y avait C'ÉTAIT *afin que* TOUT LE MONDE *l'entendît* qu'il parlait très-haut.

jonctif, parce qu'il est question d'un temps passé au moment où l'on parle, *j'ai rentré mes orangers il y a déjà quelque temps*, DE CRAINTE QU'*il ne* FÎT *froid*, DE PEUR QU'*il ne* GELÂT, c.-à-d. parce que *je* CRAIGNAIS *alors* QU'*il ne fît froid*, QU'*il ne gelât*.

Nous lui AVONS ÉCRIT *aujourd'hui afin qu'il* PRENNE *une détermination prompte*, c.-à-d. C'EST *afin qu'il prenne*.

Mais si le temps de prendre la détermination était passé, il faudrait dire : *nous lui* AVONS ÉCRIT *afin qu'*IL PRÎT *une détermination prompte, mais il n'en a rien fait*.

De même on dira :

Nous les AVONS PRÉVENUS *de votre arrivée pour qu'*ILS VIENNENT *passer la soirée de demain avec nous*.

Nous AVONS ENTREPRIS *ces travaux, bien que l'exécution en* SOIT *difficile*.

Ces soldats ONT FAIT *huit lieues aujourd'hui, quoiqu'ils* SOIENT *blessés*.

Son banquier lui A ESCOMPTÉ *ces effets, quoiqu'ils ne* SOIENT *payables que dans un an*.

*Je l'*AI OBLIGÉ, *bien* QU'*il ne le mérite pas*.

Il a FAIT *des dépenses considérables dans son voyage, bien qu'il n'*AIT *qu'une fortune médiocre*.

Encore qu'il SOIT *mon débiteur, je lui* AI PRÊTÉ *quelque argent ce matin*.

526. — Mais, pour le dire encore une fois, si le second verbe doit exprimer une circonstance passée au moment où l'on parle, il faut se servir de l'imparfait.

Exemple. — *Nous* AVONS ENTREPRIS *ces travaux bien que l'exécution en* FÛT *difficile*. (L'imparfait *fût* indique que la difficulté n'existe plus.)

Son banquier lui A ESCOMPTÉ *ces effets, quoiqu'ils ne* FUSSENT *payables que dans un an*. (L'imparfait *fussent* exprime que cet an, au bout duquel les billets étaient payables, est passé, etc., etc.) (1).

527. — Il y a des verbes qui veulent, tantôt à l'indicatif et tantôt au subjonctif, le verbe qui les suit ; cela dépend du sens affirmatif ou du sens impératif ou douteux que leur donnent leurs diverses acceptions.

Il DIT *que vous avez tort*, c.-à-d. *il affirme* ;
Il DIT *que vous* FASSIEZ *cela*, c.-à-d. *il veut* ;
Je SUPPOSE *qu'il* EST *honnête*, c.-à-d. *je pense* ;

Je SUPPOSE *que ce* SOIT *un fripon, que ferez-vous?*
Quand il ENTEND *que je* VIENS, *il bondit de joie* ;
*J'*ENTENDS *qu'il* PARTE, c. à-d. *je veux* ;
Il PRÉTEND *qu'il* A *raison*, c.-à-d. *il pense* ;

Je PRÉTENDS *que l'affaire se* FASSE *comme je l'ai décidé*, c.-à-d. *je veux*, etc., etc.

De l'infinitif.

528. — Un infinitif précédé d'une préposition doit se rapporter sans équivoque, soit au sujet, soit au régime direct, soit au régime indirect du verbe qui le précède, qui le régit : *Dieu nous a créés pour le* SERVIR ; cet infinitif *servir* se rapporte à *nous*, régime direct du premier verbe. *Cet homme agit ainsi pour vous* TROMPER ; l'infinitif *tromper* se rapporte à *homme*, sujet du premier verbe.

Mais on ne pourrait dire :

Ce plat est servi pour MANGER. — *Le règne de ce*

---

(1) Un grammairien suivi a cru embrasser ce point grammatical, en faisant la règle générale que voici : Au lieu de l'imparfait, dit-il, on emploie le *présent* du subjonctif, quand l'action du verbe au subjonctif a lieu à l'instant de la parole : *il m'a trahi, quoiqu'il* SOIT *mon ami.*

De ce principe il résulte qu'il faudrait dire : *je ne me doutais guère qu'il* DEMEURE *ici* ; *je ne savais pas qu'il* VIVE *encore* ; *j'ignorais que vous* SOYEZ *malade* ; *je souhaiterais qu'il* SOIT *bien portant*, etc., etc., toutes phrases incorrectes, quoiqu'elles réunissent les conditions voulues par cette règle.

prince a été trop court pour EXÉCUTER *ses projets*, attendu que les infinitifs *manger* et *exécuter* expriment des actions qui ne peuvent être attribuées aux sujets *plat et règne* des verbes qui les précèdent. Au lieu de l'infinitif, il faut alors faire usage d'un mode personnel, et dire : *ce plat est servi pour qu'on le* MANGE; *le règne de ce prince a été trop court pour qu'il* EXÉCUTÂT.

529. — Du reste, toutes les fois que l'infinitif ne donne lieu à aucune équivoque, il est mieux de s'en servir que d'employer un mode personnel, parce qu'alors la diction se trouve plus dégagée, plus libre. Il faut donc préférer, *il croit vous persuader, il pensait partir hier,* à ces autres tournures, *il croit qu'il vous persuade, il pensait qu'il partirait hier.*

530. — Cependant, s'il devait se trouver de suite plus de deux infinitifs, il vaudrait mieux en diminuer le nombre, en en rendant un par un mode personnel. Ainsi, au lieu de dire, *j'ai cru* DEVOIR FAIRE APPELER *le docteur*, dites *j'ai cru que* JE DEVAIS *faire appeler.*

531. — Les infinitifs ne sont précédés d'aucune préposition, lorsqu'ils sont après *aimer mieux, compter, croire, daigner, devoir, entendre, faire, falloir, s'imaginer, laisser, oser, pouvoir, prétendre, savoir, sentir, vouloir.*

Les verbes après lesquels les infinitifs sont précédés de la préposition *à*, et ceux après lesquels ils sont précédés de la préposition *de*, sont en très-grand nombre; la lecture et l'usage sont les seuls moyens de s'approprier cette distinction.

CHAPITRE IX.

DU PARTICIPE PRÉSENT.

532. — Le participe présent est toujours invariable : *Nous les vîmes* FUYANT *à toutes jambes et* APPELANT *à leur secours.*

533. — Mais il ne faut pas confondre avec le participe présent un grand nombre d'adjectifs verbaux, également terminés par *ant*. (On les appelle adjectifs *verbaux*, parce qu'ils sont formés des verbes.) Comme tout autre adjectif, l'adjectif verbal prend le genre et le nombre du nom auquel il se rapporte :

Des hommes obligeants, une dame prévenante, des enfants caressants.

534. — Le participe présent se distingue en ce qu'il ne saurait peindre que le mouvement, l'action, et qu'il est presque toujours suivi d'un régime.

Ces orateurs, CHARMANT *l'assemblée par la puissance de leur parole, font souvent prévaloir leur opinion.*

Ces dames, OBLIGEANT *indistinctement tout le monde, sont vénérées de toute la ville.*

Dans ces exemples, *charmant* et *obligeant* sont des participes présents, parce qu'ils ont pour régimes *l'assemblée* et *les malheureux.*

535. — L'adjectif verbal, au contraire, n'a pas de régime et ne saurait guère exprimer qu'une qualité inhérente à la personne ou à la chose dont on parle, une qualité qui soit dans la nature de cette personne ou de cette chose.

Ces jeunes personnes sont intéressantes, obligeantes, prévenantes, charmantes. Ici il est question des qualités qui sont dans le caractère des jeunes personnes.

Ces jeunes gens me semblent bien PESANTS *pour trancher ainsi du petit-maître.* Ici *pesants* exprime une qualité que je juge inhérente à la nature, au caractère des jeunes gens.

Ces personnes, PESANT *leurs marchandises avant de les payer, ne sauraient être trompées sur le poids.* Ici je parle d'une action; or *pesant* est un participe présent.

536. — Du reste, on s'assure que tel mot en *ant* est adjectif verbal et non participe présent, lorsque le sens

de la phrase permet de le faire précéder du *qui* relatif et du verbe *être*.

Un maître est toujours bien disposé à l'égard des enfants OBÉISSANTS, c.-à-d. *qui sont obéissants.*

Ces enfants OBÉISSANT *à un sentiment d'humanité, ont partagé leur déjeuné avec ce pauvre.* Ici l'on ne pourrait dire ces enfants *qui sont obéissants* à un sentiment d'humanité : or *obéissant* est un participe présent.

CHAPITRE X.

DU PARTICIPE PASSÉ.

537. — Comme il n'est guère possible d'établir des règles solides sur l'accord des participes passés qu'en basant ces règles sur l'espèce des verbes, nous rentrerons dans cette matière.

538. — Comme on l'a déjà vu, page 39, nous n'avons que cinq sortes de verbes, savoir : le verbe *actif*, le verbe *passif*, le verbe *neutre*, le verbe *pronominal* et le verbe *impersonnel*.

Du verbe ACTIF.

539. — On appelle *actif* tout verbe qui peut avoir un régime direct.

Or on reconnaît qu'un verbe est actif, quand il peut être suivi de l'un des mots *quelqu'un, quelque chose*. Ainsi, *aimer, étudier, chérir, faire, concevoir*, etc., sont des verbes actifs, car on peut dire *aimer quelqu'un, étudier quelque chose*, etc.

540. — Mais comme le verbe actif peut devenir *passif*, et que cette transformation influe sur l'accord du participe, nous ajouterons :

1° Un verbe actif conjugué avec *avoir* reste toujours actif (*pas d'exception*);

2° Un verbe actif conjugué avec *être* est tantôt actif et tantôt passif ; il est actif si le sujet fait l'action, et passif si le sujet ne fait pas l'action.

J'ai EMBRASSÉ *ma mère.*

Embrassé vient du verbe actif *embrasser quelqu'un* ; il reste actif, parce qu'il est conjugué avec *avoir* (1).

Ces dames se sont SALUÉES.

Saluées vient d'un verbe actif (*saluer quelqu'un*) ;

Il reste actif, parce que le sujet *dames* fait l'action : les dames ont salué elles.

Ces enfants se sont OCCUPÉS.

Occupés vient du verbe actif *occuper quelqu'un* ;

Il reste actif, parce que le sujet *enfants* fait l'action : les enfants ont occupé eux.

Du verbe PASSIF.

541. — On appelle *passif* un verbe qui vient d'un verbe actif conjugué avec *être*, et dont le sujet ne fait pas, mais supporte l'action.

Les ennemis ont été CULBUTÉS *par nos troupes.*

Culbutés vient d'un verbe actif (*culbuter quelqu'un*).

Ce verbe resterait actif si le sujet *ennemis* faisait l'action ; mais par cette expression, *les ennemis ont été culbutés*, on indique clairement qu'au lieu de faire l'action, les ennemis la supportent : le verbe est donc passif.

Cette bouteille s'est CASSÉE.

Cassée vient du verbe actif *casser quelque chose* ;

Ce verbe resterait actif, si le sujet faisait l'action. Mais *la bouteille* ne casse pas ; elle ne peut casser quel-

---

(1) Nous ne saurions trop engager les maîtres à exiger que leurs élèves sachent distinguer imperturbablement chaque verbe par son espèce, attendu que l'étude des participes ne consiste guère qu'à savoir faire cette distinction.

que chose, ni se casser elle-même : *s'est cassée* est donc un verbe passif.

La porte s'est OUVERTE.

Ouverte vient d'un verbe actif (*ouvrir quelque chose*); Ce verbe resterait actif, si le sujet *porte* faisait l'action. Mais la porte n'a pas ouvert, n'a pu ouvrir : *s'est ouverte* est donc un verbe passif.

Un verbe n'est donc passif qu'autant,

1° *Qu'il vient d'un verbe* ACTIF ;
2° *Que ce verbe est conjugué avec* ÊTRE ;
3° *Que le sujet ne fait pas l'action.*

Du verbe NEUTRE.

542. — Ainsi que le verbe actif, le verbe *neutre* exprime souvent une action faite par le sujet ; mais il diffère du verbe actif en ce qu'il ne saurait avoir de régime direct : *je marche, tu cours, il voyage.*

Le verbe neutre se distingue donc du verbe actif en ce qu'il ne saurait être suivi de *quelqu'un* ni de *quelque chose*. Or, *dormir, régner, plaire, convenir,* sont neutres, car on ne peut dire, *dormir quelqu'un, régner, convenir quelque chose* (1).

---

(1) Mais de crainte que cette distinction ne soit encore une difficulté, nous allons donner un moyen infaillible d'éviter toute confusion.

Lorsque, pour découvrir l'espèce d'un verbe, on essaie de le faire suivre des mots *quelqu'un* ou *quelque chose,* il faut bien se garder de le faire précéder d'aucun autre verbe que de *peut-on ?*

Ainsi, pour trouver la nature des verbes *périr, mourir, rendre, voyager, lire, naître, tomber, dire, croître,* etc., il faut prendre le verbe à l'infinitif, et se questionner de cette manière :

PEUT-ON *périr* quelqu'un ou *périr* quelque chose ? — Non. (Le verbe est donc neutre.) — Peut-on *mourir* quelqu'un ou *mourir* quelque chose ? Non. (Le verbe est donc neutre.) — Peut-on *rendre* quelqu'un ou *rendre* quelque chose ? — Oui. (Le verbe est donc actif.) — Peut-on *voyager* quelqu'un ou *voyager* quelque chose ? — Non. (Le verbe est donc neutre.) etc., etc.

La plupart des verbes neutres se conjuguent avec *avoir*, les autres avec *être*.

Les verbes neutres conjugués avec *avoir* sont invariables au participe (*pas d'exception*).

543. — Les verbes neutres conjugués avec *être* sont tous variables au participe, excepté ceux dont la signification permet de les conjuguer avec *avoir*. *Arriver, partir, tomber, naître, mourir, venir*, etc., sont variables, et font, *nous sommes arrivés, elle est arrivée, ils sont partis, elles sont tombées, nous sommes nés, ils sont morts*, parce qu'on ne pourrait conjuguer ces verbes avec *avoir*; car on ne dit pas, *j'ai arrivé, j'ai parti, j'ai mort, j'ai né*, etc.

Mais il faut écrire, sans les faire varier, les participes neutres suivants : *ils se sont* NUI, *nous nous sommes* PARLÉ, *elles se sont* SOURI, *ils se sont* SUCCÉDÉ, etc., parce que ces verbes peuvent être conjugués avec *avoir*, sans que leur signification en souffre : *ils se sont nui* peut se rendre par *ils* ONT NUI *à eux*; *nous nous sommes parlé*, par *nous* AVONS PARLÉ *à nous*, etc.

Des verbes PRONOMINAUX.

544. — On appelle *pronominaux*, les verbes qui se conjuguent avec deux pronoms de la même personne, comme *je me console, tu te rappelles, il se flatte*. Ils se divisent en *essentiels* et en *accidentels*.

545. — Les verbes pronominaux *essentiels* sont ceux qui ne peuvent se conjuguer autrement qu'avec deux pronoms de la même personne ; tels sont *s'abstenir, s'emparer, se souvenir, se repentir, s'écouler, se disputer, s'en aller, s'enfuir, s'évanouir, s'empresser, s'envoler, se moquer*, etc., qui font *je m'abstiens, je m'empare, je me souviens, je me repens*, etc., et non *j'abstiens, j'empare, je souviens, je repens*.

546. — Les verbes pronominaux *accidentels* sont ceux qui, tout étant conjugués avec deux pronoms de la même personne, peuvent se conjuguer avec un seul. *Je me plains; tu te félicites, il se vante, nous*

nous engageons, vous vous nuisez, ils se parlent, sont des verbes pronominaux accidentels, car ils peuvent se conjuguer avec un seul pronom : *je plains, tu plains ; je félicite, tu félicites; je vante, tu vantes,* etc.

C'est pour l'harmonie seule que l'auxiliaire *être* se trouve substitué à l'auxiliaire *avoir*; par là, on évite ce qu'il y aurait de blessant pour l'oreille à dire, *ces enfants se* ONT FRAPPÉS, *elle s'*A OCCUPÉE, *il s'*A APPROCHÉ, etc.

547. — *Remarque*. Les verbes pronominaux *accidentels* ne sont rien autre chose que des verbes actifs, des verbes passifs, des verbes neutres ou des verbes impersonnels.

Or si je dis, *vous vous êtes* BLESSÉ, j'emploie un verbe pronominal *accidentel*, parce qu'il peut se conjuguer avec un seul pronom : *je blesse, tu blesses,* etc.

Et en disant, *nous nous sommes* SOUVENUS *de cela*, je me sers d'un verbe pronominal *essentiel*, parce que, pour le conjuguer, il faut indispensablement deux pronoms de la même personne. En effet, on ne dit pas avec un seul pronom, *je souviens, tu souviens,* mais *je me souviens, tu te souviens,* etc.

Des verbes IMPERSONNELS.

548. — On appelle *impersonnels* les verbes qui n'ont que la troisième personne du singulier, comme *il faut, il pleut, il y a,* etc.

Mais il est des verbes actifs, des passifs, des neutres et des pronominaux, qui deviennent impersonnels : c'est lorsqu'étant précédés du pronom *il*, ce pronom ne se rapporte à rien : IL *a été* ORDONNÉ *que*... IL *est* SURVENU *des événements*; *depuis lors*, IL *s'est* ÉCOULÉ *vingt jours*.

Le participe de tout verbe impersonnel est invariable.

On écrira donc, sans les faire varier, les participes des phrases suivantes :

IL *lui fut* PAYÉ *une somme importante*.

Il *s'est* PORTÉ *une infinité de personnes sur la place.*

Il *est* ARRIVÉ *trois dames dans cette voiture*, etc.

RÈGLES DES PARTICIPES PASSÉS.

Les participes passés ne sont assujettis qu'à deux seules règles, quelle que soit la forme sous laquelle ils soient employés.

PREMIÈRE RÈGLE.

549. — S'accorde avec le *régime direct*,

Tout participe ACTIF, quand ce régime est avant le participe.

Voilà les livres que j'ai ACHETÉS.

SECONDE RÈGLE.

550. — S'accordent avec le *sujet*,

1° Tout participe PASSIF

Nous avons été FRAPPÉS;

2° Tout participe NEUTRE conjugué avec ÊTRE, et dont la signification ne permet pas de le conjuguer avec AVOIR : *Elle est* ARRIVÉE ;

3° Tout participe PRONOMINAL ESSENTIEL :

Nous nous en sommes REPENTIS.

D'après ces règles, nous le répéterons encore, on sent qu'il est indispensable de connaître ce qui est dit du *sujet* et du *régime*, et de savoir distinguer chaque verbe par son espèce.

551. — *Remarque.* — Tout participe qui n'est accompagné d'aucun auxiliaire est un véritable adjectif qui s'accorde en genre et en nombre avec le nom auquel il se rapporte.

Cette dame, FRAPPÉE *de cette nouvelle, tomba* ÉVA-

NOUIE *dans nos bras ; sa vieillesse paraissait* FLÉTRIE *et* ABATTUE *auprès de celle de Mentor.*

551 *bis.* — Il faut en excepter *vu, lu, approuvé, collationné, certifié,* etc., qui s'emploient d'une manière invariable et absolue dans certaines formules de pratique et d'administration : VU *par la cour les pièces mentionnées* ; APPROUVÉ *l'écriture ci-dessus :* CERTIFIÉ *la présente copie conforme à l'original,* etc. Alors ces participes sont les premiers mots de la phrase. Mais placés après le nom, ils en prennent le genre et le nombre : *les pièces* VUES *par la cour sont volumineuses* ; *l'écriture* APPROUVÉE *par lui équivaut à une copie de sa main.*

Exercices sur les règles des participes.

Nous avons LU *cet ouvrage avec plaisir.*

Lu est actif (*lire quelque chose*); conjugué avec *avoir,* il reste actif. Il y aura accord si le régime est avant le participe. Cherchons-le en disant : *nous avons lu quoi ? — cet ouvrage :* ce régime se trouvant après le participe, pas d'accord.

Nous avons REÇU *les fruits que vous nous avez* ENVOYÉS.

Reçu et *envoyé* sont actifs (*recevoir, envoyer quelque chose*) ; conjugués avec *avoir,* ils restent actifs : il y aura accord avec le *régime,* si toutefois ce régime est après le participe.

Cherchons-le en disant :

Nous avons reçu quoi ? — ces fruits : ce mot étant après le participe *reçu* (point d'accord). *Vous avez envoyé quoi ? — les fruits*, ce mot étant avant le participe *envoyés* (accord).

Plusieurs voleurs ont été ARRÊTÉS.

Arrêter vient d'un verbe actif (*arrêter quelqu'un*) ; conjugué avec *être,* il sera actif si le sujet, *voleurs,* fait l'action ; et passif, si ce sujet ne fait pas l'action. Mais quand je dis *les voleurs ont été arrêtés*, je vois que les *voleurs* ne font pas l'action : le verbe est donc passif, et s'accorde avec le sujet, *voleurs.*

Les prix se sont DISTRIBUÉS *hier.*

Distribués vient d'un verbe actif (*distribuer quelque*

chose) ; conjugué avec *être,* il sera actif si le sujet fait l'action ; mais je vois que, les prix ne font pas l'action de distribuer : le verbe est donc passif, et s'accorde avec le sujet, *prix.*

Mes tantes sont ARRIVÉES *hier au soir.*

Arrivées est neutre (on ne dit pas arriver *quelqu'un*). Ce verbe ne pourrait se conjuguer avec *avoir,* car on ne dit pas *j'ai arrivé* : il est donc variable, et s'accorde avec le sujet, *tantes.*

Ces personnes se sont PARLÉ.

Parlé est neutre (on ne dit pas *parler quelqu'un*). Et quoique ce verbe soit conjugué avec *être,* je trouve qu'il peut se conjuguer avec *avoir*; car on peut dire *j'ai parlé, tu as parlé,* etc., *ces personnes ont parlé* : ce participe reste donc invariable.

Ces messieurs ont toujours VÉCU *en bonne intelligence.*

Vécu est neutre (On ne dit pas *vivre quelqu'un*); conjugué avec *avoir,* il est invariable.

Vos nièces se sont EMPRESSÉES *de vous écrire.*

Empressées est pronomnial essentiel, car ce verbe ne peut se conjuguer autrement qu'avec deux pronoms de la même personne : *je m'empresse, tu t'empresses,* et non *j'empresse, tu empresses,* accord avec le sujet, *nièces.*

Les créanciers se sont ABSTENUS *de le poursuivre.*

Abstenus est pronominal essentiel (on dit *je m'abstiens,* et non *j'abstiens*) : accord avec le sujet, *créanciers.*

Il est PASSÉ, *il est* ARRIVÉ *deux courriers.*

Passé et *arrivé* sont ici impersonnels, le pronom *il,* qui les précède, ne se rapportant à rien : or ils sont invariables.

Je leur ai ÉCRIT, *et elles m'ont* RÉPONDU.

Écrit et *répondu* sont actifs (*écrire, répondre quelque chose*).

Conjugués avec *avoir,* ils restent actifs. Cherchons-en les régimes en disant : *j'ai écrit quoi? elles ont répondu quoi?* Nul régime n'étant exprimé dans la phrase, point d'accord.

Les mauvais temps qu'il a FAIT.

Fait est ici impersonnel, le pronom *il* qui le précède ne se rapportant à rien : or il est invariable.

Remarque importante.

553. — Le régime direct exprime toujours la totalité des choses ou des personnes nommées dans la phrase : *ces pêches étant mûres, nous* LES *avons cueillies*, c.-à-d. nous avons cueilli toutes les pêches dont on parle.

Le pronom relatif *en* signifiant DE CELA, ou ne pouvant exprimer qu'une partie des personnes ou des choses auxquelles il se rapporte, ne saurait jamais être régime direct, ni conséquemment faire varier le participe :

Ces pêches étant mûres, nous EN *avons* CUEILLI, *nous* EN *avons* MANGÉ ; c.-à-d. nous avons cueilli et mangé, non toutes les pêches dont on parle, mais seulement une partie.

Or, tout participe qui n'a d'autre rapport qu'avec le régime indirect *en* reste invariable.

Mais il ne faut pas conclure de là que la présence du relatif *en* dans une phrase fasse que le participe qui le suit soit toujours invariable ; car, outre ce régime indirect *en*, il arrive quelquefois que le participe a, comme dans les phrases suivantes, un régime direct avec lequel il s'accorde.

Je LES *en ai* REMERCIÉS, *je* LES *en avais* PRIÉS, *nous* NOUS *en sommes* CHARGÉS, *il* NOUS *en a* PRÉVENUS ; *ils s'en étaient d'abord* APPROCHÉS, *mais bientôt ils s'en sont* ÉLOIGNÉS.

De même on dira :

Combien de livres j'ai ACHETÉS ! *combien j'en ai* LU ! *combien de lettres il a* REÇUES ! *combien il en a* ÉCRIT *lui-même !*

Suite des exercices sur les participes.

Ces élèves ont OBTENU *les premiers prix.*

Obtenu vient d'un verbe actif (*obtenir quelque chose*). Conjugué avec *avoir*, il reste actif : accord avec le régime, si ce régime est avant le participe.

Cherchons-le en disant : les élèves ont obtenu *quoi ? — les prix :* ce mot *prix* étant après le participe, pas d'accord.

Elles se sont TOURMENTÉES.

Tourmentées vient d'un verbe actif (*tourmenter quelqu'un*). Quoiqu'il soit conjugué avec *être*, il reste actif, parce que le sujet *elles* fait l'action.

Elles ont tourmenté *qui ? — elles*, exprimé par *se :* accord.

Quant à ces fleurs, je les ai ARROSÉES.

Arrosées vient du verbe actif *arroser quelque chose*. Avec *avoir*, il reste actif.

J'ai arrosé *quoi ? — les fleurs :* accord, parce que ce régime *fleurs* est avant le participe.

A cette nouvelle, ils restèrent ÉTONNÉS *et ne sachant plus quel parti prendre.*

Le participe *étonnés*, n'étant accompagné ni du verbe *avoir* ni du verbe *être*, fait la fonction d'adjectif : accord avec *ils*.

Les fruits se sont VENDUS *cher cette année.*

Vendus vient d'un verbe actif (*vendre quelque chose*). Comme il est conjugué avec *être*, et que le sujet *fruits* ne fait pas l'action de vendre, il devient passif : accord avec ce sujet.

Ces jeunes gens se sont REPOUSSÉS.

Repoussés vient d'un verbe actif (*repousser quelqu'un*). Conjugué avec *être*, il reste actif, parce que le sujet *jeunes gens* fait l'action de repousser : ils ont repoussé *qui ? — eux*, exprimé par *se :* accord.

Cette affaire s'est JUGÉE *hier.*

Jugée vient du verbe actif *juger quelque chose*. Mais le sujet *affaire* ne pouvant faire l'action de juger, le verbe devient passif : accord avec ce sujet.

Nous avons VOYAGÉ *en Italie*.

Voyagé est neutre (on ne dit pas *voyager quelqu'un*). Ce participe est invariable, parce qu'il est conjugué avec *avoir*.

Les deux heures que ces orateurs ont PARLÉ *ne nous ont pas* PARU *longues*.

Parlé et *paru* sont neutres (on ne dit pas *parler quelque chose, paraître quelqu'un*). Ils sont invariables, parce qu'ils sont conjugués avec *avoir*.

Ces fruits étant mûrs, j'en ai MANGÉ.
Mangé est actif (*manger quelque chose*).

Conjugué avec *avoir*, il reste actif. Mais ici je ne puis dire *j'ai mangé quoi ?* pour avoir la réponse *les fruits*, parce que ce serait faire entendre que j'ai mangé tous les fruits, quand je n'en ai mangé qu'une partie. Le pronom *en* signifiant *de cela, une partie de cela*, n'est qu'un régime indirect, qui ne peut jamais faire varier le participe qui s'y rapporte.

Cette bûche s'est CONSUMÉE.

Consumée vient d'un verbe actif (*consumer quelque chose*). Conjugué avec *être*, il sera actif si le sujet *bûche* fait l'action, et passif s'il ne la fait pas. Mais la bûche n'a pu faire l'action de consumer ; au contraire, elle l'a supportée, puisqu'elle a été consumée : le verbe est donc passif : accord avec ce sujet.

Mes oncles sont REVENUS *de leur voyage*.

Revenus est neutre (on ne dit pas *revenir quelqu'un*); et comme il ne pourrait se conjuguer avec *avoir*, puisqu'on ne dit pas *j'ai revenu*, il est variable, et s'accorde avec le sujet *oncles*.

Leurs services m'ont été fort utiles, je les en ai REMERCIÉS.

Remerciés est actif (*remercier quelqu'un*).

Conjugué avec *avoir*, il reste actif. J'ai remercié qui? — *eux*, exprimé par *les* : accord.

Nous nous sommes REPENTIS *de cette démarche inconsidérée.*

Repentis est pronominal essentiel, parce qu'on ne peut le conjuguer autrement qu'avec deux pronoms de la même personne : *je me repens, tu te repens*, et non *je repens, tu repens* : accord avec le sujet *nous*.

Les six ans qu'il a RÉGNÉ *sont une chaîne de malheurs.*

Régné est neutre (on ne dit pas *régner quelque chose.*)

Conjugué avec *avoir*, il est invariable.

Ces demoiselles sont PARTIES *ce matin.*

Parties est neutre (on ne dit pas *partir quelqu'un*). Comme il ne pourrait se conjuguer avec *avoir*, puisqu'on ne dit pas *j'ai parti*, il y a accord avec le sujet *demoiselles.*

Ils se sont NUI *par leur empressement.*

Nui est neutre (on ne dit pas *nuire quelqu'un*).

Quoiqu'il soit conjugué avec *être*, il est invariable, parce qu'il a un sens qui permet de le conjuguer avec *avoir* : on dit bien *j'ai nui, tu as nui.*

Trois ans se sont ÉCOULÉS, *et notre espérance s'est* ÉVANOUIE.

Écoulés et *évanouie* sont pronominaux essentiels, parce qu'en parlant du temps, on ne dirait pas *il écoule*, mais *il s'écoule*; on ne dirait pas non plus *j'évanouis*, mais *je m'évanouis* : accord avec les sujets *ans* et *espérance.*

Ces hommes n'ont pas la qualité qu'ils se sont ARROGÉE.

Arrogée est actif (*s'arroger quelque chose*). Quoiqu'il soit conjugué avec *être*, il reste actif, parce que le sujet *hommes* fait l'action. Ils se sont arrogé quoi? — *la qualité* : accord.

Remarque. De tous les verbes pronominaux essentiels, c'est le seul qui puisse avoir un nom pour régime direct; aussi le range-t-on dans la classe des verbes actifs en lui en appliquant la règle.

L'eau s'est RÉDUITE.

Réduite vient du verbe actif *réduire quelque chose.* Comme il est conjugué avec *être*, et que le sujet *eau* ne fait pas l'action de réduire, il devient passif : accord avec ce sujet.

Il est SURVENU *des événements fâcheux.*

Survenu est invariable, parce qu'ici il est impersonnel, le pronom *il* de cette phrase ne se rapportant à rien.

Quant aux fleurs de ce jardin, j'en ai CUEILLI.
Cueilli vient du verbe actif *cueillir quelque chose.*

Mais ici je ne puis dire *j'ai cueilli quoi ?* pour avoir la réponse *les fleurs*, parce que ce serait faire entendre que j'ai cueilli toutes les fleurs dont il est question, quand je n'en ai cueilli qu'une partie : le pronom *en*, signifiant *de cela, une partie de cela,* n'est qu'un régime indirect, qui ne peut jamais faire varier le participe qui s'y rapporte.

Il a été FORMÉ *des établissements pour...*

Formé est invariable, parce qu'ici il est impersonnel, le pronom *il* de cette phrase ne se rapportant à rien.

Les trois mois qu'il a VOYAGÉ *ont remis sa santé.*

Voyagé est neutre (on ne dit pas *voyager quelqu'un*). Conjugué avec *avoir*, il est invariable.

Il a été PRÉPARÉ *une pièce pour vous recevoir.*

Préparé est ici impersonnel, le pronom *il* qui le précède ne se rapportant à rien : or il est invariable.

Des participes suivis d'un verbe.

553. — Lorsqu'un participe est suivi d'un verbe, il faut avant tout s'assurer des l'espèce de deux verbes.

Si l'un est actif, l'autre neutre, le régime appartient nécessairement au verbe actif.

Les enfants que j'ai VUS *tomber.*
Vus vient du verbe actif *voir quelqu'un.*
Tomber est neutre (on ne dit pas *tomber quelqu'un.*)

Le régime *que*, représentant *enfants*, appartient donc au participe *vus* : accord avec ce régime.

Vos sœurs ne sont pas dans leur chambre : je les ai ENTENDUES SORTIR.
Entendues vient du verbe actif *entendre quelqu'un.*
Sortir est neutre (on ne dit pas *sortir quelqu'un*).

Le régime *les*, représentant *sœurs*, appartient encore au participe actif *entendues* : accord avec ce régime.

554. — Mais si le participe et le verbe suivant sont l'un et l'autre *actifs*, comme dans

La lettre que j'ai ENTENDU LIRE,
Faites-vous ces deux questions, en plaçant ainsi le régime alternativement après les deux verbes :

Ai-je entendu la lettre lire?
Ai-je entendu lire la lettre?
Le sens est *j'ai entendu lire la lettre.*

Ce régime *lettre* appartient au verbe *lire.* (Le régime appartient toujours à celui des deux verbes après lequel il convient de le placer.)

Les blés que j'ai VU MOISSONNER.
Voir et *moissonner* sont actifs (*voir, moissonner* quelque chose). Disons donc :

Ai-je vu les blés moissonner?
Ai-je vu moissonner les blés?
Le sens est *j'ai vu moissonner les blés.*

Ce mot *blés* se plaçant mieux après l'infinitif *moissonner*, en est le régime : or le participe est invariable.

Les enfants que j'ai VUS ÉTUDIER *sont attentifs.*
Vus et *étudier* sont actifs (*voir quelqu'un, étudier quelque chose*). Disons encore :

Ai-je vu étudier les enfants?
Ai-je vu les enfants étudier?
Le sens est *j'ai vu les enfants étudier.*

Or, le mot *enfants* se plaçant mieux après le participe *vu*, en est le régime : accord.

On ne pourrait admettre *j'ai vu étudier les enfants,* car la phrase ne dit pas qu'on étudie les enfants.

Voilà les dames que j'ai ENTENDUES CHANTER.
Entendre et *chanter* étant actifs, disons encore :
Ai-je entendu chanter les dames?
Ai-je entendu les dames chanter?
Le sens est *j'ai entendu les dames chanter, qui chantaient* : accord.

On ne pourrait admettre *j'ai entendu chanter les dames,* attendu qu'on ne chante pas les dames.

Voilà les livres que vous lui avez RECOMMANDÉ D'APPORTER.

Recommandé et *apporter* sont actifs (*recommander, apporter quelque chose*).
Avez-vous recommandé les livres?
Avez-vous recommandé d'apporter les livres?
Le sens est *vous avez recommandé d'apporter les livres.* Et ce mot *livres* se plaçant mieux après le verbe *apporter* qu'après le participe *recommandé,* ce participe est invariable.

Les deux ans qu'il a EMPLOYÉS A ÉTUDIER.
Employer et *étudier* étant actifs, dites encore :
A-t-il employé les ans à étudier?
A-t-il employé à étudier les ans?

Le sens est *il a employé les ans* ; accord avec ce participe.

Les mathématiques que vous avez DÉSIRÉ *que* J'ÉTUDIASSE.

Désiré et *étudiasse* sont actifs (*désirer, étudier quelque chose*). Disons toujours :
Avez-vous désiré les mathématiques?
Avez-vous désiré que j'étudiasse les mathématiques?

Le sens est *vous avez désiré que j'étudiasse les mathématiques*. Et ce mot se plaçant mieux après le verbe *étudier*, le participe est invariable.

555. — Mais le second verbe est ordinairement sous-entendu après les participes *pu*, *dû*, *voulu*, qui restent invariables.

Il a fait toutes les démarches qu'il a pu, qu'il a dû; c.-à-d. *qu'il a pu, qu'il a dû faire.*

Il en a retiré tous les avantages qu'il en a voulu, c.-à-d. *qu'il a voulu en retirer*. De plus, ces participes sont invariables, parce qu'ils sont neutres et conjugués avec *avoir*.

Exemples sur le participe LAISSÉ.

555 *bis*. — *Je les ai* LAISSÉS *venir, je les ai* LAISSÉS *tomber, je les ai* LAISSÉS *partir.*

Laisser est actif (*laisser quelque chose*).

Venir, *tomber* et *partir* sont neutres (on ne peut dire *venir, tomber, partir quelqu'un.*)

Or le régime appartenant au participe *laissé*, accord.

Sophie ayant voulu vous faire une lettre, je l'ai LAISSÉE *écrire, je l'ai* LAISSÉE *répondre seule.*

Laisser, *écrire* et *répondre* étant actifs, disons encore :

Ai-je laissé Sophie écrire et répondre ?

Ou *ai-je laissé écrire et répondre Sophie ?*

Le sens est *j'ai laissé Sophie écrire et répondre.*

Or Sophie, se plaçant mieux après *laissé*, est le régime de ce participe : accord.

On ne pourrait admettre *j'ai laissé écrire et répondre Sophie*, attendu qu'on ne peut dire *écrire, répondre quelqu'un.*

Il s'est dit le maître de ces objets, et on les lui a LAISSÉ *prendre, on les lui a* LAISSÉ *enlever.*

Laisser, *prendre* et *enlever* étant actifs, disons encore :

A-t-on laissé les objets prendre et enlever?
Ou *a-t-on laissé prendre et enlever les objets?*

Le sens est *on a laissé prendre et enlever les objets*. Or le nom *objets*, se plaçant mieux après *prendre* et *enlever*, en est le régime, et conséquemment *laissé* reste invariable.

Quelquefois chacun des deux verbes a un régime; alors il ne saurait y avoir de difficulté :

Je les ai LAISSÉS TERMINER *leurs travaux.*

C'est-à-dire j'ai laissé *eux* terminer leurs travaux : le participe *laissé* s'accorde donc avec son régime *les*.

Ce cas se présente aussi après d'autres verbes :

Je les ai VUS ÉTUDIER *leurs leçons*. C'est-à-dire j'ai vu *eux* étudier leurs *leçons*.

Nous les avons ENTENDUS POUSSER *des cris.*

C'est-à-dire nous avons entendu *eux* pousser des *cris*.

Des participes EU *et* DONNÉ.

556. — Lorsque les participes *eu* et *donné* sont avant un verbe à l'infinitif, comme dans

Les difficultés que j'ai EUES A COMBATTRE,
Les livres que vous m'avez DONNÉS A LIRE,

On fait de préférence retomber le régime sur le participe, quoique ces phrases puissent se tourner également par

J'ai eu des difficultés à combattre,
J'ai eu à combattre des difficultés;
Vous m'avez donné des livres à lire,
Vous m'avez donné à lire des livres.

Nous écrirons donc :

Il s'est acquitté des commissions qu'on lui a DONNÉES *à faire, et des devoirs qu'il a* EUS *à remplir.*

Du participe FAIT.

557. — Le participe *fait* est actif quand il n'est pas avant un verbe à l'infinitif; il suit alors la règle des verbes actifs.

Elle a FAIT *ses devoirs.*
Les belles actions qu'il A FAITES.

Mais placé avant un verbe à l'infinitif, le participe *fait* est toujours invariable, parce qu'il ne conserve plus sa signification active, *faire quelque chose.* Il ne présente, avec le verbe qui le suit, qu'une seule idée; tels sont *faire instruire*, *faire souffrir*, *faire marcher*, etc.

Les enfants que vous avez FAIT INSTRUIRE *se sont toujours* FAIT REMARQUER *par leur zèle.*

Voilà ce qui les a FAIT MOURIR; *cette action les a* FAIT MÉPRISER, *les a* FAIT DÉTESTER.

Du pronom L'.

558. — *L'* est pronom *relatif* ou pronom *elliptique.*
Il est relatif lorsqu'il représente un nom :
*J'ai rencontré ma tante et l'*AI *embrassée.*
J'ai embrassé *qui? — ma tante*, représentée par le pronom relatif *l'* : accord.

L' est pronom elliptique quand il représente un membre de phrase; alors, comme il signifie *cela*, il n'influe point sur le participe.

Cette demoiselle est plus instruite que je ne l'avais pensé ; c.-à-d. *plus instruite* que je n'avais pensé qu'elle fût instruite, plus instruite que je n'avais pensé *cela.*

Cette dame est plus aimable que je ne L'*avais cru d'abord, et plus obligeante que je ne* L'*avais présumé;* c.-à-d. plus aimable, plus obligeante que je n'avais cru *cela*, plus obligeante que je n'avais présumé cela.

L'affaire a été terminée comme vous l'aviez prévu,

comme vous l'aviez annoncé; c.-à-d. comme vous aviez prévu, comme vous aviez annoncé *cela*, *qu'elle serait terminée.*

De l'adverbe PEU *avant un participe.*

559. — L'adverbe *peu* a deux significations : ou il exprime *une petite quantité*, ou il signifie *le manque* ; c'est dans l'ensemble de la phrase qu'il faut chercher cette différence de signification.

Dans le premier cas, c.-à-d. si le *peu* signifie *une petite quantité*, le participe s'accorde avec le nom qui suit le *peu* :

Le PEU *de fortune que nous avons* ACQUISE *est le fruit de longs travaux.*

Ici il y a de la fortune acquise, puisqu'on dit plus bas qu'elle est le fruit de longs travaux.

Dans le second cas, c.-à-d. quand *le peu* signifie *le manque*, le participe demeure invariable.

Le PEU *de complaisance qu'il a* MONTRÉ *dans cette circonstance lui a fait tort.*

Dans cet exemple, il y a *manque* de complaisance ; et c'est ce *manque*, ce *défaut* de complaisance, qui lui a fait tort. (Le participe reste donc invariable.)

Remarques sur les participes de quelques verbes.

560. Il y a des verbes dont les acceptions différentes font qu'ils se transforment en différentes espèces ; tels sont *accorder, courir, jouer, manquer, mêler, passer, porter, rentrer, sortir, taire, tourner, valoir, servir,* et une foule d'autres.

561. — ACCORDER ou S'ACCORDER quelque chose est ordinairement actif ; ce verbe cependant devient pronominal dans ces phrases :

Ils se sont accordés à dire que.... ils ne se SONT *jamais* ACCORDÉS.

562. — COURIR est neutre lorsqu'il exprime une ac-

tion qui ne sort pas du sujet : *nous avons* COURU *pour vous atteindre.*

Courir est actif, 1° quand il signifie *être exposé à : les risques, les périls, les dangers que vous avez* COURUS ; 2° quand il est pris dans le sens de *parcourir : j'ai* COURU *la ville et la campagne; la province que ces troupes ont* COURUE. (ACAD.)

Quand *courir* se dit des personnes et des choses qu'on recherche avec empressement, il s'emploie particulièrement au passif : *ce prédicateur est* COURU; *il n'y a pas assez de cette marchandise, tant elle est* COURUE. (ACAD.)

563. — JOUER, dans *jouer* une somme, *jouer* un rôle, etc., est actif. *Jouer*, dans *se jouer* des difficultés, *se jouer* de quelqu'un, est pronominal.

564. — MANQUER est actif en ce sens : *manquer une chose, la mal faire*, ou *ne pas l'atteindre*, etc. *Manquer* est neutre dans ces phrases : *les vivres* ONT MANQUÉ; *l'expérience lui* A MANQUÉ; *nous* AVONS MANQUÉ *périr*, etc.

565. — MÊLER quelque chose est actif; *se mêler* de quelque chose est pronominal.

566 — PASSER est actif, quand il signifie *employer* ou *consumer, introduire, transmettre* ou *céder, traverser*, etc. : *les heures que nous avons* PASSÉES *à étudier ; les vins qu'il a* PASSÉS *par fraude ; les billets qu'il a* PASSÉS *à mon ordre ; la rivière que nous avons* PASSÉE, etc.

Passer est neutre quand il exprime une action qui ne sort pas du sujet : *les beaux jours sont* PASSÉS; *vos amis sont* PASSÉS, *ne les attendez pas*; *la loi a* PASSÉ; *la faim lui a* PASSÉ.

567. — PORTER quelque chose est actif; *se porter bien, se porter mal*, sont pronominaux : *ils se* SONT *bien* PORTÉS, *ils se* SONT *mal* PORTÉS.

568. — RENTRER est actif, quand il signifie *mettre dans l'intérieur* d'un lieu un objet qui était hors de ce

lieu : *ce laboureur a* RENTRÉ *ses grains bien secs; ces arbustes auraient péri, si nous ne les eussions* RENTRÉS.

Rentrer est neutre, lorsque l'action ne sort pas du sujet : *nous sommes* RENTRÉS *à deux heures.*

569. — SORTIR est actif quand il signifie *mettre hors* d'un lieu une chose qui était dans ce lieu : *il a payé au moyen de deux pièces d'or qu'il a* SORTIES *de sa bourse; les marchandises qu'il a* SORTIES *au-devant de sa boutique lui ont été volées.*

Sortir est neutre quand il exprime une action qui ne sort point du sujet : *nous sommes* SORTIS *ce matin.*

570. — TAIRE est actif dans ce sens : *taire un secret, une démarche*; c.-à-d. *ne pas divulguer. Se taire* est pronominal : *ils se sont* TUS.

571. — TOURNER est actif dans *tourner un objet* sur un autre sens, *tourner le feuillet*, etc.

Tourner est neutre dans *la tête lui* A TOURNÉ ; *la calomnie de votre ennemi* A TOURNÉ *contre lui*, etc.

572. — SERVIR, ainsi que plusieurs autres verbes encore, est tour à tour *actif*, *passif neutre*, *pronominal*, *et impersonnel*, c.-à-d. de toutes les espèces. *Servir* est actif dans *servir quelqu'un à table, servir un ami*, etc. — *Servir* est passif dans ces phrases : *ces mets* ONT ÉTÉ SERVIS *trop tôt; ces pièces* ONT ÉTÉ SERVIES *par d'excellents artilleurs.* — *Servir* est neutre dans les deux exemples suivants : *ces objets m'ont* SERVI *dans mon voyage ; cette démarche* A SERVI *à nous convaincre.* — *Se servir* est pronominal dans cette phrase : *ces messieurs* SE SONT SERVIS *de ce moyen pour découvrir la vérité.* Ici *se servir* demande à être conjugué avec deux pronoms de la même personne pour conserver sa signification : on ne peut pas dire, *ces messieurs* ONT SERVI *eux de ce moyen.* — *Servir*, enfin, devient impersonnel, comme dans *il* A ÉTÉ SERVI *à sa table des mets fort recherchés.* Ce verbe est ici impersonnel, de ce que le pronom *il* qui le précède ne se rapporte à rien.

Quoiqu'il fût facile de décupler le nombre de ces

exemples, ceux qui précèdent suffiront pour montrer combien il importe de ne s'en référer qu'à la signification d'un verbe pour en déterminer l'espèce, et, conséquemment, la variabilité ou l'invariabilité de son participe.

573. — VALOIR est actif quand il signifie *procurer*, *produire : je ne saurais vous dire tous les honneurs que m'a* VALUS *sa protection*, c.-à-d. *que m'a procurés sa protection.*

La gloire immortelle que ses exploits lui ont VALUE, c.-à-d. *procurée.*

Valoir est neutre lorsqu'il exprime le prix, la valeur des choses : *ces terres* ONT VALU *jusqu'à trois mille francs l'arpent.*

574. — COÛTER. Voici ce que l'Académie dit du participe passé de ce verbe :

« Le verbe *coûter* étant neutre est invariable au « participe ; cependant plusieurs personnes écrivent, « *les vingt mille francs que cette maison m'a* COUTÉS ; « *les efforts que ce travail m'a* COUTÉS ; *la peine qu'il* « *m'a* COUTÉE. L'exactitude grammaticale exgige : *les* « *vingt mille francs que cette maison m'a* COUTÉ ; *les ef-* « *forts, la peine que ce travail m'a* COUTÉ. »

Dans quelque cas que ce soit, écrivez donc *coûter* sans jamais le faire varier.

575. — Les participes *plu*, *déplu*, *complu*, sont toujours invariables : *elle s'est* PLU *à vous contredire ; ils se sont* PLU *à me persécuter.* (ACAD.)

CHAPITRE IX.

De l'Adverbe.

575 *bis.* — ALENTOUR est un adverbe qui ne peut régir la préposition *de : toutes les dames étaient à table, et les messieurs* ALENTOUR. Or ne dites pas *alentour* de sa maison, *alentour* de son jardin, mais *autour* de sa maison, *autour* de son jardin.

576. — AUPARAVANT et DAVANTAGE sont des adverbes qui ne s'emploient qu'absolument : ils ne peuvent donc régir ni *de* ni *que*. Ne dites donc pas : *il a* DAVANTAGE DE *fortune que moi*, AUPARAVANT QU'*il parte* ; mais *il a* PLUS *de fortune que moi*, AVANT QU'*il parte*.

Remarque. Si quelquefois *auparavant* et *davantage* sont suivis de l'un des mots *de* ou *que*, ce *de* ou ce *que* sont alors sous la dépendance de quelque verbe ou de quelque adjectif précédent, comme quand on dit : *Quoiqu'il fût content de son premier voyage, il l'est bien* DAVANTAGE DU *second*, c.-à-d. *il est content du second*. — *Je serais satisfait de le voir prospérer, mais je désire encore* DAVANTAGE QU'*il conserve les principes de vertu que je lui ai inculqués*, c.-à-d. *je* DÉSIRE QU'*il conserve*. — *Il veut leur intenter un procès, mais il serait bon* AUPARAVANT QU'*il consultât un jurisconsulte*,

577. — AUSSITÔT s'emploie quelquefois par ellipse pour *aussitôt que* : AUSSITÔT *votre lettre reçue, je ferai cette démarche*, c.-à-d. *aussitôt que j'aurai reçu votre lettre*. (ACAD.)

578. — AUSSI et SI n'accompagnent que les adjectifs et les adverbes : *il est* AUSSI *instruit que son père* ; *il parla* SI *éloquemment, qu'il persuada tout le monde*.

AUTANT et TANT se joignent aux autres mots : *j'ai* AUTANT *de charges que vous ; on l'a* TANT *trompé, qu'il est devenu défiant*.

AUSSI et AUTANT expriment la comparaison : AUSSI *grand que vous* ; AUTANT *de fruits que de fleurs*.

SI et TANT marquent le plus souvent l'étendue : *le vent est* SI *fort, qu'il rompt les arbres, il a* TANT *couru, qu'il s'est échauffé*.

579. — SI et TANT, dit l'Académie, ont encore la valeur de *aussi*, *autant* ; alors ils entrent dans les camparaisons, mais seulement avec la négative : *il n'est pas* SI *riche que vous* ; *il ne se porte pas* SI *bien* ; *il ne fait pas de* SI *beaux vers* ; *rien ne m'a* TANT *fâché que cette nouvelle*. (ACAD. aux mots *Si* et *Tant*.)

580. — BEAUCOUP. Avant un adjectif au comparatif, dit l'Académie, on met indifféremment *beaucoup* ou *de beaucoup* : *vous êtes* BEAUCOUP *plus fort que moi*, ou DE BEAUCOUP *plus fort*. — Placé après le comparatif, *beau-*

coup exige la préposition *de* : *vous êtes plus fort* DE BEAUCOUP.

581. — COMME se dit quelquefois pour *comment, de quelle manière* : *vous savez* COMME *il s'est conduit envers moi* ; *voici* COMME *l'affaire se passa*. (ACAD.)

582. — EN DÉFINITIVE. On ne trouve point dans l'Académie l'expression *en définitif*, elle n'admet que *en définitive* : EN DÉFINITIVE, *que voulez-vous? Il a gagné son procès* EN DÉFINITIVE.

583. — DESSUS, DESSOUS, sont ordinairement adverbes : *on le cherchait* DESSUS, *et il était* DESSOUS.

Mais *dessus* et *dessous* s'emploient comme prépositions dans deux cas, et peuvent conséquemment avoir des régimes; c'est 1° lorsqu'ils sont précédés d'une autre préposition, telle que *de* ou *par* : *ôtez cela* DE DESSOUS *moi* ; *il avait un habit* PAR DESSOUS *sa redingote* ; 2° lorsque, allant ensemble, *dessus et dessous* sont liés par une des conjonctions *et, ni, ou* : *j'ai cherché inutilement* DESSUS *et* DESSOUS *les meubles* ; *il n'est* NI DESSUS *ni* DESSOUS *la table*. (ACAD.)

584. — ENVIRON est un adverbe qui signifie *à peu près* ; *il est* ENVIRON *deux heures* ; *il me doit* ENVIRON *quatre cents francs* ; mais ne dites pas, *aux environs de deux heures, aux environs de quatre cents francs*. ENVIRONS écrit avec *s* est un nom commun pluriel qui signifie *les lieux d'alentour* : *l'armée se logea aux* ENVIRONS *de la place* ; *il demeure aux* ENVIRONS *de la ville*.

585. — INCESSAMMENT signifie *sans délai, au plus tôt* : *nous partirons* INCESSAMMENT. Mais ne dites pas *très-incessamment*, cela signifierait *très-sans délai, très-au plus tôt*.

586. — JAMAIS exige le plus souvent la négative : *il* NE *parle* JAMAIS *inconsidérément*. Quelquefois on la supprime : *son style est toujours ingénieux*, JAMAIS *recherché*. Il s'emploie encore sans négative quand il n'a point de sens négatif : *c'est ce qu'on peut* JAMAIS *dire de plus fort* ; *c'est un insolent s'il en fut* JAMAIS. (ACAD.)

587. — LONGTEMPS. Ainsi que nous en avons déjà fait la remarque, l'Académie l'écrit aujourd'hui en un seul mot.

588. — DE LOIN A LOIN, DE LOIN EN LOIN. L'Académie dit indifféremment l'un ou l'autre : *il ne vient plus me voir que de* LOIN EN LOIN, ou de LOIN A LOIN.

589. — DEMAIN AU MATIN, DEMAIN AU SOIR, OU DEMATIN, DEMAIN SOIR, HIER SOIR. L'Académie sanctionne ces deux façons de parler : *je le vis* HIER AU SOIR *ou* HIER SOIR ; *il arrivera* DEMAIN MATIN *ou* DEMAIN AU MATIN.

590. — MIEUX, suivi de deux infinitifs, exige *de* avant le second : *nous ne pouvions mieux faire que* DE *prendre ce parti* ; il n'y a d'exceptions que quelques phrases proverbiales, comme celle-ci : *il vaut mieux plier que* ROMPRE.

591. — PLUS, MIEUX. *Plus* sert à exprimer la qualité : *il est* PLUS *aimable que son frère* ; ou la quantité : *vous avez* PLUS DE *fortune que lui*. Dans ce dernier cas, il doit toujours être suivi de la préposition *de* : *il y avait* PLUS DE *cent personnes* ; *il est plus de deux heures* ; *il a mis* PLUS *d'une heure à faire cette course*, *son argent est* PLUS D'*à moitié dépensé*, et non *il a mis* PLUS QU'*une heure, son argent est* PLUS QU'*à moitié dépensé*.

MIEUX exprime la perfection : *celui ci en fait plus, mais celui-là fait* MIEUX. Or on ne doit pas s'en servir pour remplacer *plus de*, il est donc irrégulier de dire, *il* A MIEUX *de dix mille livres de rente*, il faut PLUS DE *dix mille livres*.

592. — Où, seul, s'emploie quelquefois pour *le lieu où, là que* : *je meurs* où *je m'attache*. — *C'est un homme exact à se rendre* où *son devoir l'appelle*. — *C'est* où *je l'attends*. (ACAD., aux mots *Ame, Assidu, Attendre*.)

593. — PLUS TÔT, PLUTÔT. *Plus tôt*, en deux mots, a rapport au temps : *il arriva* PLUS TÔT *que les autres*. — PLUTÔT exprime la préférence : *de ces deux objets, prenez* PLUTÔT *celui-là*.

594. — NON PLUS, AUSSI. *Non plus* répond à une phrase négative ; *il ne le veut pas, ni moi* NON PLUS. —

Aussi répond à une phrase affirmative : *il le veut bien et moi* AUSSI.

595. — TOUT A COUP, TOUT D'UN COUP. *Tout à coup* signifie soudainement, en un moment : TOUT A COUP *la pluie tomba.* — TOUT D'UN COUP, en une seule fois : *il fit sa fortune* TOUT D'UN COUP.

596. — DE SUITE, TOUT DE SUITE. *De suite* signifie l'un après l'autre, sans interruption : *faites-les marcher* DE SUITE; *il ne saurait dire deux mots* DE SUITE. — TOUT DE SUITE signifie sur-le-champ. *Partez, venez* TOUT DE SUITE. (ACAD.)

597. — 1re *Remarque.* — Il faut écrire par *amment* les adverbes *méchamment, constamment*, et tous ceux qui viennent d'adjectifs dans la finale desquels il entre un *a*, comme *méchant, constant*; et par *emment, prudemment, éloquemment*, et tous ceux où cette finale prend un *e*, comme *prudent, éloquent.*

598. — 2e *Remarque.* — On écrit aujourd'hui *ingénûment, crûment, assidûment, continûment, gaîment*, etc., qu'autrefois on ortographiait ainsi : *ingénuement, cruement, gaiement*, etc. L'Académie écrit encore ce dernier *gaiement* ou *gaîment.*

DE LA NÉGATIVE.

599. — *Non, ne, ne... pas, ne... point*, sont nos seules négatives.

L'emploi des négatives donne lieu aux observations suivantes.

600. — NON s'emploie le plus souvent dans un sens opposé à *oui* : *votre frère est-il à Paris?* NON.

601. — NE se met toujours après *à moins que, de peur que, de crainte que* : A MOINS QU'*il* NE *parle. Cachez-lui votre dessein*, DE CRAINTE QU'*il* NE *le traverse.*

602. — NE est de rigueur après les comparatifs formés à l'aide de *plus, moins, mieux* ; après *autre* et *au-*

trement ; après *craindre* et ses synonymes *appréhender*, *avoir peur*, *trembler* :

Il est PLUS RICHE, MOINS RICHE *qu'on* NE *croit*.
Il a été MIEUX *reçu qu'il* NE *s'y attendait*.
Il agit AUTREMENT *qu'il ne parle*. (ACAD.)
Je CRAINS, *j'*APPRÉHENDE, *j'*AI PEUR, *je* TREMBLE *qu'il* NE *vienne*. (ACAD.)

603. — Cependant si *plus*, *moins*, *mieux*, *autre*, *autrement*, *craindre* et ses synonymes, étaient accompagnés d'une négative, il n'en faudrait point avec le verbe de la proposition suivante :

Il N'*est pas moins aimable qu'il le paraît*.
Il N'*agit pas autrement qu'il parle*.
Je NE *crains pas qu'il vienne*. (ACAD.)

604. — *Remarque*. — Après ces quatre verbes, *craindre*, *appréhender*, *avoir peur*, *trembler*, on supprime *pas* et *point* lorsqu'il s'agit d'un effet qu'on ne désire pas : *je crains que vous* NE *perdiez votre procès*. Au contraire; il faut *pas* ou *point* lorsqu'il s'agit d'un effet qu'on désire : *je crains que ce fripon* NE *soit* PAS *puni*. Il en est de même après les locutions conjonctives *de crainte que*, *de peur que*.

605. — *Empêcher*, employé sans négative, demande à en être suivi : *la pluie* EMPÊCHE *que nous* N'*allions nous promener*.

606. — Mais après *empêcher*, *nier* et *disconvenir*, accompagnés d'une négative, l'emploi de la négative est facultatif avant le second verbe : *je* N'EMPÊCHE PAS *qu'il* NE *fasse* ou QU'IL FASSE *ce qu'il voudra*. *Je* NE *nie pas*, *je* NE *disconviens pas que cela* NE *soit*, ou *que* CELA SOIT. (ACAD.)

Avec *disconvenir* on peut aussi supprimer la négative, en faisant usage des temps de l'indicatif, et dire : *vous ne sauriez* DISCONVENIR *qu'il vous* A PARLÉ. (ACAD.)

607. — DOUTER étant précédé d'une négative demande qu'on la répète avant le second verbe : *je ne*

doute pas que cela NE *soit*. — Il en est de même après *tenir* employé impersonnellement et avec la négative : *il n'a* TENU *à rien que je* NE *lui fisse affront*.

608. — *Douter* et *nier* étant sans négative l'excluent de la proposition suivante : *je* DOUTE, *je* NIE *que cela soit*.

609. — *Remarque*. — *Sans* est une expression négative qui signifie *et... ne*. Or il faut dire, *j'ai agi ainsi sans* CRAINDRE *qu'on m'en fît un reproche*, et non *qu'on* NE *m'en fît*. C'est comme si l'on eût dit, *j'ai agi ainsi*, ET *je* N'*ai pas craint qu'on m'en fît un reproche*. Or ce que nous avons dit de certains verbes accompagnés d'une négative s'applique aux mêmes verbes lorsqu'ils sont précédés de *sans*.

610. — Avec *avant que*, *sans que* et le verbe *défendre*, il ne faut jamais faire usage de la négative. AVANT QU'*il parte*. — *Il l'a fait* SANS QUE *nous nous en soyons aperçus*. — *J'ai* DÉFENDU *que vous fissiez telle chose*. (ACAD.)

De la place des particules négatives PAS *et* POINT, *de leur différence et de leur emploi*.

611. — Dans les temps simples du verbe, *pas* et *point* doivent toujours suivre le verbe : *il ne souffre* POINT ; *il ne rit* PAS ; au contraire, dans les temps composés, ils se mettent entre l'auxiliaire et le participe : *il n'a* POINT *souffert* ; *il n'a* PAS *ri*. (ACAD.)

612. — *Point* nie plus fortement que *pas*. Quand on dit, *il n'*A PAS *d'esprit ce qu'il en faudrait pour sortir d'un tel embarras*, on fait entendre que, tout ayant quelque esprit, la personne dont on parle n'en a pas assez pour telle difficulté ; mais si l'on dit, *il* N'*a* POINT *d'esprit*, on ne peut rien ajouter. Ainsi, *point de* forme une négation absolue ; au lieu que *pas* laisse la liberté de restreindre. (ACAD.)

613. — De là il faut conclure que *pas* vaut mieux que *point* :

1° Avant *plus, moins, si, autant*, et autres termes comparatifs : *Cicéron* N'*est* PAS MOINS *véhément que Démosthène*. — *Démosthène* N'*est* PAS SI *abondant que Cicéron*. (ACAD.)

2° Avant les noms de nombres : *il* N'*en reste* PAS *un morceau*. — *Vous* N'*en trouverez* PAS DEUX *de votre avis*. (ACAD.)

3° Lorsqu'il s'agit de quelque chose de passager et d'accidentel : *il* NE *lit* PAS, c.-à-d. *il ne lit pas dans ce moment*. — POINT, au contraire, exprime quelque chose de permanent et d'habituel : *il* NE LIT POINT, c.-à-d. *jamais*. (ACAD.)

614. — Qand *pas* et *point* entrent dans l'interrogation, c'est avec des sens différents. Si la question est accompagnée de doute, on dira : *n'avez-vous* POINT *été là? N'est-ce* POINT *vous qui avez écrit cette lettre?* Mais s'il n'y a pas de doute, on dira, par manière de reproche : *N'avez-vous* PAS *été là? N'est-ce* PAS *vous qui l'avez frappé le premier?* (ACAD.)

615. — PAS et POINT peuvent se supprimer :

1° Après *cesser, oser* et *pouvoir* : *il n'a* CESSÉ *de gronder*. *On* N'*ose l'aborder*. *Je* NE PUIS *le voir*.

2° Avec *autre* et *autrement* : *je n'ai d'autre but que celui de vous être utile*. C'est ainsi que le plus souvent on s'exprime ; mais on peut dire aussi : *je* N'*ai* PAS *d'autre but*. Quand *autre* est sous-entendu, *pas* et *point* doivent se supprimer : *je* N'*ai de volonté que la tienne*, c.-à-d. *d'autre volonté*.

3° Ils se suppriment avec élégance dans ces sortes d'interrogations : *Y a-t-il un homme dont elle* NE *médise? Avez-vous un ami qui* NE *soit des miens?* (ACAD.)

616. — PAS et POINT doivent se supprimer :

1° Après *savoir* pris dans le sens de *pouvoir* ou d'*être incertain* : *je* NE SAURAIS *vous le dire ; je* NE SAIS *où le prendre*.

617. — Mais employé dans son vrai sens *savoir* prend *pas* et

point : je ne sais PAS *l'anglais ; c'est ce que je* NE *savais* POINT. (ACAD.)

2° Quand la négation est suffisamment exprimée par d'autres termes, tels que *nul, personne, aucun, jamais, guère, pas un,* etc. : *c'est un homme qui* NE *cause* GUÈRE, *qui* NE *rit* JAMAIS. (ACAD.)

3° Après un comparatif : *il est* MOINS FRANC *qu'on* NE *croit. Il écrit* MIEUX *qu'il* NE *parle.* (ACAD.)

4° Après *que* ayant la signification de *pourquoi* : QUE N'*êtes-vous arrivé plus tôt ?* (ACAD.)

5° Après *à moins que,* et *si,* dans le sens de *à moins que* : *je ne sors pas,* A MOINS QU'*il* NE *fasse beau. Je ne sortirai point* SI *vous* NE *venez me prendre.*

6° Après deux négations jointes par *ni* : *je ne l'estime ni ne l'aime* ; ou après ni répété : *ni les biens ni les honneurs ne valent la santé.*

618. — Après *il y a* suivi d'un mot qui marque une certaine quantité de temps, et après *depuis que,* on supprime *pas* et *point,* mais seulement quand le verbe est au passé : *depuis que* JE NE L'AI VU. *Il y a six mois que* JE NE LUI AI PARLÉ. (ACAD.)

Mais il faut *pas* ou *point* si le verbe est au présent : IL Y A *six mois que nous* NE *nous parlons point,* etc. (ACAD.)

CHAPITRE XII.

DE LA PRÉPOSITION.

619. — *A,* placé entre deux nombres, en laisse supposer un qui est intermédiaire : *vingt* A *trente personnes* : *quinze* A *vingt lieues* ; *mille* A *douze cents francs.* (ACAD.)

A se place encore entre deux nombres consécutifs, lorsqu'ils se rapportent à des choses qui peuvent se diviser par fractions : *deux* A *trois livres de sucre* ; *cinq* A *six lieues.* Mais il faut dire, *cinq* OU *six personnes, onze* ou *douze chevaux*, parce que ni les personnes ni les chevaux ne se subdivisent. (ACAD.)

620. — AUPRÈS DE, PRÈS DE. C'est à tort qu'un grammairien suivi a prétendu que la préposition *auprès de* ne pouvait éveiller qu'une idée d'assiduité, de sentiment.

Auprès de et *près de*, dit l'Académie, marquent le voisinage, la proximité : *sa maison est* AUPRÈS DE *la mienne; la rivière passe* AUPRÈS DE *cette ville; il loge* AUPRÈS DU *palais; s'asseoir* PRÈS DE *quelqu'un; être logé* PRÈS DE *l'église.*

Auprès de exprime aussi le séjour, la présence habituelle et fréquente d'une personne auprès d'une autre : *vivre* AUPRÈS DE *ses parents; ce malade a* AUPRÈS DE *lui un médecin fort habile.* (ACAD.)

621. — AVANT, DEVANT. Quoi qu'on en ai dit, ces deux prépositions s'emploient souvent l'une pour l'autre : *un mot placé* DEVANT OU AVANT *un autre.* (ACAD.)

622. — DE, dans l'énonciation des quantièmes, peut se supprimer avant le noms de mois : *le cinq* DE *février* ou *le cinq février.* (ACAD.)

Dans les phrases analogues à celle qui suit, l'Académie fait une nécessité de répéter *de* avant chaque terme comparé : *quel est le plus habile* DE *cet homme ci ou* DE *celui-là?* (ACAD., au mot *De.*) (1).

623. — EN, DANS. *En* marque la relation d'une chose avec le dedans, l'intérieur : *voyager en Italie, dîner en ville.* — *Dans* marque plus exactement le rapport d'une chose à ce qui la contient : *serrer quelque chose* DANS *un secrétaire; mettre de l'eau* DANS *un verre.* (ACAD.)

624. — EN, DANS, appliqués au temps, n'ont pas la même valeur : *mon frère arrivera dans trois jours*, c.-à-d. *après trois jours, à partir du moment où je parle, mon frère arrivera.* Ici donc l'époque de l'arrivée est déterminée. *Une fois à tel endroit, on arrive* EN *cinq*

(1) L'Académie donc ne partage pas l'opinion des grammairiens qui veulent nous faire dire, en supprimant *de*, *quel est le plus brave, ou Alexandre ou César?*

heures ; ici je parle non d'une action qui aura lieu à tel moment, mais d'une action qui ordinairement demande tel temps pour son exécution. (ACAD.)

625. — ENTRE, PARMI. *Entre* s'emploie le plus souvent entre deux noms ou deux pronoms, soit qu'il y ait deux ou plus de deux objets : ENTRE *eux et nous ;* ENTRE *les hommes et les animaux ; il y a* ENTRE *le père, la mère et les enfants une grande différence de caractère* (1). Quelquefois même *entre* a la signification de *parmi : il fut trouvé* ENTRE *les morts ;* ENTRE *les merveilles de la nature, il n'en est point de plus admirable.* (ACAD.)

626. — PARMI ne se met qu'avec un pluriel indéfini où il entre plus de deux ou trois objets, ou avec un singulier collectif : PARMI *les honnêtes gens ; l'ivraie est mêlée* PARMI *le bon grain ;* PARMI *le peuple.* (ACAD.)

627. — AU FUR ET A MESURE, A FUR ET MESURE. Ces expressions deviennent tantôt locutions prépositives à l'aide de la préposition *de : il sera payé* AU FUR ET A MESURE DE *l'ouvrage ;* tantôt conjonctions, à l'aide de *que : nous vous ferons passer les marchandises* AU FUR ET A MESURE QU'*elles arriveront ;* tantôt adverbes ; alors elles sont employées absolument : *travaillez et vous serez payé* AU FUR ET A MESURE, ou *à fur et mesure.* (ACAD.)

628. — JUSQUE. On dit également *jusqu'aujourd'hui* ou *jusqu'à aujourd'hui.* Quelquefois on écrit ainsi avec *s jusques,* mais seulement avant une voyelle, et en faisant sentir la liaison : *jusques à quand ;* mais cette façon de parler semble affectée.

629. — PENDANT, DURANT. Malgré ce qu'en ont dit quelques grammairiens, l'Académie n'établit aucune différence entre *pendant* et *durant.* Elle définit ainsi chacun de ces mots : « Préposition servant à marquer la durée du temps : » DURANT *l'hiver,* PENDANT *l'hiver.*

630. — QUANT A, QUAND. *Quant à* est une préposi-

---

(1) C'est à tort qu'un grammairien suivi a posé ce principe que la préposition *entre* ne se dit que de deux objets, comme dans cet exemple : ENTRE *Rome et Carthage.*

tion qui signifie *pour ce qui est de, à l'égard de* : QUANT A MOI, *j'y consens* ; QUANT A LUI, *il s'y refuse.*

QUAND est un adverbe qui signifie *lorsque, dans le temps que*, etc. : *on était à table* QUAND *il arriva.*

631. — VOICI, VOILA, servent pour montrer les personnes et les choses ; mais avec cette différence que *voici* désigne celles qui sont plus proches de celui qui parle, et *voilà*, celles qui en sont plus éloignées : VOICI *mon chapeau, et* VOILA *le vôtre.*

632. — VIS-A-VIS, PRÈS, PROCHE, HORS, sont ordinairement suivis de la préposition *de*. VIS-A-VIS DE *mes fenêtres* ; PRÈS, PROCHE, HORS DE *la ville* ; EN FACE DU *prince*. Si *de* se supprime quelquefois, ce n'est que dans le style familier : VIS-A-VIS *l'église*, PRÈS, PROCHE, HORS *la barrière*. — EN FACE veut toujours *de, en face de l'église.* (ACAD.)

Mais *vis-à-vis* ne saurait signifier *à l'égard de* : or ne dites pas, *il s'est mal conduit* VIS-A-VIS *de vous*, VIS-A-VIS *de moi* ; mais *à votre égard, à mon égard.*

633. — *Remarque.* — C'EST A VOUS A, C'EST A MOI A, signifient *c'est votre tour, c'est mon tour de* : *c'est à vous* A *donner les cartes*, c.-à-d. *c'est votre tour de donner.* — *C'est à vous* DE, signifie *c'est votre devoir* DE, ou *c'est à vous qu'il appartient* DE : *c'est à vous* DE *défendre l'honneur de vos parents*, c.-à-d. *c'est votre devoir, c'est à vous qu'il appartient de défendre.*

De la répétition des prépositions.

634. — A, DE, EN, se répètent avant chaque régime : *il aime* A *s'amuser et* A *rire* ; *j'ai besoin* DE *vous et* DE *lui* : *voyager* EN *Suisse et* EN *Italie.*

Cependant l'Académie dit, *il a perdu son temps en allées et venues.* Et l'usage a presque fait une nécessité de ne les exprimer qu'une fois avant plusieurs adjectifs de nombres : *il aura terminé d'ici* A *cinq ou six jours* : *on fait ce trajet* EN *sept ou huit heures* ; *il a besoin* DE *deux ou trois mille francs.*

Ce n'est guère que le goût qui décide de la répétition des autres prépositions.

635. — Sans se remplace quelquefois par *ni* avant le second régime : SANS *boire* NI *manger;* SANS *force* NI *vertu.* (ACAD.)

Des prépositions employées absolument.

Presque toutes les prépositions peuvent s'employer absolument, c.-à-d. sans qu'elles soient suivies de leur régime : *il a parlé* POUR *et* CONTRE ; *c'est lui qui vint* APRÈS ; *le palais était fermé :* AUTOUR *veillait une garde nombreuse ; qu'importe que cela soit* DEVANT *ou* DERRIÈRE, etc.

Il n'est pas jusqu'à la préposition *avec* qui ne puisse être ainsi employée. AVEC, dit l'Académie, s'emploie quelquefois sans régime, mais dans le langage familier seulement : *il a été bien traité ; et il a encore eu de l'argent* AVEC.

CHAPITRE XIII.

DE LA CONJONCTION.

636. — AUTANT QUE, D'AUTANT QUE. *Autant que* marque la comparaison : *un prince n'est grand qu'*AUTANT *qu'il est juste,* c.-à-d. *est grand dans la même proportion,* ou *selon qu'il est juste.* — D'AUTANT QUE signifie *vu, attendu que : à votre place, je n'agirais point ainsi,* D'AUTANT *que rien ne vous y oblige* ; c.-à-d. *attendu que rien ne vous y oblige.*

637. — ET, NI, servent également à lier les phrases ; mais avec cette différence que *et* ne se met qu'après une proposition affirmative, et *ni* après une proposition négative.

J'ai acheté cette maison ET *l'ai revendue aussitôt.*
Je lui ai écrit, ET *il ne me répond pas.*
Cet enfant est doux ET *poli.*
Il ne boit NI *ne mange depuis deux jours.*
Il n'est NI *aimable* NI *instruit.*
Il ne travaille NI *peu* NI *beaucoup.*

638. — *Remarque.* — Avec *ni* il est beaucoup mieux de supprimer *pas* ou *point* de la proposition précédente. Ainsi, au lieu de dire, *les catholiques ne mangent* PAS *gras le vendredi* NI *le samedi*, dites plutôt *ne mangent gras* NI *le vendredi* NI *le samedi.*

639. — Quoique la préposition *sans* renferme une négative, on la fait précéder de *et* quand elle se répète : *sans force* ET SANS *vertu*; quand on la supprime, on la remplace par *ni* : *sans force* NI *vertu.* (ACAD.)

640.—*Plus, moins, mieux,* répétés, ne doivent point être unis par *et* : PLUS *on le connaît*, PLUS *on l'estime*, et non ET *plus on l'estime.*

641. — MALGRÉ QUE ne s'emploie qu'avec le verbe *avoir*, et seulement dans ces phrases : MALGRÉ QU'*il en ait*, MALGRÉ QU'*ils en aient*, *nous connaissons leur secret*; c.-à-d. *en dépit de lui, en dépit d'eux.* (ACAD.)

642. — PARCE QUE, écrit en deux mots, signifie *attendu que* : *je le veux,* PARCE QUE *cela est juste.* — PAR CE QUE, écrit en trois mots, signifie *par la chose que*, ou *par les choses que* : PAR CE QU'*il dit, on voit qu'il a tort.*

643. — QUE. De toutes les conjonctions, *que* est la plus usitée, et celle dont l'emploi est le plus varié; on s'en sert,

1° Entre deux verbes, pour marquer que le second est régi par le premier : *il faut* QUE *je parte; j'ignorais* QU'*il fût à Paris.* Toutefois, dans la vivacité de l'imprécation, du commandement, du blâme, le premier verbe se sous-entend; et la phrase, tout en y gagnant de l'élégance, peint encore la pensée avec plus d'énergie.

QUE *Dieu foudroie le meurtrier de mon père!*
QU'*il parte sur-le-champ!* QU'*il sorte d'ici!*
QU'*il se soit oublié à ce point!*

2° Pour marquer l'admiration, l'ironie, l'indignation; et alors il signifie *combien* : QUE *Dieu est puis-*

sant! QUE *vous êtes importun!* QUE *je hais le mensonge!*

3° Dans certaines phrases exclamatives, entre l'adjectif et le verbe *être* : *insensé* QUE *j'étais de croire à leur bonne foi! Ne voyez-vous point, aveugle* QUE *vous êtes, le piége qui vous est tendu?*

4° Dans l'acception de *pourquoi* au commencement de certaines phrases interrogatives : QUE *n'adressez-vous votre demande au roi?* QUE *ne vient-il avec nous?*

5° Combiné tantôt avec des prépositions, tantôt avec des conjontions ou des adverbes, *que* forme certaines locutions conjonctives, qu'on appelle le plus communément *conjonctions*; comme *afin que*, *avant que*, *après que bien que*, *dès que*, etc.

Mais quelquefois il s'emploie avec ellipse des prépositions ou des adverbes avec lesquels il est combiné. Ainsi l'on dit : *approchez* QUE *je vous parle*, c.-à-d. AFIN QUE *je vous parle; il ne fait point de voyage* QU'*il ne lui arrive quelque accident*, c.-à-d. SANS QU'*il lui arrive. — Je ne partirai point* QUE *mes affaires ne soient réglées*, c.-à-d. AVANT QUE *mes affaires soient réglées*, etc.

6° *Que* sert à éviter la répétition de beaucoup de conjonctions, telles que *comme*, *quand*, *si*, *lorsque*, *puisque*, *quoique*, *attendu que*, etc. : *comme Dieu est bon et* QU'*il est juste, il récompensera la vertu*, c.-à-d. *et comme il est juste. — S'il vient et* QU'*il veuille me parler*; c.-à-d. *et s'il veut*, etc.

7° La conjonction *que* sert encore à unir les termes d'une comparaison : *il est aussi modeste* QU'*instruit; Voltaire parle moins au cœur* QUE *Rousseau.*

8° Et enfin *que* est redondant (c.-à-d. superflu) dans certaines façons de parler, comme quand on dit : QUE *s'il m'allègue telle raison;...* QUE *s'il se fâche; c'est se faire tort* QUE *d'agir ainsi; c'est se tromper* QUE *de croire*... Dans ces exemples on peut supprimer *que* et dire : *s'il se fâche; c'est se tromper de croire*, etc. Mais alors l'expression ne semble plus avoir la même grâce.

644. — *Quoique*, écrit en un seul mot, signifie *bien*

que : QUOIQU'*il soit pauvre, il est honnête homme*. — *Quoi que*, écrit en deux mots, signifie *quelque chose que* : QUOI QU'*on fasse*, QUOI QU'*on lui dise, on ne gagne rien sur son caractère*, c.-à-d. *quelque chose qu'on fasse, quelque chose qu'on dise*.

CHAPITRE XIV.

DE L'INTERJECTION.

645. — Nous n'avons rien à ajouter à ce que nous avons dit de l'interjection, page 90, sinon qu'il ne faut pas confondre *oh! ho!* avec *ô!*

646. — OH! et HO! marquent l'un et l'autre la surprise; mais il est plus régulier d'écrire ainsi *ho!* lorsqu'il demande à être prononcé avec promptitude : HO! *prenez-garde!* et *oh!* lorsque l'expression marque plus de lenteur : OH! *combien j'aimerais à le voir!*

647. — *O* s'emploie dans des circonstances plus faciles à sentir qu'à définir, et comme dans ô TEMPS! ô MŒURS! *le sénat en est instruit, le consul le voit, et Catilina vit encore!* ô DOULEUR! ô REGRET! *j'ai désolé mon père!* — *ô* marque aussi l'apostrophe. (On appelle *apostrophe* une figure de rhétorique par laquelle on adresse la parole à des personnes ou à des choses) : *que ne puis-je*, ô MA MÈRE! *vous voir et vous serrer dans mes bras!* — *Ayez pitié de nous*, ô MON DIEU! ô *lieux témoins de ce forfait, dénoncez le criminel!*

CHAPITRE XV.

DES PARTIES DU DISCOURS.

648. — Il y a dans chaque langue une construction qui lui est commune avec toutes les autres langues, car les hommes ayant partout le même fonds d'idées et de

sentiments, ont dû adopter la manière la plus prompte de manifester ce qui se passe en eux, et suivre, pour y réussir, l'impulsion même de la nature. Cette construction a été appelée construction *grammaticale,* de ce qu'elle est conforme aux règles de la *Grammaire* générale.

649. — Il est à remarquer, 1° qu'on y trouve énoncés tous les mots nécessaires à la représentation de l'idée qu'ils expriment;

2° Qu'il ne s'y en rencontre aucun surabondant;

3° Que tous ces mots y ont entre eux une concordance rigoureusement exacte;

4° Et enfin, qu'ils y sont classés dans l'ordre naturel de ces idées, dans l'ordre même des faits qu'ils peignent.

650. — Mais, pour abréger le discours, le rendre plus vif et plus concis, et lui donner encore plus d'énergie et de grâce, plus de clarté et d'harmonie, on intervertit souvent cet ordre; alors la construction s'appelle construction *figurée,* nom qui lui vient des quatre figures qui s'y rencontrent, et qui sont l'*ellipse*, le *pléonasme*, la *syllepse* et l'*inversion*.

DE L'ELLIPSE.

651. — L'*ellipse* est une figure de construction qui consiste à supprimer un ou plusieurs mots, afin d'ajouter à la précision sans rien ôter à la clarté. Il y a donc une ellipse dans la phrase suivante :

Celui qui rend un service doit l'oublier; celui qui le reçoit, s'en souvenir; car c'est comme si l'on eût dit : *celui qui le reçoit* DOIT *s'en souvenir*.

Apprenons de nos malheurs à jouir des moindres biens; de nos fautes, à n'en plus commettre; de nos ennemis, à réformer notre conduite; et des méchants, à mieux sentir tout le prix des bons; c.-à-d. *apprenons de nos fautes, apprenons de nos ennemis*, et *apprenons des méchants*.

652. — Mais l'ellipse est vicieuse toutes les fois que

le mot ou les mots sous-entendus ne se présentent pas pour ainsi dire d'eux-mêmes à l'esprit. Ainsi Voltaire n'est pas à imiter lorsqu'il dit :

Vous régnez, Londres EST *libre, et vos lois florissantes*, parce que le mot sous-entendu *sont* a pour correspondant le mot exprimé *est*.

L'ellipse est encore irrégulière lorsqu'il y a, comme dans l'exemple suivant, correspondance entre un verbe actif et un verbe passif, et réciproquement :

J'AIMAIS *et je me flattais de l'*ÊTRE ;

Il faut dire : *J'aimais et je me flattais d'être aimé.*

DU PLÉONASME.

653. — Le *pléonasme* n'est que la répétition d'un ou plusieurs mots déjà exprimés. Cependant cette répétition, superflue quant au sens, donne souvent à la phrase plus de grâce et d'énergie.

Les éclairs sont moins prompts; je l'ai *vu* de mes *yeux* ;
Je l'ai *vu* qui frappait ce monstre audacieux.

Hélas ! trop jeune encore, mon *bras*, mon faible *bras*,
Ne put ni prévenir ni venger son trépas.

Et que *m*'a fait à *moi* cette Troie où je cours ?

Louis XII, le bon roi Louis XII, mérita le glorieux surnom de Père du peuple.

Je l'ai *entendu* de mes propres *oreilles*.
Je *lui* racontai le fait à *lui-même*.
Il ne s'occupe que de *ses propres* affaires.

654. — Mais le pléonasme est vicieux lorsque la répétition n'ajoute ni grâce ni énergie; tels sont ceux qui suivent :

Dans les guerres civiles, des amis, des parents même, S'ENTR'ÉGORGENT LES UNS LES AUTRES. — *S'entr'égorger* signifiant *s'égorger l'un l'autre*, l'expression *les uns les autres* est de trop.

Vous n'avez SEULEMENT *qu'à lui écrire, et vous serez satisfait.* — *Seulement* est un double emploi, attendu que *ne... que* signifie déjà *seulement*.

Sa lettre est REMPLIE *d'une* FOULE *de fautes.* — *Foule* est surabondant, parce que *remplie* exprime la même idée.

J'ai été FORCÉ *bien* MALGRÉ MOI *de lui retirer mes fonds.* — Comme on ne peut être forcé que contre son gré, *malgré moi* est donc une superfluité.

Ils S'ENTR'AIDENT MUTUELLEMENT. — *S'entr'aider* exprimant une aide réciproque, *mutuellement* est une rédondance inutile.

DE LA SYLLEPSE.

655. — La *syllepse* est une figure qui permet que l'accord des mots ait lieu plutôt d'après les vues de notre esprit, que d'après les règles grammaticales.

C'est cette figure qui a autorisé Voltaire à dire :

Jeune et CHARMANT OBJET, *vous n'êtes point* TOMBÉE *en de barbares mains.* — *Tombée* est au féminin, parce que l'auteur est plus occupé de Palmire, à qui ces paroles s'adressent, que du nom *objet* par lequel il la désigne.

De même Racine a dit dans *Athalie* :

> Entre le *pauvre* et vous, vous prendrez Dieu pour juge,
> Vous souvenant, mon fils, que, caché sous ce lin,
> Comme *eux* vous fûtes pauvre, et comme *eux* orphelin.

La régularité grammaticale demande *comme lui* à la place de *comme eux* ; mais le poëte, plein de son idée, oubliant le singulier *le pauvre*, et ne voyant que les pauvres en général, établit ses rapports, non avec le mot énoncé, mais avec les objets qui occupent son esprit.

C'est encore la syllepse qui nous autorise à dire :

Un grand NOMBRE *de personnes* ONT PÉRI *victimes de leur témérité,* phrase où les mots *ont péri, victimes,* et *leur* sont mis en rapport, non avec *nombre,* mais avec le mot *personnes,* parce que l'esprit n'envisage que ce dernier nom.

DE L'INVERSION.

656. — On appelle *inversion* la transposition, le changement de l'ordre dans lequel les mots sont ordinairement rangés dans le discours.

Ainsi quand Voltaire a dit :

Déjà des assassins la nombreuse cohorte,
Du salon qui l'enferme allait briser la porte.

Il a fait deux inversions. En effet, la construction grammaticale demanderait : 1° que ces mots *des assassins* fussent placés après *cohorte* ; 2° que ceux-ci *du salon qui l'enferme*, fussent après *allait briser la porte*.

Ces vers donc seraient ainsi construits :

Déjà la nombreuse cohorte des assassins
Allait briser la porte du salon qui l'enferme.

Mais alors l'expression languit et perd son élégance.

La phrase suivante contient aussi une inversion :

Ainsi parla cet inconnu.

Car ces mots *cet inconnu*, étant le sujet du verbe, devraient, d'après l'ordre de la construction grammaticale, se trouver avant *parla* ; et cette phrase alors serait ainsi conçue : *cet inconnu parla ainsi*.

657. — Du reste il ne faut faire usage de l'inversion qu'autant qu'elle jette dans les phrases plus de clarté ou d'harmonie, ou qu'elle y apporte quelque grâce.

CHAPITRE XVI.

REMARQUES SUR CERTAINS VERBES.

658. — **ABIMER.** Ce verbe, a-t-on dit, exprime une idée de profondeur, comme dans *abîmer sous les eaux*.

L'Académie, plus accommodante et plus large, sanctionne tous les emplois que l'usage a donnés à ce mot. Elle nous autorise à dire : *les villes que Dieu* ABÎMA, c'est-à-dire *renversa ; votre ennemi est puissant et vindicatif, il vous* ABÎMERA, c'est-à-dire vous *perdra*; etc. Au figuré, et dans le langage familier, il est vrai, elle s'en sert même dans le sens de gâter, endommager beaucoup. Ex. *La pluie* A ABÎMÉ *ce chapeau; cette peinture* A ABÎMÉ *votre habit.*

659. — **AGIR, EN AGIR.** N'imitez pas ceux qui disent *il* EN *agit bien, il* EN *agit* mal avec eux. EN *bien agir,* EN *mal agir* ne sont pas français; il faut supprimer *en* et dire: *il a bien agi, il a mal agi.*

660. — **AIDER** *quelqu'un* signifie lui donner du secours, le seconder, le servir: *aider quelqu'un* dans ses besoins, *aider les pauvres, aider quelqu'un de son bien, de son crédit, de sa bourse.*

AIDER A QUELQU'UN se dit le plus souvent d'une assistance vulgairement appelée *coup de main*: AIDONS-LUI *à remettre sa charge sur ses épaules*; et, par imitation, d'une opération d'esprit: AIDEZ-LUI *à deviner cette énigme.* (ACAD.)

661. — **AIMER** demande la préposition *à*, lorsqu'il signifie prendre plaisir à: IL AIME A *lire,* A *chasser,* A *se promener; cet animal* AIME A *être caressé.* On dit de même, *cette plante* AIME A *être arrosée.* Dans ces exemples, la suppression de *à* serait une faute.

AIMER MIEUX ne veut aucune préposition: *J'aime* MIEUX *partir aujourd'hui que demain;* J'AIMERAIS MIEUX MOURIR *que de me souiller d'une action criminelle.*

662. — **ALLER.** Se remplace quelquefois par le verbe *être* dans ses temps composés. On dit donc, *j'ai été, j'avais été, j'aurais été,* etc., pour *je suis allé, j'étais allé, je serais allé,* mais avec cette différence que, dans cette acception, le verbe *être* marque l'aller et le retour, tandis que le verbe *aller* ne marque que la première de ces actions. Or, si je dis, *j'ai été à Rome,* je fais entendre que je me suis transporté dans cette ville, et que j'en suis revenu. *Il est allé à Rome* signifie que celui dont on parle n'est pas encore de retour. (ACAD.)

Mais cet emploi du verbe *être* pour le verbe *aller* n'a lieu que pour les temps composés. Il serait donc incorrect de dire, JE FUS *au spectacle hier,* NOUS FÛMES *le voir;* il faut dire, *j'allai, j'ai été* au spectacle; *nous allâmes* ou *nous avons été le voir.*

S'EN ALLER, sortir, partir d'un lieu, se conjugue dans ses temps composés en conservant la particule *en* avant l'auxiliaire, et non après: *Il s'en est allé, ils s'en sont allés,* et non *il s'est en allé,* etc.

S'EN ALLER se dit aussi des choses: *ce tonneau de vin* S'EN VA; *si vous n'y prenez garde, ce lait* S'EN IRA; *son rhumatisme* S'EN EST ALLÉ *par les sueurs; sa fortune* S'EN EST ALLÉE *en procès.* (ACAD.)

FAIRE EN ALLER, c'est-à-dire faire que quelqu'un ou quelque chose s'en aille, peut, quoi qu'on en ait dit, s'employer dans les rapports ordinaires, dans le langage familier: *la pluie* A FAIT EN

ALLER *tout le monde des jardins publics; ce secret* FAIT EN ALLER *les insectes; cette essence* FAIT EN ALLER *les taches.* (ACAD.)

663. — **ALLUMER DU FEU.** Un excès de purisme a porté quelques grammairiens à dire que ces expressions *allumer le feu, allumer du feu* étaient incorrectes, attendu, ont-ils dit, que le feu est l'objet embrasant, et non l'objet qu'on se propose d'embraser. Ils auraient raison, si *allumer du feu* avait l'absurde signification *d'embraser* l'élément appelé *feu*. Mais il n'en est rien : le mot *feu* est pris pour *le bois qui est dans le foyer.* On dit également *allumer sa pipe, un bougeoir, une lampe, une lanterne,* quoique ce ne soient point ces objets eux-mêmes qui s'embrasent, mais la matière qu'ils contiennent. (ACAD.)

664. — **ANOBLIR, ENNOBLIR.** ANOBLIR, c'est donner à quelqu'un le titre et les droits de noblesse : *cette famille* FUT ANOBLIE *par Henri IV.*

ENNOBLIR se dit des actions qui donnent de la dignité, de l'élévation, ou des choses qui donnent du lustre : *ces faits, ces sentiments vous* ENNOBLISSENT *à mes yeux; les sciences, les beaux-arts* ENNOBLISSENT *une langue.* (ACAD.)

665. — **APPAROIR** est un terme de palais qui signifie *être évident.* Il n'est guère usité qu'à l'infinitif et à la troisième personne du singulier du présent de l'indicatif, où il fait *il appert,* au lieu que *apparaître* fait *il apparaît.* (ACAD.)

666. — **APPRÉCIER** étant suivi de la somme de l'appréciation prend ou ne prend pas la préposition *à* : *ce collier de perles a été apprécié* A mille écus, ou *apprécié mille écus.* (ACAD.)

667. — **APPRENDRE** se dit de celui qui étudie et de celui qui enseigne : *ce maître* APPREND *à écrire en peu de temps; cet enfant apprend tout ce qu'il veut.* (ACAD.)

668. — **ASSUJETTIR.** L'Académie écrit ce verbe avec deux *t*, ou avec un seul : *Assujettir, assujétir.*

669. **ASSURER** signifiant affirmer, certifier une chose, prend *à* devant un nom de personne : *il* ASSURAIT *à tout le monde que la chose était vraie,* c'est-à-dire il *affirmait. Il* LEUR ASSURA *qu'il reviendrait dans huit jours.*

ASSURER signifiant engager fortement quelqu'un à regarder une chose comme certaine, à y croire, veut le nom de la personne sans préposition : ASSUREZ VOTRE FAMILLE *de ma reconnaissance, de mon respect; vous pouvez* L'ASSURER *que je prendrai ses intérêts.*

670. — **A TERRE, PAR TERRE.** *A terre* se dit de ce qui, ne touchant point à terre, y tombe ou y est jeté : *votre livre est*

tombé A TERRE : *il a jeté son chapeau* A TERRE ; *un cheval jette quelquefois son cavalier* A TERRE.

PAR TERRE se dit de ce qui, touchant déjà à terre, y est renversé : *il a jeté sa maison* PAR TERRE ; *le vent nous renversa* PAR TERRE.

Toutefois l'Académie, au mot *terre*, dit aussi : *jeter un homme à terre, contre terre, par terre* ; et au mot *jeter*, *il s'est jeté à terre, par terre*.

671. — **ATTEINDRE** ne prend la préposition *à* que lorsqu'il indique des efforts à faire pour toucher à une chose qui est à quelque distance, comme, par exemple, quand on se lève sur la pointe du pied pour toucher à tel endroit : *vous ne pourrez jamais, sans chaise*, ATTEINDRE *à cette case, à ce rayon*, etc. On dit également au figuré, *atteindre à la perfection, au sublime*, etc., parce que là aussi il y a efforts.

ATTEINDRE, dans toutes ses autres acceptions, s'emploie sans préposition, et se dit des personnes et des choses. *Il atteignit son ennemi du second coup de pistolet*, c'est-à-dire *il frappa ; votre ami a manqué d'adresse, il n'a point atteint le but*, c'est-à-dire il n'a pas *touché, frappé* le but ; *la balle l'atteignit au front. Il osait se flatter d'atteindre Racine*. (ACAD.) (1).

672. — **BÉNIR.** Fait au participe passé *béni, bénie*, et *bénit, bénite*. On ne l'écrit avec un *t* que lorsqu'il s'agit des *choses* bénites par les prières du prêtre : de l'eau *bénite*, du pain *bénit*, des rameaux, des drapeaux *bénits*. S'il s'agissait de *personnes*, il faudrait, comme dans toutes les autres acceptions de ce verbe, écrire *béni, bénie* : *Cet abbé a été sacré, a été* BÉNI *par un saint évêque ; les peuples ont toujours* BÉNI *la mémoire des bons rois*. (ACAD.)

---

(1) Ces exemples de l'Académie et ceux qui suivent, prouvent que, appliqué aux personnes, le verbe *atteindre* ne signifie pas seulement *égaler*, comme l'a dit un grammairien suivi. On lit encore dans l'Académie : *cette mesure, cet impôt n'*ATTEINT *que les riches*, c'est-à-dire ne pèse que sur les riches ; *des outrages partis de si bas ne sauraient vous atteindre*, c'est-à-dire vous porter atteinte, vous faire du mal ; *on* ATTEIGNIT *ce voleur à la porte*, c'est-à-dire on attrapa ; *ce général a* ATTEINT *l'ennemi après une marche forcée*, c'est-à-dire a joint l'ennemi, etc.

Le même auteur est encore trop exclusif, lorsqu'il dit que *atteindre quelque chose* ne se dit que de ce qu'on fait pour ainsi dire malgré soi. On lit dans l'Académie : *atteindre le but*, c'est-à-dire frapper le but, *nous atteindrons ce village avant la nuit*, c'est-à-dire nous parviendrons à ce village ; *nous partîmes en même temps, mais j'atteignis le but avant lui ; nous atteignîmes le vaisseau ennemi*, etc., etc.

673. — CHANGER POUR, CHANGER CONTRE, se disent indifféremment : *il* A *changé sa vieille vaisselle* POUR *de la neuve; il a changé ses tableaux* CONTRE *des meubles.* (ACAD.)

CHANGER signifiant *convertir,* demande la préposition *en* : *les alchimistes prétendaient pouvoir changer* EN *or toute sorte de métaux ;* au figuré : *l'intempérance des hommes change* EN *poison les aliments destinés à conserver leur vie.*

CHANGER signifiant quitter une chose pour une autre prend toujours la préposition *de* : CHANGER *d'appartements;* CHANGER DE *façon d'agir ;* CHANGER DE *conduite,* DE *religion.* (ACAD.)

CHANGER se dit quelquefois absolument, pour signifier *changer de linge; comme j'étais mouillé, je suis rentré chez moi pour changer.* (ACAD.)

674. — COLORER, COLORIER. *Colorer* signifie donner de la couleur : *le soleil* COLORE *les fruits, les fleurs ; un teint* COLORÉ; *du vin* COLORÉ. (ACAD.)

COLORIER ne se dit que de l'action d'appliquer les couleurs convenables sur une estampe, un dessin, un tableau : *ce sont des estampes, des images* COLORIÉES ; *ce peintre* COLORIE *mieux qu'il ne dessine.* (ACAD.)

675. — COMMENCER A, DE. *Commencer à* désigne une action qui aura du progrès, de l'accroissemenent : *le jour* COMMENCE *à luire* ; IL COMMENCE A *pleuvoir* ; *cet enfant* COMMENCE A *parler,* A *écrire,* A *lire,* etc. (ACAD.)

COMMENCER DE désigne une action qui aura de la durée : *lorsque l'orateur* COMMENÇA DE *parler, il s'éleva dans l'auditoire un murmure approbateur; quand le tonnerre* COMMENCE DE *gronder, il faut s'attendre à un orage.*

Cependant, ajoute l'Académie, on dit quelquefois *commencer à* pour *commencer de : ils commencèrent à jouer, commençons à dîner.*

676. — COMPARER prend indifféremment *à* ou *avec* : *je n'ose me plaindre, quand je* COMPARE *mon sort* A *celui de ces infortunés; gardez-vous de* COMPARER *Lucain* A *Virgile* ; *on est forcé d'être modeste, quand on se* COMPARE AVEC *lui;* COMPARER *la copie* AVEC *l'original.*

Il s'emploie aussi sans préposition : COMPARER *Virgile et Homère.*

Cependant, lorsque la comparaison se fait entre des personnes ou des choses de nature ou d'espèces différentes, l'Académie, contrairement à l'opinion de M. Lavaux, ne fait usage que de la préposition *à* : *Homère compare Diomède au milieu des Troyens* A *un lion au milieu d'une bergerie ; on compare les conquérants* A *des torrents impétueux.* (ACAD.)

Par analogie, on dira, *comparer un honnête homme* A *un fripon, le remords* A *un ver rongeur, le sommeil* A *la mort.*

677. — **FAIRE COMPARAISON**. Ces expressions *faire comparaison de, il n'y a point de comparaison de,* prennent indifféremment *à* ou *avec : il n'y a point de comparaison* D'*un tel* A *tel autre* ou D'*un tel* AVEC *un tel,* ou encore ENTRE *Pierre et Paul.* (ACAD.)

678. — **CONFIER, SE CONFIER, SE FIER.** *Confier* demande la préposition *à :* CONFIER *des titres* A *quelqu'un, sa destinée* AU *hasard, un secret* AU *papier.*

SE CONFIER prend le plus souvent la préposition *en : se* CONFIER EN *Dieu,* EN *la Providence,* EN *ses amis,* EN *soi-même,* EN *ses forces.* Avant l'article, une raison d'harmonie seule fait que souvent on remplace *en* par *dans :* SE CONFIER DANS *la bonté de sa cause,* mieux que *en la bonté.* On trouve aussi *se confier* avec *à :* SE CONFIER AU *hasard.*

Avoir confiance, prendre confiance, mettre sa confiance, suivent la même règle que *se confier.*

SE FIER prend aussi indifféremment *à* ou *en :* SE FIER A *quelqu'un,* EN *quelqu'un;* SE FIER EN *ses forces,* A *la fortune,* AU *hasard.* Acad. — *Se fier* signifiant *compter* prend la préposition *sur : il se fie trop* SUR *l'avenir,* SUR *sa fortune,* c'est-à-dire *il compte trop sur.*

679. — **CONFRONTER** prend indifféremment l'une des prépositions *à, avec :* CONFRONTER *les témoins* A *l'accusé* OU AVEC *l'accusé, deux étoffes l'une* AVEC *l'autre, la copie* A *l'original.* (ACAD.)

680. — **CONNAITRE.** *Connaître quelque chose,* c'est en avoir une connaissance, la savoir : *connaître une langue, connaître son métier.*

Connaître DE *quelque chose,* c'est avoir autorité pour en juger : *ce tribunal ne connaît que* DES *matières civiles ; ce juge ne saurait connaître* DE *ce fait.* (ACAD.)

681. — **CONSISTER** demande la préposition *en :* EN *quoi faites-vous* CONSISTER *la sagesse? son revenu* CONSISTE EN *rentes, en blés,* etc. Mais ici encore une raison d'euphonie fait remplacer *en* par *dans* avant un article : *la perfection de l'homme consiste* DANS *le bon usage de sa raison,* et non *en le bon usage.* (ACAD.)

Suivi d'un verbe, *consister* prend *à : la libéralité* CONSISTE *moins* A *donner beaucoup qu'*A *donner à propos.* (ACAD.)

682. — **CONSOMMER, CONSUMER.** *Consommer* signifie achever : *consommer un ouvrage.* Il se dit plus particulièrement des choses qui se détruisent par l'usage, comme vin, bois et toutes

sortes de provisions : *consommer des denrées, du sucre, du café, des fourrages.*

CONSUMER se dit particulièrement des choses qui se réduisent à rien : *le feu* CONSUMA *cet édifice en moins de deux heures; la rouille* CONSUME *le fer; cette maladie le* CONSUME ; *les ennuis, les chagrins* LE CONSUMENT. (ACAD.)

683. — **CONTRAINDRE, FORCER, OBLIGER.** Après ces trois verbes, l'Académie met indifféremment *à* ou *de* : *on le* CONTRAIGNIT DE *faire* ou A *faire telle chose; forcer quelqu'un* A *faire* ou DE *faire quelque chose; l'équité nous* OBLIGE A *restituer ce qui ne nous appartient pas; la nécessité de le payer m'*OBLIGE DE *vendre ma maison.* (ACAD.)

684. — **CROIRE A QUELQU'UN** est une locution qui n'est plus guère usitée; en parlant des personnes, on dit ordinairement *croire quelqu'un.* (ACAD.)

En croire quelqu'un, en croire quelque chose, c'est s'en rapporter à quelqu'un, à quelque chose : *je n'*EN CROIRAI *là-dessus que des arbitres, que des avocats; j'*EN CROIS A PEINE MES YEUX.

Croire à quelque chose signifie y ajouter foi, s'y fier : *croire à l'astrologie, à la médisance; croire aux rapports, aux témoignages, aux promesses de quelqu'un.* Dans quelques cas, *croire à quelque chose,* c'est être persuadé de l'existence, de la vérité de quelque chose : *il n'y a que les sots qui* CROIENT AUX *revenants, aux esprits, aux sorciers, à la magie.* (ACAD.)

685. — **DÉCIDER** *une chose,* c'est la résoudre, la terminer : *décider une question, un point de droit; décider un différend, une querelle* par un combat,

Décider D'*une chose,* c'est en disposer : *cet événement* DÉCIDA DE *mon sort; les juges* DÉCIDENT DE *la fortune et* DE *la vie des hommes.* (ACAD.)

686. — **DÉJEUNER** prend la préposition *avec,* seulement avant le nom de la personne en société de laquelle on déjeune : *j'ai déjeuné* AVEC *mon père,* AVEC *ma famille;* il prend *de* avant les noms des aliments qui composent le repas : *nous avons déjeuné* DE *volailles,* DE *poisson,* DE *gibier.*

Dîner, goûter, souper suivent la même règle.

Cependant, au mot *radis,* l'Académie emploie, mais probablement par inadvertance, la préposition *avec* avant un nom de chose : *déjeuner* AVEC *du beurre et des radis.*

687. — **DEMANDER A, DE.** *Demander à,* avant un verbe, se dit lorsque c'est la même personne qui doit faire l'action des deux verbes : *je demande* A *parler au roi;* c'est *moi* qui demande, et *moi* qui veux parler.

Demander de ne s'emploie que quand celui qui demande n'est pas la même personne qui fait l'action du second verbe : *Je vous* DEMANDE DE *m'écouter,* DE *m'entendre;* ici, c'est encore *moi* qui demande, mais c'est *vous* qui devez m'écouter, m'entendre. (ACAD.)

688. — **DÉPARLER**, quoi qu'on en ait dit, est français, et signifie *cesser de parler*. Il ne s'emploie qu'avec la négative : *il ne déparle point, il n'a point déparlé*. (ACAD.) Gardez-vous d'imiter ceux qui disent, *il n'a* DÉCESSÉ *de parler, décesser* n'est pas français.

689. — **DÉSIRER**, avant un infinitif, demande la préposition *de*, seulement lorsqu'il exprime un désir dont l'accomplissement est incertain, difficile ou indépendant de la volonté : *désirer* DE *réussir, il y a longtemps que je désirais* DE *vous rencontrer; je désirerais bien d'être débarrassé de mon rhume.*

Et si, au contraire, *désirer* exprime un désir dont l'accomplissement soit certain ou facile, et plus ou moins dépendant de la volonté, il s'emploie sans préposition : *amenez-moi cet enfant, je* DÉSIRE *le voir, l'entendre, lui parler;* DÉSIREZ-*vous dîner de meilleure heure? je* DÉSIRE *partir ce soir.* (ACAD.)

690. — **SOUHAITER** doit nécessairement suivre la même règle que *désirer ;* toutefois l'Académie n'en parle pas.

691. — **DÉSOBÉIR** est neutre : *désobéir à quelqu'un, à la loi.* Cependant il a un passif : *je ne veux pas être* DÉSOBÉI. (ACAD.)

692. — **DISPUTER**, signifiant être en débat, en contestation, est neutre, et ne peut conséquemment avoir de régime direct. Il faut donc dire : *ces chicaneurs* ONT *longtemps* DISPUTÉ, et non *se sont disputés; ces enfants, après* AVOIR DISPUTÉ, *en sont venus aux voies de fait,* et non après *s'être disputés.*

693. — **DISTINGUER DE, D'AVEC**, se disent indifféremment : *distinguer un chien* D'*un loup,* D'AVEC *un loup; distinguer la fausse monnaie* D'AVEC la bonne. (ACAD.)

694. — **DROIT**, dans *marcher droit, tomber droit,* etc., est adverbe et conséquemment invariable, lorsqu'il marque une circonstance du verbe, c.-à-d. lorsqu'il signifie en droite ligne, directement, par le plus court chemin : *Mesdemoiselles, allez* DROIT, *marchez* DROIT *devant vous, et vous arriverez à votre destination.*

Il en est de même au figuré : *avec de tels maîtres, il faut que les domestiques marchent* DROIT, c'est-à-dire *se conduisent bien.*

Mais si le mot *droit* devait marquer non une circonstance du verbe, mais une attitude du corps, une manière d'être, il serait adjectif, et s'accorderait avec le nom : *la première règle du maintien exige que les enfants particulièrement marchent* DROITS ; *on ne saurait trop insister pour que les jeunes personnes surtout écrivent en se tenant* DROITES. Et, par analogie, en parlant des choses : *vous vous tacherez, si vous ne tenez, si vous ne portez cette chandelle plus* DROITE.

695. — **ÉCLAIRER** *à quelqu'un* ne se dit plus ; il faut dire dans tous les sens *éclairer quelqu'un : éclairez monsieur, éclairez la personne qui descend l'escalier ; ce jurisconsulte a éclairé votre frère sur ses intérêts.* (ACAD.)

696. — **S'EFFORCER**, avant un infinitif, prend indifféremment *de* ou *à* : *s'efforcer* DE *soulever un fardeau, s'efforcer à* parler. (ACAD.)

Nous ferons remarquer que *de* est plus conforme à l'usage.

697. — **ÉGALER, ÉGALISER.** *Égaler* se dit des personnes et des choses : *égaler les parts, les portions ; la mort égale tous les hommes, tous les rangs ; ce prince égale Alexandre ; la recette égale la dépense.*

Egaliser ne se dit que des choses : *égaliser les parts, les lots.* Le plus souvent il s'emploie dans le sens de rendre uni, plan : *égaliser un terrain, un chemin.* (ACAD.)

EMPRUNTER prend indifféremment *à* ou *de* : *emprunter* DE *quelqu'un* ou A *quelqu'un ; emprunter une pensée* A *un auteur ; il a emprunté cela* D'*Homère, de Virgile ; cette langue n'a presque rien emprunté* AUX *autres* (1).

Cependant *emprunter* signifiant recevoir de, tenir de, ne prend que la préposition *de : la lune emprunte sa lumière* DU *soleil,* c'est-à-dire *reçoit* sa lumière ; *les magistrats empruntent leur autorité* DU *pouvoir qui les institue,* c'est-à-dire *tiennent leur autorité.* (ACAD.)

698.—**ENFORCIR, RENFORCER**, signifient l'un et l'autre rendre plus fort ; mais *enforcir* ne se dit que des choses et des animaux : *la bonne nourriture a* ENFORCI *ce cheval ; ce bœuf* ENFORCIT *tous les jours ; il faut* ENFORCIR *ce mur ; ce vin* S'ENFORCIT *à la gelée.* N'imitez pas ceux qui disent *renforcir, renforci ;* ce verbe n'existe pas en français.

Renforcer a plus d'extension ; il s'applique aux personnes et aux choses : RENFORCER *une armée, un mur, une garnison ; cet enfant est bien* RENFORCÉ. (ACAD.)

699. — **S'ENFUIR.** L'Académie qui avait dit dans ses éditions précédentes, *ils'*EN *est enfui*, s'est corrigée en supprimant la particule *en : on l'avait mis en prison, mais il* S'EST ENFUI, et non il S'EN *est enfui. En* était en effet une rédondance inutile.

---

(1) Cet exemple indique que l'Académie ne pense pas comme un grammairien suivi, sur le régime indirect du verbe *emprunter,* auquel il ne donne que la préposition *de*, lorsqu'il s'agit d'un nom de chose.

700. — **ENGAGER.** Avec ce verbe, l'Académie ne fait usage que de la préposition *à* : *on l'engageait* A *continuer ; le beau temps engageait* A *la promenade ; je m'engage* A vous servir dans cette affaire. (ACAD.)

701. — **ESPÉRER** s'emploie le plus souvent sans préposition : *j'espère gagner mon procès* ; et quelquefois avec *de* avant un infinitif, si cet infinitif le suit immédiatement : *peut-on espérer de vous revoir ?* (ACAD.)

702. — *Remarque. Espérer* ne portant à l'esprit que l'idée d'une chose future, car l'espérance n'a pour objet ni ce qui est actuel, ni ce qui est passé, ne peut donc être suivi d'un verbe au présent de l'indicatif ou au passé, comme dans ces phrases : *j'espère que Pauline se* PORTE *bien ; nous espérons que vous* AVEZ FAIT *la route sans accident.* A la place *d'espérer*, il faut employer *croire, penser,* et dire : *je* PENSE *que Pauline se porte bien ; nous* PENSONS *que vous avez fait un bon voyage.*

Il en est de même des verbes *promettre, compter.* Ne dites donc pas, *je vous* PROMETS *que je l'ai vu,* mais je vous *assure* que je l'ai vu ; *je* COMPTE *bien que vous êtes maintenant plus laborieux,* mais je *présume*, je *pense* que vous êtes. (Cette judicieuse remarque est due à Féraud).

703. — **ESSAYER** prend indifféremment *à* ou *de* : *j'ai essayé* DE *marcher* ou A marcher. Mais employé sous la forme de verbe pronominal, il ne prend que la préposition *à* : *je me suis essayé* A *nager, nous nous sommes essayés* A *courir.* (ACAD.)

704. — **ÉVEILLER, RÉVEILLER.** *Éveiller* et *réveiller,* quoi qu'en disent divers grammairiens, s'emploient l'un pour l'autre : *quand il est une fois endormi, on ne saurait* L'ÉVEILLER ; *on m'est venu* ÉVEILLER *ce matin à cinq heures ; il a défendu qu'on le* RÉVEILLAT ; *il dormirait jusqu'à midi, si on ne le* RÉVEILLAIT.

Conjugués sous la forme des verbes pronominaux, ils signifient l'un et l'autre cesser de dormir : *il* S'ÉVEILLE *tous les jours à la même heure ; je me suis* RÉVEILLÉ *trois ou quatre fois cette nuit.* (ACAD.)

705. — **ÉVITER** signifie fuir : éviter *quelqu'un, les périls ; éviter les travaux, les peines, les plaisirs*, etc.

Remarque. Eviter signifiant *fuir*, le sujet de ce verbe ne saurait faire l'action que pour lui-même, sans jamais la faire retomber sur une autre personne, attendu que celui qui fuit ne peut fuir pour un autre : *ce jeune homme* ÉVITE *le jeu, les mauvaises connaissances.* Mais ce serait s'exprimer incorrectement que de dire : *je* VOUS ÉVITERAI *cette peine, je veux* VOUS ÉVITER *ce désagrément ;* dans ce cas, il faut se servir du verbe *épargner,* et dire : *je vous épargnerai cette peine, ce désagrément.*

706. — **EXCUSE.** *Demander excuse* n'est pas français ; il faut

dire *demander pardon*. En voici le motif : il y a entre *excuse* et *pardon* cette différence que le mot *excuse* se dit des raisons que présente le coupable, et que *pardon* se dit de la rémission d'une faute accordée par l'offensé. Or, *demander pardon*, c'est solliciter de l'offensé la rémission d'une faute, et *demander excuse* ne peut se rendre que par *demander ses propres raisons d'excuse*, mots vides de sens, barbarisme parfait.

707. — **FAILLIR** s'emploie sans préposition, ou avec l'une des prépositions *à*, *de* : *j'ai failli* DE *tomber*, A *tomber*; *j'ai failli mourir*. (ACAD.)

708. — **FAIRE** s'emploie souvent d'une manière relative avec la plupart des autres verbes ; alors il tient la place, et prend la signification du verbe auquel il se rapporte : *cet homme n'aime pas tant le jeu qu'il* FAISAIT, c.-à-d. tant qu'il l'aimait ; *il travaille mieux qu'il n'*A *jamais* FAIT, c'est à-dire mieux qu'il n'a jamais travaillé ; *nous nous entretînmes de cette nouvelle, comme nous* AURIONS fait *de toute autre chose*, c'est-à-dire, comme nous nous serions entretenus. (ACAD.)

NE FAIRE QUE, suivi d'un infinitif, a deux sens différents : 1° il signifie être toujours, ou presque toujours à faire une certaine chose : *il* NE FAIT QUE *jouer, qu'étudier, que dormir, qu'aller et venir*, etc. (ACAD.)

2° Il se dit encore d'une action instantanée : *je* NE FIS QUE *le toucher et il tomba ; il* N'A FAIT QUE *paraître et disparaître ; quand il vient ici, il* NE FAIT QU'*entrer et sortir ; attendez-moi, je* NE FAIS QU'*aller et revenir*. (ACAD.)

NE FAIRE QUE DE indique que l'action exprimée par le verbe qui suit vient d'avoir lieu : *il* NE FAIT QUE DE *sortir*, QUE D'*arriver*, QUE DE *s'éveiller*, c.-à-d. il y a peu de temps qu'il est sorti, qu'il est arrivé, qu'il est éveillé. (ACAD.)

709. — **FAIRE EAU, FAIRE DE L'EAU.** *Faire eau*, terme de marine, se dit d'un bâtiment dans lequel l'eau de la mer pénètre : *le navire* FAISAIT EAU *de toute part*.

FAIRE DE L'EAU signifie s'approvisionner d'eau pour les besoins de l'équipage : *nous visitâmes le tombeau de Napoléon pendant qu'on* FAISAIT DE L'EAU *à Sainte-Hélène*.

710. — **IL S'EN FAUT** *de* BEAUCOUP, *de* PEU, se disent des quantités : IL S'EN FAUT DE BEAUCOUP *que vous m'ayez tout rendu ;* IL S'EN FAUT DE PEU *que ce vase ne soit plein*.

Ailleurs il faut dire, *il s'en faut beaucoup, il s'en faut peu* : IL S'EN FAUT BEAUCOUP *que la cadette soit aussi aimable que l'aînée ;* IL S'EN FAUT PEU *que je ne vous blâme*. (ACAD.)

711. — **FIXER.** C'est forcer la signification de ce mot que de l'employer pour *regarder*. Ne dites donc pas *je le* FIXAIS, *il n'a*

cessé de nous FIXER; mais *je le regardais, il n'a cessé de nous regarder*.

Dans ce sens, il ne se dit qu'autant qu'il est suivi de l'un des mots *la vue, les yeux, les regards: fixer les yeux, la vue, les regards* sur quelqu'un, sur quelque chose. (ACAD.)

Nous ferons remarquer qu'on dit plutôt *avoir les yeux, la vue, les regards fixés* sur quelqu'un, que *fixer la vue* sur quelqu'un.

712. — **FLAIRER, FLEURER.** *Flairer*, c'est sentir par l'odorat: *en* FLAIRANT *le beurre, on s'assure s'il est frais*.

FLEURER, c'est répandre, exhaler une odeur: *vous avez là un bouquet qui* FLEURE *bon*. Il se dit aussi au figuré: *sa réputation ne* FLEURE *pas comme baume*. (ACAD.)

713. — **FLEURIR** a un double sens: au propre, il signifie pousser des fleurs, être en fleurs: *les roses* FLEURISSENT *et se fanent promptement; cette plante ne* FLEURIT *qu'en automne*. Au figuré, *fleurir* signifie *être dans un état de prospérité, de splendeur*, ou *être en crédit, en honneur, en réputation*. Dans cette acception, la syllabe *fleu* se change en *flo*, mais seulement à l'imparfait de l'indicatif et au participe présent: *Athènes* FLORISSAIT *sous Périclès; les sciences et les beaux-arts* FLORISSAIENT, *ont* FLEURI *sous ce prince; le commerce* FLEURIT *dans la paix*.

L'adjectif dérivé de ce verbe est *florissant*: *la maison de ce négociant est dans un état* FLORISSANT. (ACAD.)

714. — **AVOIR FOI A, EN, DANS,** se disent indistinctement; c'est le goût qui en décide: *avoir foi* A *quelqu'un*, A *quelque chose; avoir foi* DANS *les promesses d'une personne; je n'ai pas foi* EN *lui*. (ACAD.)

715. — **SE DONNER GARDE** *ou* **DE GARDE** se disent indifféremment: *donnez-vous garde*, ou *donnez-vous de garde de toucher à cela*. (ACAD.)

716. — **GUET.** Il faut dire: *ce chien aboie à propos; il est de très-bon* GUET, et non *de très-bonne* GUETTE. (ACAD.) (*Guette* n'est pas français.)

717. — **HASARDER DE, A,** se disent indifféremment: *hasarder* DE *faire une chose; je me hasarderai* A *faire cette proposition*. (ACAD.)

718. — **HÉRITER** prend ou ne prend pas la préposition *de*: *j'ai hérité* D'*une somme considérable*, ou *j'ai hérité une somme considérable*. (ACAD.) La première de ces façons de parler est la plus usitée.

719. — **IMITER L'EXEMPLE.** Moins scrupuleuse que quelques grammairiens, l'Académie dit *imiter l'exemple* de quelqu'un, pour signifier prendre la conduite de quelqu'un pour modèle.

Nous rappellerons encore qu'elle dit *imiter* UN exemple d'écriture, et non UNE *exemple* (1).

720. — **IMPOSER, EN IMPOSER.** Employé absolument, le verbe *imposer* signifie inspirer du respect, de l'admiration, de la crainte; *sa présence* M'IMPOSE; *il* IMPOSE *par la fierté de son regard; notre contenance* IMPOSA *aux ennemis.*

En imposer, c'est tromper, abuser, surprendre, en faire accroire: *vous voulez* EN IMPOSER *à vos juges; vous nous* EN IMPOSEZ; *ne le croyez pas, il* EN IMPOSE; *il ne faut pas que ses manières doucereuses nous* EN IMPOSENT, *c'est un homme au fond très-malin.* (ACAD.)

721. — **INDUIRE A ERREUR, EN ERREUR.** *Induire* A *erreur* se dit de la cause volontaire ou involontaire de l'erreur: *il fut induit* A *erreur par une fausse citation.*

Induire EN *erreur* ne se dit que pour *tromper à dessein: il voulait m'induire* EN *erreur; ce fourbe vous induira* EN *erreur.* (ACAD.)

722. — **INFECTER, INFESTER.** *Infecter* signifie gâter, corrompre, incommoder par quelque chose de puant, de contagieux, de venimeux: *ce marais* INFECTE *l'air; il nous* INFECTE *avec son haleine* ou *de son haleine; la peste avait* INFECTÉ *toute la ville.* Et, au figuré, *il* INFECTE *le pays de sa pernicieuse doctrine; si vous le fréquentez, il vous* INFECTERA *de ses dangereuses maximes.* (ACAD.)

Infester signifie ravager, désoler, tourmenter par des irruptions: *les ennemis* INFESTAIENT *le pays par leurs courses; sous ce prince, la France fut* INFESTÉE *par les brigands.* Il se dit par extension des animaux nuisibles ou incommodes: *les sauterelles* INFESTENT *souvent des provinces entières en Orient; les rats* INFESTENT *cette maison.* On dit même: *les mauvaises herbes* INFESTENT *les champs.* (ACAD.)

723. — **ÊTRE INQUIET DE** *ou* **SUR** se disent indifféremment. Ainsi l'Académie ne tient point compte des différences de signification établies par M. Girault-Duvivier entre la *cause* et l'*objet* de l'inquiétude, nuances insaisissables du reste. Elle dit: *il est sans inquiétude* DE *l'avenir* ou SUR *l'avenir.*

724. — **INSULTER** *quelqu'un*, c'est le maltraiter, l'outrager de faits ou de paroles.

INSULTER A, c'est manquer à ce que l'on doit aux personnes ou aux choses: *n'insultons pas* AUX *malheureux; insulter* A *ses*

(1) L'article d'un grammairien suivi, sur le mot *imiter*, est donc de tous points renversé par cette autorité imposante de l'Académie.

juges, A *la misère*, A *la raison*, AU *bon sens*, AU *bon goût*; et, figurément, *leur faste insulte* A *la détresse publique; leur allégresse insulte* A *ma douleur*. (ACAD.)

725. — **INVECTIVER** est neutre; il ne faut donc pas dire, comme s'il était actif, *il* M'*a invectivé, il* NOUS *a invectivés*; mais *il a invectivé* CONTRE *moi*, CONTRE *nous*. (ACAD.)

726. — **JOINDRE A** *ou* **AVEC** se disent indifféremment: *joindre un mot* A *un autre* ou AVEC *un autre; joindre la prudence* A *la valeur* ou AVEC *la valeur*. (ACAD.) Toutefois *a* est plus usité que *avec*.

727. — **LAISSER.** *Ne pas laisser* DE ou QUE DE se disent indifféremment: *cela ne laisse pas* D'*être embarrassant*, D'*étonner*, ou QUE D'*être embarrassant*, QUE D'*étonner*. (ACAD.)

728. — **MARIER A** *ou* **AVEC.** L'Académie n'admet pas que *marier à* ne convienne qu'au propre, comme l'ont prétendu divers grammairiens. Elle met indistinctement *à* ou *avec* au propre et au figuré: *son père l'a marié* A *la fille* ou AVEC *la fille d'un de ses amis; sa voix se marie bien* AVEC *son instrument*, A *cet instrument; marier la vigne* AVEC *l'ormeau*, A *l'ormeau*. (ACAD.)

729. — **MÊLER AVEC, A, DANS.** *Mêler avec* se dit de ce que l'on confond ensemble: *mêler de l'eau* AVEC *du vin*, *des papiers utiles* AVEC *des papiers inutiles*, *du blé* AVEC *de l'orge*, *du cuivre* AVEC *de l'argent*.

MÊLER A veut dire joindre une chose avec une autre: *il mêle les affaires* AUX *plaisirs*, *la douceur* A *l'affabilité*.

MÊLER DANS signifie inculper, comprendre dans: *mêler quelqu'un* DANS *une accusation, l'y comprendre: ne me mêlez point* DANS *vos discours*, DANS *vos caquets*. (ACAD.)

730. — **MONTER EN HAUT, DESCENDRE EN BAS,** Ces locutions eussent donné lieu à moins de controverse, si l'on se fût plus attaché à en déterminer le sens. Dans cette acception, EN HAUT signifie *dans le haut*, et le plus souvent *dans l'appartement du haut*; et EN BAS, *dans le local, dans l'appartement du bas*. Que quelqu'un ait dans une maison un local au quatrième étage, et un magasin au rez-de-chaussée, il emploiera bientôt, et il y est autorisé par l'usage et par les règles, ces mots plus courts et plus commodes, *en haut* pour signifier le local du quatrième, et *en bas* pour représenter le magasin du rez-de-chaussée. Il dira, par exemple, *je couche* EN HAUT, *et mes commis* EN BAS. Voilà donc les mots *haut, bas* sortis de leur signification primitive, et prenant la place de deux substantifs. Or le même principe qui lui fait dire, *je monte sur un arbre*, *sur un rocher*, *je descends dans ma cave*, l'autorise à dire aussi, *je monte* EN HAUT, c.-à-d. à mon local du qua-

trième : *je descends* EN BAS, c.-à-d. à mon magasin du rez-de-chaussée.

Telle est aussi l'opinion de l'Académie, car elle dit : *aller* EN HAUT, *monter* EN HAUT, *ne laissez monter personne* LA-HAUT.

Remarque. Mais si *en haut*, *en bas*, cessaient de représenter un lieu déterminé ; si, au contraire, on les employait pour exprimer un espace *indéterminé*, comme en parlant de la fumée, de la flamme, de la poussière, d'un ballon, etc., oui, alors, *en haut*, *en bas*, seraient des expressions irrégulières ; et rien ne pourrait justifier ces phrases : *tour à tour le ballon montait* EN HAUT *et descendait* EN BAS : ce serait une superfluité, un pléonasme vicieux, qu'il faudrait corriger en disant, *tour à tour le ballon montait et descendait*, parce que, pour le dire encore une fois, le ballon ne montait ; ne descendait plus dans un lieu déterminé, dans un lieu communément appelé *en haut*, *en bas*.

731. — **MOUCHER**, quoi qu'on en ait dit, s'emploie quelquefois absolument et dans le même sens que s'il était accompagné du pronom *se* : *si cet enfant pouvait* MOUCHER, *il serait soulagé ; il ne* MOUCHE *presque pas ; le tabac fait* MOUCHER. (ACAD.)

732. — **MOURIR.** Il faut dire *mourir d'envie*, *de plaisir*, *d'impatience de faire une chose*, et non *mourir de faire une chose* ; les mots *envie*, *plaisir*, *impatience*, etc., sont d'une absolue nécessité.

733. — **MOUVOIR** *et* **MOUVER.** MOUVOIR signifie remuer, faire changer de place, faire aller d'un lieu à un autre : *il faut plusieurs hommes pour* MOUVOIR *les tonneaux de Bordeaux ; dix hommes peuvent à peine* MOUVOIR *cette pierre.*

MOUVER a une signification plus restreinte ; il embrasse le *contenu* et non le *contenant*. Ainsi, MOUVER *la terre d'un pot*, *d'une caisse*, MOUVER *le vin d'un tonneau*, c'est remuer la terre d'un pot, d'une caisse, le vin d'un tonneau, sans déranger ce pot, ni la caisse, ni le tonneau.

734. — **NOMMER**, dans le sens de revêtir quelqu'un d'un emploi, d'une charge, veut le nom de la personne sans préposition, et *à* devant le nom de la chose : *le roi* L'*a nommé* A *l'ambassade de Rome*. (ACAD.)

735. — **OBÉIR** prend la préposition *à* : *obéir* A *Dieu*, AUX *lois*, A *sa conscience*. Il s'emploie aussi absolument : *commandez et j'obéirai*.

Ce verbe étant neutre, on ne peut dire *obéir quelqu'un*, mais A *quelqu'un*. Cependant il s'emploie au passif : *c'est un homme qui veut* ÊTRE OBÉI. (ACAD.) *Il faut, dans une classe, que le maître* SOIT OBÉI.

736. — **OBSERVER**, dans le sens de remarquer, faire attention, exprime une action qui ne peut sortir de celui qui observe : *j'ai* OBSERVÉ *qu'il n'adressait la parole qu'à vous ;* OBSERVEZ *bien toutes ces choses, car elles sont bien intéressantes.* (ACAD.)

Mais si nous voulons faire participer une autre personne à nos propres observations, appeler son attention sur un point quelconque, ce verbe seul ne suffit plus ; il faut alors qu'il soit précédé du verbe *faire : je vous* FERAI OBSERVER *que vous vous trompez.* (ACAD.)

737. — **OUBLIER A** *lire, à chanter, à danser,* etc., est une expression qui vieillit. (ACAD.) Ainsi, au lieu de dire, *il a oublié à lire, j'ai oublié à jouer du violon,* dites, *il ne sait plus lire, je ne sais plus jouer du violon.*

738. — **S'OCCUPER A, DE**. S'OCCUPER DE, dit M. Girault-Duvivier, s'emploie avec un substantif, et *s'occuper à* avec les verbes. Ce n'est point ainsi que l'Académie l'entend.

S'OCCUPER, dit-elle, reçoit deux significations bien différentes, selon qu'il est suivi de la préposition *de* ou de la préposition *à* : *s'occuper de quelque chose,* c'est y penser, en avoir la tête remplie, chercher les moyens d'y réussir : *il s'occupe de poésie ; il ne s'occupe que* DE *son jardin ; il s'occupe* DE *ses affaires ; cette femme ne s'occupe que* DE *son ménage,* DE *son mari,* DE *ses enfants.*

S'occuper à quelque chose, c'est y travailler : *il s'occupe* A *l'étude des belles-lettres ; il s'occupe* A *son jardin ; tout le jour, il s'occupe* A *lire.* (ACAD.)

Pour le dire en d'autres termes, *s'occuper de* s'applique à une occupation qui suppose de l'ardeur, du zèle, de la constance ; et *s'occuper à,* à une occupation instantanée, à une sorte de passe-temps, à un travail auquel on attache moins d'importance. Ainsi, *s'occuper* DE *son jardin,* c'est en faire une occupation spéciale : *c'est un homme qui* S'OCCUPE *beaucoup* DE *son jardin. S'occuper* A *son jardin,* c'est s'y trouver et n'y être point oisif : *dans ce moment, mon mari est* OCCUPÉ A *son jardin.*

739. — **PARDONNER** régit les noms des personnes avec la préposition *à : pardonner* A *quelqu'un,* et les noms de choses sans préposition : *pardonnez mes craintes, mes soupçons ; pardonnez-*LUI *sa maladresse.*

Quelquefois, cependant, il régit les choses avec la préposition *à,* mais ce n'est que lorsqu'elles sont pour ainsi dire personnifiées : *pardonnez* A *ma franchise,* A *mon amitié, les reproches que je vous fais.*

Ce verbe, quoique actif, ne s'emploie au passif que dans cette seule phrase familière, *vous êtes tout pardonné.* (ACAD.)

740. — **PARLER MAL**, c'est s'exprimer contre les règles d'une langue : *ces enfants* PARLENT MAL.

MAL PARLER, c'est médire : *je n'aime pas à entendre* MAL PARLER *de qui que ce soit.*

Mais à tout autre temps qu'à l'infinitif, l'adverbe *mal* se place après le verbe *parler* dans ces deux acceptions, sans qu'il en résulte aucune ambiguïté, attendu que, dans le sens de s'exprimer incorrectement, *parler mal* s'emploie absolument ou avec un régime direct : *cet étranger* PARLE *encore fort* MAL ; *les Français, en général, parlent mal les langues étrangères* ; et que dans le sens de *médire*, il ne saurait se dispenser du régime indirect marqué par *de* : *celui-là est méprisable qui* PARLE MAL *de ses bienfaiteurs.*

PARLER D'ABONDANCE, c'est parler sans préparation (ACAD.) : *il faut qu'un avocat puisse* PARLER D'ABONDANCE.

PARLER AVEC ABONDANCE, c'est parler avec facilité, sans chercher ses paroles : *les femmes, en général,* PARLENT AVEC ABONDANCE.

PARLER D'ABONDANCE DE CŒUR, c'est parler avec épanchement, avec une pleine confiance : *l'amitié, les chagrins, nous font souvent parler* D'ABONDANCE DE CŒUR. (ACAD.)

741. — **PARTICIPER A**, c'est avoir une part à : *je veux que vous* PARTICIPIEZ A *ma fortune comme vous avez* PARTICIPÉ A *ma disgrâce ; comme moi, vous* PARTICIPEZ A *tous les avantages de la société.*

PARTICIPER DE, c'est tenir de la nature de : *le mulet* PARTICIPE DE *l'âne et du cheval ; son système* PARTICIPE DE *celui des anciens.* (ACAD.)

742. — **PINCER.** En terme de musique, *faire vibrer* les cordes d'un instrument, est ordinairement neutre : PINCER *de la harpe, de la guitare* ; et quelquefois actif : PINCER *la guitare, la harpe.* (ACAD.) Nous ferons remarquer que cette dernière façon de parler est moins en usage que la première.

743. — **PLAIRE.** CE QUI PLAÎT signifie ce qui est agréable : *il ne fait que* CE QUI *lui plaît*, c.-à-d. que les choses qui lui sont agréables ; *ne prenez que* CE QUI *vous plaira*, c.-à-d. que ce qui vous sera agréable, que ce qui sera de votre goût.

CE QU'IL VOUS PLAÎT, CE QU'IL LUI PLAÎT signifient *ce que vous voudrez, ce qu'il voudra* : *c'est un jeune homme qui ne fait que* CE QU'IL *lui plaît*, c.-à-d. *que ce qu'il lui plaît de faire, que ce qu'il veut ; je ferai tout* CE QU'IL *vous plaira*, c.-à-d. *tout ce qu'il vous plaira que je fasse, tout ce que vous voudrez.*

744. — **PLANTER**, au propre, c'est mettre une plante en terre, pour qu'elle y prenne racine : PLANTER *un arbre*, PLANTER *des choux.*

PLANTER, au figuré, se dit de certains objets qu'on enfonce en terre, et dont on laisse paraître une partie en dehors : PLANTER *des bornes, une potence, un pilier, un piquet, des jalons*, etc.; mais il faut dire *ficher, fixer, mettre des clous*. (ACAD.)

745. — **PLIER, PLOYER.** PLIER signifie plus particulièrement mettre en un ou plusieurs doubles, et avec un certain ordre : PLIER *du linge, des serviettes, des habits, une lettre*; PLIER *en quatre, en huit*. C'est à cette signification que quelques grammairiens ont limité la valeur de *plier*. Mais l'Académie va plus loin, car elle ajoute :

PLIER signifie aussi courber, fléchir : PLIER *de l'osier*, PLIER *des branches d'arbre, des branches de vigne* pour en faire un berceau; PLIER *les genoux; un bâton qui* PLIE; *la planche* PLIAIT *sous lui; cet arbre* PLIE *sous le poids de ses fruits; faire* PLIER *un arc; la lame de cette épée* PLIE *jusqu'à la garde*, etc.

PLOYER signifie, 1° fléchir, courber : PLOYER *une branche d'arbre*; PLOYER *les genoux en marchant*; 2° arranger une chose en la pliant, en la mettant en rouleau, en paquet, etc. : PLOYEZ *votre marchandise*, PLOYEZ *votre serviette*, PLOYEZ *vos habits*, etc. (ACAD.)

746. — **PRÉSIDER**, occuper la première place dans une assemblée, s'emploie avec ou sans la préposition *à* : PRÉSIDER *une assemblée, une compagnie*, ou PRÉSIDER A *une assemblée*, A *une compagnie*. (ACAD.)

747. — **PRÉTENDRE** *quelque chose*, c'est l'exiger comme un droit : *partout il* PRÉTEND *la première place*.

PRÉTENDRE A QUELQUE CHOSE, c'est y aspirer, travailler à l'obtenir : IL PRÉTEND A *la première place; il est si instruit, si versé en tout, qu'il n'y a rien* A *quoi il ne puisse prétendre*; IL PRÉTEND A *la main de cette jeune personne*.

748. — **PUER** est ordinairement neutre : *cette viande commence à* PUER; *cette eau* PUE. Mais quelquefois il s'emploie activement : *cet homme* PUE *le vin*, PUE *l'ail; ses habits* PUENT *la vieille graisse*. On le dit aussi d'une odeur excessive et incommode : *cela* PUE *le musc, l'ambre, la civette*, etc. (ACAD.)

749. — **SE RANGER DE, A.** SE RANGER DU *côté de quelqu'un*, c'est embrasser son parti.

SE RANGER A *l'avis de quelqu'un*, A *son opinion*, c'est déclarer qu'on est de son avis, de son opinion : *tous les opinants* SE RANGÈRENT A *son avis*. (ACAD.)

750. — **SE RAPPELER** exclut la préposition *de* : SE RAPPELER *un fait, sa jeunesse, le temps passé*, etc. Avant un verbe, il prend cette préposition : *je me rappelle* DE *vous avoir vu*. (ACAD.)

751. — **REFUSER**, avant un verbe, prend la préposition *de* :

il refuse DE *lui prêter de l'argent; il refuse* DE *payer,* DE *travailler,* DE *venir,* DE *partir.*

SE REFUSER prend la préposition *à* : *il* SE REFUSE À *travailler, il* SE *refuse* À *se divertir.* (ACAD.)

752. — **RENONCER** est le plus souvent neutre, et signifie quitter, abandonner : RENONCER *à une entreprise, aux plaisirs, aux dignités.*

RENONCER est quelquefois actif, et signifie renier, désavouer : *s'il agit ainsi, je le* RENONCE *pour mon parent; il était mon ami, mais je le* RENONCE.

753. — **REPARTIR, RÉPARTIR.** REPARTIR, signifiant *partir de nouveau*, se conjugue comme *partir.*

REPARTIR, dans le sens de *répliquer,* se conjugue dans ses temps simples comme *partir*, et, dans ses temps composés, comme *finir* : *je repars, tu repars, il repart, nous repartons; j'ai reparti, j'eus reparti*, etc.

RÉPARTIR, signifiant *partager, distribuer*, se conjugue entièrement comme *finir* : *aussitôt que je reçois les fonds, je les* RÉPARTIS, *nous les répartissons*, etc.

754. — **RÉSOUDRE,** employé activement, prend la préposition *de* avant un autre verbe : *des intrigants ont* RÉSOLU DE *le perdre; on a* RÉSOLU *d'agir.*

Cependant, lorsqu'il est précédé de son régime direct, il prend la préposition *à* : *on ne saurait* LE RÉSOUDRE À *faire cette démarche; je* ME RÉSOLUS À *demander ma retraite;* À *quoi* VOUS RÉSOLVEZ-*vous?*

Remarque. Ce verbe a deux participes : *résolu, résolue*, et *résous*, qui n'a point de féminin. Ce dernier ne se dit que des choses qui se changent, qui se convertissent en d'autres : *le brouillard de ce matin s'est* RÉSOUS *en pluie.* (ACAD.)

755. — **RESSORTIR,** *sortir de nouveau,* se conjugue comme *sortir* : *je ressors, tu ressors, il ressort, nous ressortons,* etc.

RESSORTIR, être de la dépendance de, du ressort de quelque juridiction, se conjugue comme *finir* : *je ressortis, tu ressortis, il ressortit, nous ressortissons*, etc.

756. — **RÉUNIR** prend la préposition *à*, lorsqu'il signifie :

1° Unir une chose à une autre : *le cou réunit la tête* AU *corps.* (ACAD.) Or on peut dire : *cette parcelle de terre* RÉUNIT *le reste de la propriété* AU *parc.*

2° Rejoindre une chose démembrée au tout dont elle faisait partie : RÉUNIR *un fief* À *la couronne.* (ACAD.) Or on peut dire : *on ne verra de sitôt la Belgique* RÉUNIE *à la Hollande, les provinces rhénanes* A *la France, le Portugal* A *l'Espagne.*

5° Joindre pour la première fois une chose à une autre : *ce roi a réuni telle province* A *la couronne; cette administration a été réunie* A *telle autre; on voulait empêcher cette province de se réunir* A *tel royaume; j'espère me réunir* A *lui pour le reste de mes jours.* (ACAD.) (1)

RÉUNIR, dans le sens de *posséder*, ne demande aucune préposition : RÉUNIR *les talents et les vertus, le mérite et les grâces.*

757. — **SAIGNER DU NEZ** a deux acceptions distinctes : au propre, il signifie perdre du sang par le nez; et, au figuré, manquer de résolution, de courage dans l'occasion : *il fit d'abord le fanfaron, puis il* SAIGNA DU NEZ.

SAIGNER, tirer du sang en ouvrant la veine, prend indifféremment *à* ou *de* : *saigner* DU *bras*, DU *pied*, A *la gorge*, A *la nuque.* (ACAD.)

758. — **SOUPIRER** prend indifféremment *après* ou *pour* : *il y a longtemps qu'il soupire* APRÈS *cette place; il ne soupire que* POUR *les richesses.*

SOUPIRER, au figuré, est quelquefois actif, mais en poésie seulement : SOUPIRER *ses peines, ses douleurs, ses ennuis, ses malheurs.* (ACAD.)

759. — **SUCCOMBER SOUS** se dit des charges, des fardeaux sous lesquels on est accablé : *ce crocheteur* SUCCOMBE SOUS *le poids; ce mulet* SUCCOMBERA SOUS *sa charge;* et, au figuré, *ce ministre* SUCCOMBE SOUS *le faix des affaires; ce vieillard* SUCCOMBE SOUS *le poids des années.*

SUCCOMBER A, c'est ne pouvoir résister, c'est céder à : *il* SUCCOMBERA A *la douleur, à la tentation.* (ACAD.)

760. — **SUPPLÉER QUELQUE CHOSE**, c'est ajouter à un objet ce qui y manque pour faire le compte. Si je paie à un marchand cinq aunes d'étoffe, et qu'il ne m'en livre que quatre, il doit *suppléer* la cinquième aune, c.-à-d. l'*ajouter.*

SUPPLÉER A QUELQUE CHOSE, c'est réparer le manquement, le défaut, la pénurie d'une chose par une autre : *ils ont* SUPPLÉÉ AU *nombre par la valeur; son mérite* SUPPLÉAIT AU *défaut de sa naissance.*

SUPPLÉER QUELQU'UN, c'est tenir sa place, le représenter, faire

---

(1) C'est donc à tort qu'un grammairien suivi refuse la préposition *à* au verbe *réunir.*

ses fonctions : *si vous ne pouvez venir, je vous* SUPPLÉERAI. (ACAD.) *Suppléer* A *quelqu'un* ne se dit pas.

761. — **TACHER, TACHETER**. TACHER, c'est salir, faire une tache : *vous avez taché votre habit; cette dame* A TACHÉ *sa robe*; et, au figuré, *il ne faut qu'une mauvaise action pour* TACHER *la plus belle vie*.

TACHETER ne se dit guère que des taches qui sont sur la peau des animaux, et de celles qui composent le dessin d'une étoffe : *la girafe est un animal* TACHETÉ *de la tête aux pieds; un chien blanc* TACHETÉ *de noir; une étoffe d'un fond jaune* TACHETÉ *de rouge*. (ACAD.)

762. — **TARDER** prend indifféremment *à* ou *de*; mais l'usage, dit l'Académie, préfère *tarder à* : *on a trop* TARDÉ A *envoyer ce secours*.

Cependant, employé impersonnellement, il ne prend que *de* : *il me* TARDE DE *vous voir*; *il me* TARDE D'*achever mon ouvrage*.

763. — **TENIR A QUELQU'UN**, c'est lui être attaché par intérêt, par amitié, etc. TENIR A *ses anciennes connaissances*, A *quelqu'un par des liens de parenté*.

On dit aussi dans le même sens *tenir à quelque chose*. (ACAD.)

TENIR DE QUELQU'UN, c'est avoir les mêmes qualités, le même caractère que cette personne : *il fait secrètement le plus de bien qu'il peut; en cela, il* TIENT DE *son père. Cet enfant* TIENT DE *sa mère; comme elle, il est doux et bon*.

On dit dans le même sens, *tenir de quelque chose*, c.-à-d. participer de quelque chose : *cette architecture* TIENT DU *gothique; ce style* TIENT DU *burlesque; sa démarche* TIENT DE *la folie; le mulet* TIENT DE *l'âne et du cheval*. (ACAD.)

764. — **UNIR A** *ou* **AVEC** se disent indifféremment : UNIR *un mot* A *un autre* ou AVEC *un autre*. (ACAD.)

Cependant on l'emploie le plus souvent avec la préposition *à* : UNIR *l'Océan* A *la Méditerranée;* UNISSEZ-*vous* A *nous;* UNISSEZ *votre voix* A *la nôtre*, etc.

Remarques particulières sur diverses espèces de mots.

765. — **AVOIR L'AIR**. L'Académie dit en substance : « Si l'adjectif qui suit *air* se rapporte à ce nom, il faut mettre cet adjectif au masculin : *elle a* L'AIR BON, *elle a* L'AIR MÉCHANT.

Mais si l'adjectif se rapporte à la personne plutôt qu'au mot *air*, cet adjectif prend le genre et le nombre de cette personne : *elle a l'air* CONTENTE *de ce qu'on lui dit; elles avaient l'air* TROUBLÉES EMBARRASSÉES, etc.

Comme c'est précisément dans cette distinction qu'est toute la difficulté, nous ajouterons : l'adjectif ne s'accorde avec le mot *air* que quand ce nom peut être remplacé par *physionomie* ; *ils ont* L'AIR SPIRITUEL, *elle a* L'AIR ENJOUÉ, MALIN, c.-à-d. ils ont la physionomie spirituelle ; elle a une physionomie enjouée, maligne, etc. Et il faudrait dire, en faisant accorder l'adjectif avec le sujet de la proposition, *elle a l'air* MÉCONTENTE, FACHÉE, IRRITÉE, ENCEINTE, MALFAITE, HEUREUSE, MALHEUREUSE, parce qu'ici on parle moins de la physionomie que de la personne elle-même.

En parlant des choses, il faut dire *l'air d'être : ce melon a* L'AIR D'ÊTRE *mûr ; cette soupe a* L'AIR D'ÊTRE *bonne*.

766. — **CAPABLE, SUSCEPTIBLE.** C'est à tort qu'on a prétendu que, appliqué aux choses, *capable* ne se dit que quand il s'agit d'une idée de contenance, comme dans *cette salle est* CAPABLE *de contenir tant de personnes*.

Il se dit encore, 1° de ce qui est en état de faire une chose : *votre cheval n'est pas* CAPABLE *de traîner cette voiture ; cette digue n'est pas* CAPABLE *de résister à la violence des flots ; l'esprit de l'homme n'est pas* CAPABLE *de concevoir l'infini*. (ACAD.)

2° CAPABLE signifie encore *qui peut produire tel ou tel effet, amener tel ou tel résultat* ; et, en ce sens, il ne se dit même que des choses : *cette maladie est* CAPABLE *de le tuer ; un pareil événement est* CAPABLE *de changer la face des affaires ; cette démarche est* CAPABLE *de vous nuire*, etc. (ACAD.)

SUSCEPTIBLE signifie capable de recevoir certaines qualités, certaines modifications : *la matière est* SUSCEPTIBLE *de toutes sortes de formes ; cette terre est* SUSCEPTIBLE *d'améliorations ; un cœur est* SUSCEPTIBLE *d'amour et de haine*. (ACAD.) — Employé absolument, il se dit d'une personne qui est facile à blesser : *il est fort* SUSCEPTIBLE. (ACAD.)

767. — **CONTINU, CONTINUEL; CONTINUMENT, CONTINUELLEMENT.** *Continu* et *continûment* diffèrent de *continuel* et *continuellement*, en ce que les deux premiers se disent des choses qui ne sont ni divisées ni interrompues, depuis leur commencement jusqu'à leur fin ; et que *continuel* et *continuellement* se disent aussi de celles qui sont interrompues, mais qui recommencent souvent et à de courts intervalles : *j'ai écrit continûment de dix heures à quatre heures*, c.-à-d. sans interruption ; *c'est un pays où il pleut continuellement*, c.-à-d. presque toujours. (ACAD.)

768. — **DIFFÉREND, DIFFÉRENT.** Il faut écrire par *d*, *différend*, nom commun qui signifie *débat, contestation : il s'est élevé un* DIFFÉREND *entre eux ; il faut vider ces* DIFFÉRENDS.

Différent, adjectif qui signifie *dissemblable*, s'écrit avec *t* : DIFFÉRENTS *auteurs ont traité cette matière*. (ACAD.)

769. — **DIGNE, INDIGNE.** *Digne* se dit du bien et du mal : *il est* DIGNE *d'estime*, DIGNE *de mépris*.

DIGNE avec une négative, et INDIGNE ne se disent que du bien : *il est* INDIGNE *d'un tel honneur ; il n'est* PAS DIGNE *de votre amitié*. (ACAD.)

770. — **ÉHONTÉ, DÉHONTÉ.** Quoi qu'en aient dit quelques grammairiens, ces deux mots sont l'un et l'autre français. L'Académie leur donne la même interprétation : *un homme* ÉHONTÉ OU DÉHONTÉ, *une femme* ÉHONTÉE OU DÉHONTÉE.

771. — **ÉMINENT, IMMINENT.** *Éminent* signifie *grand* : *il y a un péril* ÉMINENT *à traverser la mer dans un ballon*.

IMMINENT signifie qui est près d'atteindre, près d'avoir son effet : *une personne poursuivie par des brigands est dans un péril* IMMINENT.

772. — **ENNUYANT, ENNUYEUX.** *Ennuyant* ne se dit pas précisément de ce qui cause de l'ennui ; mais de ce qui chagrine, de ce qui importune, ou de ce qui contrarie dans le moment : *quel temps* ENNUYANT ; *cet homme, ordinairement si spirituel, si aimable, a été bien* ENNUYANT *aujourd'hui*.

ENNUYEUX se dit de ce qui est propre à ennuyer, de ce qui ennuie habituellement : *un livre* ENNUYEUX, *un homme* ENNUYEUX. (ACAD.)

773. — **ÉRUPTION, IRRUPTION.** *Éruption* se dit de ce qui sort subitement et avec effort : *l'*ÉRUPTION *du Vésuve, l'*ÉRUPTION *de la petite vérole ; une* ÉRUPTION *lui couvre le corps*.

IRRUPTION signifie entrée soudaine des ennemis dans un pays : *les Normands ont fait de fréquentes* IRRUPTIONS *en France*. Il se dit, par extension, du débordement de la mer ou d'un fleuve sur les terres : *l'*IRRUPTION *des eaux de ce fleuve a fait de grands dégâts*.

774. — **FOND, FONDS, FONTS.** On écrit ainsi au singulier *le fond*, pour exprimer la profondeur d'une chose : *le* FOND *d'un puits, le* FOND *de ma bourse*.

On écrit ainsi au singulier *le fonds*, pour exprimer, 1° le sol d'une terre, c.-à-d. la terre considérée sous le rapport de ses qualités productives : *un bon, un mauvais* FONDS *de terre* ; 2° une valeur quelconque : *il a dissipé le revenu et le* FONDS ; *ce marchand a vendu son* FONDS. — Il se dit aussi de l'esprit, de la capacité, du savoir, de la vertu, de la probité, etc. : *il a un grand* FONDS *d'esprit, de vertu, de probité*, etc. ; *cela vient d'un grand* FONDS *de malice*. (ACAD.)

On écrit ainsi avec *s* *les fonts*, bassin ou vase dans lequel on conserve l'eau dont on se sert pour baptiser : FONTS *baptismaux*, *tenir un enfant sur les* FONTS (on l'écrit avec un *t*, parce qu'il dérive de *fontaine*).

775. — **HABILETÉ, HABILITÉ.** *L'habileté* est la qualité de celui qui est habile ; c'est la capacité, l'intelligence : *cet artiste a beaucoup d'*HABILETÉ.

HABILITÉ est un terme de jurisprudence, qui ne s'emploie guère que dans cette locution : HABILITÉ *à succéder*, c.-à-d. droits à succéder.

INHABILETÉ et INHABILITÉ présentent la même différence.

776. — **LENT A, LONG A** se disent indifféremment l'un pour l'autre : *cet enfant est* LENT A *manger* ou LONG A *manger*.

777. — **MATINAL, MATINEUX.** *Matinal* se dit de celui qui, sans en avoir l'habitude, s'est levé matin : *vous êtes bien* MATINAL *aujourd'hui*.

MATINEUX se dit de celui qui a l'habitude de se lever matin : *les belles dames ne sont guère* MATINEUSES. (ACAD.)

778. — **MEMBRÉ, MEMBRU.** *Membré*, qui a les membres bien faits, bien proportionnés. — MEMBRU, qui a les membres fort gros : *il est bien* MEMBRU, *un gros* MEMBRU.

779. — **OU, QUE** se disent indifféremment lorsqu'ils sont, comme dans les exemples suivants, en relation avec un nom qui exprime le temps : *au moment* QUE *je le vis*, ou *au moment* OÙ *je le vis* ; *à l'époque* QU'*il vint nous voir*, ou *à l'époque* OÙ *il vint nous voir*. C'est le goût seul qui doit décider de la préférence.

780. — **PASSAGER, PASSANT.** *Passager* signifie qui ne s'arrête point dans un lieu, ou du moins qui n'y a point de demeure fixe : *les grues et les hirondelles sont des oiseaux* PASSAGERS.

PASSANT ne se dit que d'un chemin ou d'une rue : *un chemin* PASSANT, *une rue* PASSANTE. (ACAD.)

781. — **PORTANT**. C'est contre le sentiment de l'Académie, contre l'usage, que quelques grammairiens ont décidé que *bien portant*, *mal portant*, n'avaient point de féminin ; ce corps savant dit : *il est bien* PORTANT, *elle est mal* PORTANTE.

782. — **PRÊT A, PRÈS DE.** *Prêt à*, devant un verbe, signifie disposé à : *il est* PRÊT A *partir* ; *c'est un homme toujours* PRÊT A *bien faire*, c.-à-d. disposé à partir, disposé à bien faire.

PRÈS DE est une préposition qui, avant un verbe, signifie sur le point de : *il est* PRÈS DE *partir*, PRÈS DE *mourir*, c.-à-d. sur le point de partir, sur le point de mourir. (ACAD.)

783. — **SERVIR A RIEN, SERVIR DE RIEN.** La dernière

de ces locutions exprime une inutilité absolue. On dira donc avec *à* : *il ne sert* À RIEN *de se fâcher*; et, avec *de*, *il ne sert* DE RIEN *de se roidir contre les décrets de la Providence.*

784. — **SOUTIEN, TÉMOIN,** *chef, maître, modèle, guide*, etc., se mettent au pluriel lorsqu'ils se rapportent à un nom pluriel : *Dieu donne à l'homme pour* SOUTIENS *l'espérance et la résignation; il eut pour* TÉMOINS, *pour* GUIDES, *pour* MODÈLES *son oncle et son frère.*

Mais TÉMOIN au commencement d'une phrase, et A TÉMOIN précédé du verbe *prendre* sont toujours employés adverbialement; il faut donc les écrire sans *s* : TÉMOIN *les blessures qu'il a reçues; je vous prends* A TÉMOIN.

785. — **TOUT** est adjectif et s'accorde toutes les fois qu'il exprime la totalité : *la maison était* TOUTE *en feu*, c.-à-d. toutes les parties de la maison brûlaient; *cette maison est* TOUTE *à lui*, c.-à-d. lui appartient en totalité. (ACAD.) Il faut donc dire, en laissant le mot *tout* invariable, *elle était* TOUT *en larmes; elle est* TOUT *à son devoir* (ACAD.), parce qu'il ne s'agit plus d'actions qui se manifestent sur tous les points.

TOUT est encore invariable, 1° dans ces sortes d'expressions : *ils sont* TOUT COEUR *dans cette maison; les Français sont* TOUT FLAMME *pour entreprendre*; 2° dans *tout entier* : *les grands hommes ne meurent pas* TOUT ENTIERS; *j'ai attendu une heure* TOUT ENTIÈRE.

TOUT dans *tout autre* ne s'accorde avec le nom suivant que quand le sens de la phrase permet de placer *autre* après ce nom : *demandez-moi* TOUTE AUTRE CHOSE, *et je vous la donne*, c.-à-d. demandez-moi toute *chose autre*, toute *chose différente*; TOUTE AUTRE OCCUPATION *lui plairait*, c.-à-d. *toute occupation autre*, *toute occupation différente*; mais si je dis : *c'est une* TOUT AUTRE PLACE *que la mienne*, je ne puis plus transposer le mot *autre*, car j'aurais cette phrase barbare : *c'est une* TOUTE PLACE AUTRE *que la mienne*. Or *tout* est adverbe et reste invariable.

TOUT. Écrivez indifféremment *à tout moment, de toute part, de toute sorte, de tout côté*, etc., ou *à tous moments, de toutes parts, de toutes sortes, de tous côtés*. (ACAD.)

786. — **TOUS DEUX, TOUS LES DEUX,** *tous trois, tous quatre, tous les trois, tous les quatre*. La suppression de l'article fait que ces expressions marquent ordinairement simultanéité : *ils se promenaient, ils chantaient tous deux, tous trois, tous quatre*, c.-à-d. ils se promenaient, ils chantaient ensemble et en même temps.

Tous les deux, tous les trois, tous les quatre, se disent des actions qui ne sont point simultanées : *ils sont venus nous voir*

TOUS LES DEUX, TOUS LES TROIS, *à six mois d'intervalle; ils sont morts* TOUS LES QUATRE *dans l'espace de trois ans.*

Remarque. Cependant au delà du nombre *quatre* on supprime rarement l'article. On dirait donc, quoiqu'ils fussent ensemble, *ils sont venus nous voir tous* LES *cinq, tous* LES *six*, et non *tous cinq, tous six.*

787. — **VÉNÉNEUX** *et* **VÉNIMEUX** signifient l'un et l'autre *qui a du venin.* Mais *venimeux* ne se dit que des animaux : *le scorpion est* VENIMEUX, *la vipère est* VENIMEUSE.

VÉNÉNEUX ne se dit que des végétaux : *plante,* arbre VÉNÉNEUX ; *la ciguë est* VÉNÉNEUSE.

CHAPITRE XVII.

DE LA PONCTUATION.

788. — La *ponctuation* sert à distinguer les phrases et les membres qui les composent, et à en rendre la lecture plus facile et le sens plus clair.

Les signes de la ponctuation sont la *virgule* (,), le *le point et virgule* (;), les *deux points* (:), le *point* (.), le *point interrogatif* (?), et le *point admiratif* (!).

De la Virgule.

789. — La *virgule* se met 1° entre les *sujets* d'un même verbe :

> Tôt ou tard la *vertu*, les *grâces*, les *talents*,
> Sont vainqueurs des jaloux, et vengés des méchants.

La *richesse*, le *plaisir*, la *santé*, deviennent des maux pour celui qui en abuse.

2° Entre les attributs d'un même nom, ou d'un même pronom :

La charité est *patiente, douce, bienfaisante.*

3° Entre les régimes de la même nature :

On voyait des campagnes fertiles, de riches prairies,

des moissons abondantes, des troupeaux bondissants et des fruits de toute espèce.

Cependant, lorsqu'il n'y a que deux sujets, ou deux attributs, ou deux régimes liés par une des conjonctions *et, ou, ni,* il ne faut point les séparer par une virgule, lorsqu'ils ont peu d'étendue :

La mollesse ET *l'oisiveté tuent les sentiments nobles.*
Il faut que je parte ce soir OU *demain.*
Nous ne vîmes NI *votre père* NI *votre mère.*

Mais ces mêmes mots *et, ni, ou* n'empêcheraient point l'emploi de la virgule, s'ils unissaient des parties d'une certaine étendue :

Je porte un cœur sensible, et suis épouse et mère.

Je ne crois pas qu'ils veuillent l'obliger, NI *même qu'ils le puissent.*
Il faut que vous fassiez cette démarche, OU *vous ne réussirez pas.*

4° Entre les propositions, lorsqu'elles ont peu d'étendue :

L'air siffle, le ciel gronde, et l'onde au loin mugit.

La musique se fait entendre, les soldats reprennent leurs armes, la foule accourt, et bientôt le roi paraît.

5° On met entre deux virgules toute expression qu'on peut retrancher sans nuire au sens principal de la phrase :

Un ami, don du ciel, est le vrai bien du sage.

Ici, le sens principal est *un ami est le vrai bien du sage*; or *don du ciel* doit être entre deux virgules.

Le héros malheureux, sans armes, sans défense,
Voyant qu'il faut périr, et périr sans vengeance,
Voulut mourir du moins comme il avait vécu,
Avec toute sa gloire et toute sa vertu.

Le sens principal de ces quatre vers est *le héros mal-*

heureux voulut mourir du moins comme il avait vécu. Or chacune des autres parties a dû être entre des virgules.

La vie, disait Socrate, ne doit être que la méditation de la mort.

Vous frémissez, madame, à cet affreux récit.

6° Avant un verbe séparé de son sujet par une proposition incidente déterminative :

Celui qui met un frein à la fureur des flots,
Sait aussi des méchants arrêter les complots.

7° Pour remplacer un verbe sous-entendu :

On a toujours raison, le destin, toujours tort.

C'est-à-dire *le destin* A toujours tort.

Du point et virgule.

790. — On emploie le point et virgule pour séparer des propositions semblables, lorsqu'elles ont une certaine étendue :

Ces assassins sanglants vers mon lit s'avancèrent ;
Leurs parricides mains devant moi se levèrent ;
Je touchais au moment qui terminait mon sort ;
Je présentai ma tête, et j'attendis la mort.

Chéri dans son parti, dans l'autre respecté ;
Malheureux quelquefois, mais toujours redouté ;
Savant dans les combats, savant dans les retraites ;
Plus grand, plus glorieux, plus craint dans ses défaites.

C'est par la sagesse, disait un jeune roi, que je deviendrai illustre parmi les nations; que les vieillards respecteront ma jeunesse ; que les rois voisins, quelque redoutables qu'ils soient, me craindront; que je serai aimé dans la paix, et redouté dans la guerre.

Des deux points.

791. — On emploie les deux points, 1° avant une citation :

Voici les dernières paroles de César : Et vous aussi, ô mon fils!

Vers les ligueurs enfin le grand Henri s'avance;
Et s'adressant aux siens, qu'enflammait sa présence:
Vous êtes nés français, et je suis votre roi;
Voilà vos ennemis, marchez et suivez-moi.

2° Après une proposition ayant par elle-même un sens complet, mais suivie d'un autre qui l'éclaircit, qui est la conséquence ou la déduction des faits exprimés par cette première :

Les renseignements que j'ai pris confirment malheureusement les rapports qu'on vous a faits sur la moralité de cet homme : il ne faut donc pas balancer à prendre un parti. Ce dernier membre de la phrase, *il ne faut donc pas balancer à prendre un parti*, est la conséquence de la proposition précédente.

Il faut céder à l'usage et à l'autorité : ce sont deux pouvoirs que l'on ne peut récuser. Les deux points ainsi placés après cette proposition principale, *il faut céder à l'usage et à l'autorité*, semblent dire, ET VOICI POURQUOI : *ce sont deux pouvoirs que l'on ne saurait récuser.*

Son voisin, au contraire, étant tout cousu d'or,
Chantait peu, dormait moins encor :
C'était un homme de finances.

De même ici ces deux points placés après *dormait moins encore*, semblent dire, ET VOICI POURQUOI : *c'était un homme de finances.*

3° Après une phrase suivie d'une autre qui s'y rattache assez pour qu'elles ne puissent être séparées par un point, et entre lesquelles l'application du point et virgule semblerait indiquer un repos trop faible :

Rien ne pèse tant qu'un secret :
Le porter loin est difficile aux dames.

Son vieux père, accablé sous le fardeau des ans,
Se livrait au sommeil entre ses deux enfants :
Un lit seul enfermait et le fils et le père.
Les meurtriers ardents, qu'aveuglait la colère,
Sur eux à coups pressés enfoncent le poignard :
Sur ce lit malheureux, la mort vole au hasard.

Du point.

792. — Le *point* s'emploie après une phrase entièrement terminée :

On dit que la terre est peuplée de neuf cent millions d'êtres humains. Ce calcul ne s'éloigne pas beaucoup de la vérité. Du reste, quand, en pareil cas, on se tromperait de quelques millions, le mal ne serait pas grand.

Du point interrogatif.

793. — Le point *interrogatif* s'emploie après une phrase interrogative :

Qu'est cela? Rien. Mais encore?
Dites-moi, que pensez-vous faire?
Ne quitterez-vous point ce séjour solitaire?

Du point exclamatif.

794. — Le point *exclamatif* s'emploie après les phrases qui marquent l'exclamation :

O nuit! nuit effroyable! ô funeste sommeil!

Hélas! il n'est plus!

Quelle horreur dans le vice! quel attrait dans la vertu!

CHAPITRE XVIII.

DE LA PRONONCIATION DES LETTRES DANS CERTAINS MOTS.

795. — A, E, ont la valeur d'un *a* dans *Caen* (ville).

A, O, ont la valeur d'un *a* dans *paon*, *paone*, *faon*, *Laon* (ville).

L'*a* de AO, est nul, au contraire, dans *aoriste*, *août*, *aoûteron*, *Saône* (rivière) et *taon* (mouche).

AI, a la valeur d'une *e* muet dans le participe présent *faisant* et dans *faiseur*.

796. — B final se prononce dans les noms propres *Joab*, *Job*, *Jacob* et dans *radoub* et *rumb*.

797. — C se prononce comme *k*, devant *a*, *o*, *u*, *l*, *n*, *r*, *t*, *cabinet*, *colonne*, *client*, *Cnéius*, *croire*, *acteur*, et comme *s* avant *e*, *i* : *ceci*.

C final se prononce encore comme *k* dans *arc*, *bloc*, *échec*, *Marc*, *sec*, *trictrac*, *sac*, *lac*, *bec*, *avec*, *syndic*, *aqueduc*, *caduc*, *turc*, *grec*, *choc*, *duc*, *tillac*, *estoc*, *Languedoc*, *Cognac*, *Isaac*, *Marc* (prénom).

C final ne se prononce point dans *blanc*, *broc*, *clerc*, *cotignac*, *estomac*, *franc*, *jonc*, *marc* (poids), *tronc*, *tabac*.

C a le son de *g* dans *second*, *secondement*, *seconder*, mais ne prononcez pas *segrétaire* pour *secrétaire*, comme le recommandent quelques grammairiens.

C conserve sa véritable prononciation dans *vermicelle* ; ne prononcez donc pas *vermichelle* ; mais *violoncelle* se prononce *violonchelle*.

CH se prononce *k* dans *Achab*, *Achéloüs*, *Achmet*, *anachorète*, *anachronisme*, *archange*, *archonte*, *archiépiscopal*, *archiépiscopat*, *chaos*, *cathécumène*, *Chersonèse*, *Chalcédoine*, *Chaldéen*, *chirographaire*, *chœur*, etc., *chiromancie*, *chronologie*, *Christ*, *chrétien*, *eucharistie*, *Nabuchodonosor*, *Melchior*, *Melchisédech*, *Mi-*

chel-Ange. — Quant au mot *Achéron*, il faut en prononcer *ché* comme la première syllabe de *chérir*.

798. — D final, et suivi d'un mot commançant par une voyelle ou un *h* muet, se prononce souvent comme *t* : *c'est un grand homme, j'ai froid aux pieds, il nous rend un grand service.*

799. — E se prononce *a* dans *indemnité, femme, hennir, solennel,* et leurs dérivés, et dans les adverbes terminés par *emment* : *récemment, prudemment,* etc.

800. — F, à la fin des mots, conserve sa prononciation, excepté dans *clef, chef-d'œuvre, cerf, bœuf gras, œuf dur, œuf frais*, et dans les pluriels *œufs, bœufs, nerfs*.

801. — G se prononce dur devant *a, o, u,* et devient plus doux devant *e, i*. Cette différence de prononciation se remarque dans le mot *gage*.

GN forme une prononciation mouillée, comme dans *digne, signal, agneau,* etc. Il faut en excepter *gnomonique, gnostique, progné, agnation, stagnant, igné, ignition, inexpugnable, régnicole, cognat, cognation*.

G final, suivi d'un mot qui commence par une voyelle, se prononce ordinairement comme un *k* : *un sang aduste, un long hiver, suer sang et eau.*

G final est dur dans *bourg*, qu'il faut prononcer *bourk*; mais *g* ne doit pas se faire sentir dans *faubourg, legs, doigt, vingt, étang, coing, hareng, seing,* ni dans *signet*.

802. — H est aspiré dans les mots suivants :

Ha !	haie,	haire,	* haleine,
* hableur (1),	hagard,	halage,	* haletant,
* hache,	haillon,	* halbran,	hallage,
hachis,	* haine,	* hâle,	halle,

(1) L'*h* est aspiré dans tous les dérivés des mots devant lesquels se trouve un astérisque.

hallebarde, hallebreda, hallier, haloir, halo, halte, hamac, hameau, hampe, han, hanche, hangar, hanneton, hanscrit, hanse, hansière, hanter, happe, happelourde, happer, haquenée, haquet, harangue, haras, harasser, harder, hardes, * hardiesse, harem, * hareng, hargneux, haricot,

haridelle, harnacheur, harnais, haro, harpe, harpeau, harper, harpie, harpin, harpon, harponner, hart, hasard, hase, * hâte, hauban, haubans, haubert, * hausse, hausse-col, * haut, hautbois, hautesse, hâve, havir, havre, hé ! heaume, hêler, * hennir, * Henri, hérault,

hère, * hérisser, * hernie, * héron, héros (1), herse, hêtre, heurt, * heurtoir, hibou, hic, hideux, hiérarchie, hie, hisser, hobereau, hoc, Hoche, * hochement, hochepot, hocher, hochet, * Hollande, hola, homard, hongre, honnir, honte, hoquet, hoqueton, horde, horion,

hors, * hotte, Hottentot * houblon, houe, houille, * houle, houlette, houppe, houppelande, * hourdage, houri, hourvari, housard, hussard, houspiller, * houx, houssure, houssoir, houx, hoyau, huche, huée, huguenot, huit, humer, hunier, * huppe, hure, hurhau, * hurlement, hutte.

803. — I ne se prononce pas dans *oignon*; mais l'Académie se tait sur les mots *moignon*, *poignant*, *poignard*, *poignée*; par là, elle semble, contre l'avis de quelques grammairiens, y admettre la prononciation de l'*i*; c'est ainsi, effectivement, que prononcent la plupart des personnes.

804. — L ne se prononce pas dans *baril*, *chenil*, *coutil*, *fournil*, *fusil*, *gril*, *nombril*, *outil*, *persil*, *soûl*; *l* est encore nul dans *gentil* signifiant *joli*, et dans le pluriel *gentilshommes*.

---

(1) Quoique l'*h* soit aspiré dans *héros*, il est muet dans *héroïne*, *héroïque*, *héroïquement*, *héroïsme*.

L doublé et précédé de *ai, ei, oui,* se prononce mouillé, et comme dans ces mots *travailler, bailler, veiller, recueillir, fouiller, grenouilles.* — L se prononce de même, 1° dans quelques mots où il n'est précédé que d'un *i* : *fille, quille, briller* ; 2° dans ceux qui finissent en *œil, eil, ueil* et *ouil* : *travail, œil, réveil, recueil, soleil, fenouil,* etc. ; 3° et dans quelques autres finissant par *il* : *péril, mil.*

805. — M ne se prononce pas dans *damnés* et ses composés, ni dans *automne,* quoiqu'il sonne dans *automnal.*

Dans les mots où *m* est redoublé, le premier *m* se prononce comme *n.* Ainsi, *emmener, emmailloter* se prononcent comme s'il y avait *enmener, enmailloter.* Partout ailleurs cette lettre conserve sa prononciation ordinaire, comme dans *immédiatement, immense,* etc.

806. — N, à la fin d'une syllabe ou d'un mot, produit un son nasal, comme dans *bon, bien, encan,* etc. ; mais cette lettre se prononce quelquefois fortement, comme dans les mots *hymen, abdomen, Éden, amen, gramen, le Tarn,* etc.

La dernière syllable du mot *examen,* dit l'Académie, se prononce ordinairement comme celle de *chemin* ; mais, ajoute-t-elle, quelques personnes font sentir l'*n,* comme dans *amen.*

807. — O, comme nous en avons déjà fait la remarque, est nul dans *paon, paone, faon, Laon.*

OI de *roide* se prononce toujours *è,* tant dans la conversation que dans le style soutenu ; très-souvent même on écrit ainsi ce mot : *raide.*

808. — P est nul dans *dompter, prompt, baptême, sept,* et leurs dérivés, excepté *baptismal.* Il ne sonne pas non plus dans *exempt, exempter,* quoiqu'il se prononce dans *exemption.*

Il faut faire sentir le *p* de *symptôme* et de *symptomatique.*

809. — Q ne sonne pas dans *coq d'Inde,* quoiqu'il se

prononce dans *coq*. Cette lettre se fait entendre dans *cinq* devant une voyelle ou un *h* muet, ou lorsque *cinq* termine la phrase : *cinq arbres, cinq hôtes, nous étions cinq*.

Qu se prononce comme *k*, excepté dans les mots suivants, où il y a le son de *cou* : *quadragénaire, quadragésime, quadrangulaire, quadrat* (terme d'astrologie), *quadratrice, quadrature, quadrifide, quadrige, quadrilatère, quadrinôme, quadrumane, quadrupède, quadruple, quaker*, qu'on prononce *couacre*, *in-quarto, quartz, quaternaire, quatuor, quintuple, exequatur, aquarelle, aqua-tinta, aquatique, équateur, équation, loquation*.

QUE, QUI, se prononcent *cué, cui*, dans *questeur, équestre, liquéfaction, équiangle, équidistant, équilatéral, équimultiple, équitation*.

810. — R se fait sentir, 1° dans les monosyllabes : *fer, mer, cher, or, mur, sieur*, etc.; 2° dans la terminaison *er*, immédiatement précédée de *f, m* ou *v*, *enfer, amer, hiver*. Excepté le cas où ces mots seraient des infinitifs de la première conjugaison, comme *griffer, ramer, abreuver*, qui se prononcent *griffé, ramé, abreuvé*; 3° dans *magister, cancer, belvéder, frater, éther, Jupiter, Esther, le Niger, cuiller*, qu'on écrit aussi *cuillère*; 4° dans les mots en *ir* : *plaisir, loisir, repentir, soupir*, etc.

811. — S se prononce dans *as, vis, blocus, chorus, aloès, bibus, choléra-morbus, flores, dervis, gratis, jadis, laps, maïs, mars, mœurs, orémus, ours, relaps, rébus, Rubens, Reims, Rhodès, en sus, sinus, vasistas, pathos, Bacchus*; à la fin de *palus*, dans *Palus-Méotides*, à la fin de *sens*, excepté dans *sens commun*, et dans *lis*, quoiqu'on prononce *une fleur de li*.

Elle ne sonne pas dans *du Guesclin, dès que, tandis que*, ni à la fin des mots *divers, avis, os, alors*, à moins que le mot suivant ne commence par une voyelle.

S entre deux voyelles se prononce comme *z* : *voisin, maison*. Il faut en excepter *désuétude, pusillanime, pa-*

rasol, *antisocial*, *antiseptique*, et quelques mots composés, où le simple commence par *s*, comme *préséance*, *présupposer*, *coseigneur*, etc., expressions formées de *séance*, *supposer*, *seigneur*.

S entre une voyelle et une consonne se prononce néanmoins comme *z* dans *balsamine*, *balsamique*, *balsamite*, *transiger*, *transaction*, *transalpin*, *transit*, *transition*, *transitoire*.

812. — T final se fait toujours sentir dans *abject*, *accessit*, *brut*, *chut*, *contact*, *correct*, *dot*, *direct*, *déficit*, *fat*, *granit*, *indult*, *infect*, *lest*, *luth*, *net*, *rapt*, *strict*, *subit*, *tact*, *transit*, *vivat*, *zénith*, *vent d'est*, *d'ouest*, *toast* (qu'on prononce, et que quelques personnes écrivent *tost*.)

813. — U se prononce dans *aiguille*, *aiguillon*, *aiguiser* et leurs dérivés; dans *arguer*, *inextinguible*, et dans *Guise*, nom propre.

814. — V, lorsqu'il est double, se prononce comme le *v* simple dans *Warwick*, *Wesphalie*, *Wirtemberg*, et comme *ou* dans *wig*, *whist*, *wiskey*, *wiski*, qui se prononcent *ouigue*, *ouist*, *ouiski*.

815. — X a tantôt le son de *cs* joints ensemble, comme dans *Xiphoïde*, *extrême*; tantôt de *gz*, comme dans *Xercès*, *exercice*, *Xavier*; tantôt le son d'un *c* dur, comme dans *excepter*; tantôt celui de l'*s* fort, comme dans *Auxerre*, *Bruxelles*, tantôt afin le son du *z*, comme dans *deuxième*, *sixième*.

816. — Y n'a que la valeur d'un *i* dans *hymen*, *hymne*, *étymologie*, *physique*, *style*, etc.; mais il a la valeur de deux *i* dans *citoyen*, *moyen*, *employer*, et une foule d'autres mots.

817. — Z a le son d'un *s* dans *Metz*, *Suez*, et quelques autres noms propres.

FIN.

TABLE DES MATIÈRES.

FIN DE LA TABLE.

IMPRIMERIE D'ADOLPHE ÉVERAT ET COMP., RUE DU CADRAN, 14-16.

www.ingramcontent.com/pod-product-compliance
Ingram Content Group UK Ltd.
Pitfield, Milton Keynes, MK11 3LW, UK
UKHW021856190726
13855UKWH00001B/340

9 782013 087186